高职高专

动漫设计与制作专业规划教材

# Photoshop

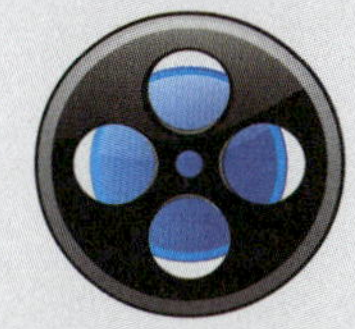

# 动画实例教程

常淑凤 主编　　朱于芝 副主编
张小敏 主审



化学工业出版社
·北京·

本书以图形图像处理软件Photoshop CS4为基础进行讲解，采用案例式教学，尤其采用动漫案例。本书分12章，主要介绍了Photoshop CS4的作用、功能与基本操作、选区的创建与编辑、绘画编辑与图像修饰、图层的操作、通道、路径的应用、图像颜色和色调的调整、文字、滤镜、应用动作等，最后一章综合应用部分根据Photoshop CS4软件的综合功能和应用方向制作了艺术相片处理、动画角色绘制、网站页面制作、三维效果制作等综合实训项目。

本书适合高职院校艺术类和计算机类专业教学使用，尤其适用于动漫专业教学，也适合图形图像设计、动画设计以及网页设计人员参考使用，同时也可以作为各图形图像处理培训班的教程。

**图书在版编目（CIP）数据**

Photoshop动画实例教程/常淑凤主编. —北京：化学工业出版社，2011.2

高职高专动漫设计与制作专业规划教材

ISBN 978-7-122-10162-4

Ⅰ.P… Ⅱ.常… Ⅲ.动画-设计-图形软件，Photoshop-高等学校：技术学院-教材 Ⅳ.TP391.41

中国版本图书馆CIP数据核字（2010）第247878号

责任编辑：李彦玲　于　卉　　　装帧设计：王晓宇
责任校对：徐贞珍

出版发行：化学工业出版社（北京市东城区青年湖南街13号　邮政编码100011）
印　　装：北京画中画印刷有限公司
787mm×1092mm　1/16　印张9¾　字数287千字　2011年3月北京第1版第1次印刷

购书咨询：010-64518888（传真：010-64519686）　售后服务：010-64518899
网　　址：http://www.cip.com.cn
凡购买本书，如有缺损质量问题，本社销售中心负责调换。

定　　价：39.90元

# 前言 FOREWORD

Photoshop CS4是Adobe公司推出的图形图像处理软件，它具有强大的图像处理功能，广泛用于平面广告设计、室内装潢设计、网页制作、数码相片处理等领域，是广大平面设计师、网页设计师进行平面设计及网页设计，图形、图像处理的首选软件。由于Photoshop CS4的易用性和实用性，使用Photoshop软件的非专业人士也日益增多。

本书注重职业教育的教学特点，为了更好地适应新形势下高职高专教学模式和教学方法的改革，本着理论以必需，够用为度，注重实践性和操作性的原则，结合编者多年的图形图像处理技术课程教学经验，采用案例式教学，尤其采用动漫案例，并指出本案例所用到的相关知识与技能，给出操作步骤。

本教材具有如下特点：

（1）强调理论教学与实践教学密切结合，突出实践教学、案例教学，将理论知识融入到实践学习中，注重培养学生的专业技能和动手能力。

（2）每部分知识都以一个典型相对综合的案例开始，并且注重使用动漫案例，将所需要的理论知识融入到本案例的操作中。

（3）本书最后一章为综合实训内容，综合利用前面各章的知识，通过Photoshop CS4在数码相片处理、动画角色绘制、三维效果制作、网页制作方面的综合实例，将技术和艺术相结合，注重理论联系实际，使读者能够学以致用。

参加本书编写的人员都是在各高职高专或艺术院校从事平面设计、动画制作的一线教学人员，由河北化工医药职业技术学院常淑凤担任主编，山东英才学院艺术设计学院朱于芝担任副主编，参加编写的还有樊宇、刘佳、许文娟、刘海妹、张乐、郝丽霞、孔庆月、张微、吕颜兴。全书由常淑凤统稿，张小敏担任主审。

本书在编写过程中参考了相关图书、资料，在此对这些图书、资料的作者表示感谢。

由于编者水平有限，书中难免有不妥之处，敬请广大读者批评指正。

**编者**

**2011年1月**

# 目录 CONTENTS

## 第1章 初识Photoshop CS4



## 第2章 Photoshop CS4的基本操作



## 第3章 选区的创建与编辑



## 第4章 绘画编辑与图像修饰



## 第5章 图层的操作

目录 CONTENTS

目录 CONTENTS

# 第1章 初识Photoshop CS4

## 1.1 Photoshop CS4简介

Photoshop CS4是Adobe公司出品的最为出名的图像处理软件之一，提供最专业的图像编辑与处理，能够对图像进行各种平面处理、绘制简单的几何图形、处理数码照片、制作网页图像等。软件通过更直观的用户体验、更大的编辑自由度来大幅提高工作效率。

同Photoshop以往的版本相比，Photoshop CS4界面更简洁更漂亮，在保持原来风格的基础上，对工作界面和菜单命令做了新的调整，图标简洁明快，结构更加合理，使用起来更加方便。同时，还增加了许多新功能和多个更为方便的操作工具。

① 图像调整调板，它其实是菜单中调整图层的罗列，方便用户直接使用。这是一个非常好的改进，它将引导用户养成使用调整图层的好习惯。调板中列出了一些常用的调整方案。也可以将自己的方案保存在其中。

② 蒙版调板。是针对用户日常的使用习惯做出的友好界面，并将针对蒙版的一些操作按钮化。还加入了蒙版不透明度及蒙版边缘羽化的调节选项。

③ 画布旋转。在应用程序窗口上方单击“旋转视图工具”按钮，可平稳地旋转画布，以便可以以所需的任意角度进行查看，双击“旋转视图工具”按钮或按ESC键可以恢复原来的视图角度。

④ 内容识别比例。传统的缩放功能会在照片缩减的同时，使主体变形失真，而“编辑——内容识别比例”命令将首先对图像进行分析，智能保护下前景物体的当前比例（由软件自动分析）之后会对背景进行缩放，这样照片中的主要对象不会出现太大的失真。

⑤ GPU加速体验。Photoshop CS4首次引进了全新的GPU支持，启动OpenGL绘图以加速3D操作。无论是图片缩放，还是鼠标拖动，当开启GPU加速后。整个缩放过程均加入了平滑动画，不会出现一顿一顿的感觉，并且一部分滤镜的处理速度也有所提高。

除了上述这些新功能以外，Photoshop CS4还有一些其他的小功能，如，减淡命令中增加了“保持色调”功能，打印窗口中增加了“溢色预览”功能等，都非常实用。

## 1.2 图像基本概念

### 1.2.1 图像类型

在计算机中，图像是以数字方式来记录、处理和保存的，所以，图像也可以说是数字化图像。图像类型大致可分为以下两种：位图和矢量图。

（1）位图　位图也称为点阵图，是由一系列像素点排列组成的可识别的图像。位图图像都含有有限数量的像素，能够表现细微的阴影和颜色变化，因而常用于保存颜色丰富、过渡细腻的图像，相应文件占用空间大。位图图像的显示或输出与分辨率有关，所以放大多倍后的位图图像会出现马赛克像素色块，画面模糊不清，如图1-1和图1-2所示。

图1-1　原图

图1-2　放大数倍后的位图文件

位图文件常由Adobe Photoshop、Design Painter等生成，此外，以位图形式保存的图像还有使用数码相机拍摄的照片、使用扫描仪扫描的图像等。

（2）矢量图　矢量图是由图形的几何性来描述图像，是以数学描述的方式来记录图像内容的。也就是使用线条绘制的各种图形，这样的图形线条非常清晰、光滑、流畅，由于在存储时保存的是其形状和填充属性，因此，其优点是占用的空间小，且放大后图形线条仍然非常光滑，并保持图形不变形，丝毫不影响其质量。但其缺点是色彩较单调。

制作矢量图形的软件有Freehand、Illustrator、CorlDRAW、AutoCAD 等。

### 1.2.2　图像的基本参数

（1）像素　“像素”（pixel）是用来计算数码影像的一种单位，如果把影像放大数倍，会发现它是由许多色彩相近的小方点组成，这些小方点就是构成影像的最小单位“像素”。

（2）图像分辨率　图像分辨率就是每英寸图像含有多少像素，测量单位是像素/英寸（ppi）。图像的分辨率越高，每英寸包含的像素点就越多，图像就有更多的细节，颜色过渡也就越平滑。同样，图像的分辨率越高，则图像的信息量就越大，文件也就越大。

### 1.2.3　常见图像文件格式

（1）PSD文件格式　PSD文件格式是Photoshop的默认文件格式，而且是唯一支持所有图像模式（位图、灰度图、双色调、索引颜色、RGB、CMYK、Lab和多通道）的文件格式，甚至还可以保存图像中的辅助线、Alpha通道和图层，以便以后对图像进行调整、修改。

（2）JPEG文件格式　JPEG是Joint Photographic Experts Group（联合图像专家组）的缩写，文件后辍名为“.Jpg”或“.Jpeg”，是最常用的图像文件格式，由一个软件开发联合会组织制定，是一种有损压缩格式，能够将图像压缩在很小的储存空间，图像中重复或不重要的资料会丢失，因此容易造成图像数据的损伤。尤其是使用过高的压缩比例，将使最终解压缩后恢复的图像质量明显降低，如果追求高品质图像，不宜采用过高压缩比例。但是JPEG压缩技术十分先进，它用有损压缩方式去除冗余的图像数据，在获得极高的压缩率的同时能展现十分丰富生动的图像，换句话说，就是可以用最少的磁盘空间得到较好的图像品质。JPEG格式压缩的主要是高频信息，对色彩的信息保留较好，适合应用于互联网，可减少图像的传输时间，可以支持24bit真彩色，也普遍应用于需要连续色调的图像。

（3）GIF文件格式　GIF也是在互联网上常用的一种格式，用于显示超文本标记语言（HTML）文档中的索引颜色图形和图像。GIF是一种用LZW压缩的格式，目的在于最小化文件和电子传输时间。GIF格式保留索引颜色图像中的透明度，但不支持Alpha通道，GIF格式的最大特点是能够创建具有动画效果的图像，是互联网上动画文件常用格式之一。

（4）TIFF格式　TIFF格式是一种无损压缩格式（采用的是LZW压缩）。它支持RGB、CMYK、Lab、索引颜色、位图和灰度模式，而且在RGB、CMYK和灰度3种颜色模式中还支持使用通道、图层和剪切路径。

（5）PNG文件格式　PNG格式用于无损压缩和显示Web上的图像。PNG支持24位图像并产生无锯齿状边缘的背景透明度，但是，某些Web 浏览器不支持PNG图像。PNG格式支持无Alpha通道的RGB、索引颜色、灰度图和位图模式的图像。PNG保留灰度和RGB图像中的透明度。

（6）BMP文件格式　BMP是标准Windows图像格式。BMP格式支持RGB、索引颜色、灰度和位图颜色模式。

（7）PDF文件格式　PDF全称Portable Document

Format，译为可移植文档格式，是一种电子文件格式。这种文件格式与操作系统平台无关，也就是说，PDF文件不管是在Windows，Unix还是在苹果公司的Mac OS操作系统中都是通用的。这一性能使它成为在Internet上进行电子文档发行和数字化信息传播的理想文档格式。越来越多的电子图书、产品说明、网络资料、电子邮件开始使用PDF格式文件。PDF格式文件目前已成为数字化信息事实上的一个工业标准。

### 1.2.4 图像的颜色模式

每一幅图像都有自己的色彩模式。Photoshop的色彩模式有位图模式、灰度模式、双色调模式、RGB颜色模式、索引颜色模式、CMYK颜色模式、Lab颜色模式和多通道模式。

（1）位图模式　位图模式使用两种颜色（黑色和白色）来表示图像中的像素，位图模式的图像也叫做黑白图像，由于位图模式只有黑白色表示图像的像素，在进行图像模式的转换时会失去大量的细节，只有灰度模式的图像可以转换为位图模式，所以一般的彩色图像需要先转换为灰度模式后再转换为位图模式。

（2）灰度模式　灰度模式只存在灰度，它由0 ~ 256个灰阶组成。当一个彩色图像转换为灰度模式时，图像中的色相及饱和度等有关色彩信息将被消除掉，只留下亮度。亮度是唯一能影响灰度图像的因素。当灰度值为0（最小值）时，生成的颜色是黑色；当灰度值为255（最大值）时，生成的颜色是白色的。

（3）RGB颜色模式　RGB颜色模式是Photoshop中最常用的一种色彩模式。绝大多数的可见光谱可以用红（R）、绿（G）和蓝（B）3种色光按不同比例和强度的混合来表示。在颜色重叠的位置，会产生青色、洋红和黄色，Photoshop的RGB颜色模式给彩色图像中每个像素的RGB分量分配一个0（黑色）~ 255（白色）范围的强度值。RGB图像只使用红、绿、蓝3种颜色，可以在屏幕上呈现多达1670万种颜色，当所有这3个分量的值相等时，结果是中性灰度级；当所有分量的值均为255时，结果是白色；当这些值都为0时，结果是纯黑色。

（4）索引颜色模式　索引颜色模式最多可生成256种颜色的8位图像文件，当把其他色彩模式转换为索引颜色时，Photoshop会构建一个颜色索引表，它存放并索引图像中的颜色，如果原图像中的某种颜色没有出现在该表中，则程序将选取最接近的一种或使用仿色，以现有颜色来模拟该颜色。因此索引颜色可以大大减小文件的大小，同时保持视觉上的品质不变。这个性质对多媒体动画或WEB页面制作很有用，但在这种模式中只提供有限的编辑功能。如果要进一步进行编辑，应临时转换成RGB模式。

（5）CMYK模式　CMYK即青色、洋红、黄色和黑色，该模式下图像的每个像素颜色由四个字节（32位）来表示，每种颜色的数值范围为0 ~ 100%，其中青色、洋红、黄色分别是RGB颜色模式中的红、绿、蓝的补色，例如，用白色减去红色，剩余的就是青色。用于印刷的油墨一般都是由青色、洋红、黄色组成。 CMYK颜色模式是减色模式，人眼所看到的物体的颜色是白光照射到物体上，物体吸收一部分颜色后的反射光，例如，当白光照射到青色印刷物上时，之所以能看到青色是因为印刷物上的青色吸收了白色中的红色，只有绿色和蓝色反射入眼睛。在实际应用中，青色、洋红、黄色的叠加很难产生完美的黑色，所以这种模式中加入了黑色。在CMYK模式中，每个像素的每种印刷油墨会被分配一个百分比值，最亮的颜色分配较低的印刷油墨颜色百分比值，较暗的颜色分配较高的百分比值。例如，亮红色可能会包含2%的青色、95%的洋红、90%的黄色和0的黑色，在4种分量值均为0时，就会产生纯白色。

（6）Lab 颜色模式　Lab 颜色模式是Photoshop在不同色彩模式之间转换时使用的内部色彩模式。它能毫无偏差地在不同系统和平台之间进行转换。这种模式通过一个光强和两个色调来描述，一个色调叫a，其数值从-128 ~ 128，表示颜色从深绿到灰再到亮粉红色；另一个色调叫b，其数值从-128 ~ 128，表示颜色从亮蓝色到灰再到焦黄色；光强的数值为0 ~ 100%，它主要影响色调的明暗。当Photoshop将RGB颜色模式转换为CMYK时，都经过了Lab颜色模式的转换，所以在图像编辑中直接选择这种模式，既可以减少转换过程中的色彩损失，又可以使编辑操作速度与RGB颜色模式一样快。

（7）多通道模式　多通道模式的图像在每个通道中使用256级灰度。该模式适用于有特殊打印要求的图像。对于仅使用了少数几种颜色的图像来说，使用该模式进行打印不仅可降低印刷成本，还能够保证图像色彩的正确输出。

在将图像转换为多通道模式时，遵循下列原则。

- RGB 图像转换为多通道模式时，将创建青、洋红和黄色专色通道。
- CMYK 图像转换为多通道模式时，将创建青、洋红、黄和黑色专色通道。
- 从 RGB、CMYK 或 Lab 图像中删除通道时，原图像自动转换为多通道模式。

由于大多数输出设备不支持多通道模式的图像，若要将其输出，则需要以Photoshop DCS 2.0格式存储多通道图像。

（8）双色调模式　双色调模式是在灰度图像的基础上添加一种到四种彩色油墨，形成单色调、双色调、三色调和四色调的图像。

双色调模式的主要用途是在图像中使用尽量少的颜色表现尽量丰富的颜色层次，其目的就是尽可能地节约印刷成本。

## 1.3　熟悉Photoshop CS4工作环境

学习Photoshop CS4软件时，首先要了解Photoshop CS4软件的工作界面，如图1-3所示即为启动Photoshop CS4软件打开一图像文件后的工作界面。

其中工作界面组成部分的各项含义如下。

标题栏：其中显示当前应用程序名称（即Adobe Photoshop）。当图像窗口最大化显示时，则会显示图像文件名、颜色模式和显示比例的信息。标题栏右侧为最小化、最大化和关闭按钮，分别用于缩小、放大和关闭应用程序窗口。

菜单栏：Photoshop CS4将所有命令集合分类放置在9个菜单中。利用下拉菜单命令可以完成大部分图像编辑处理工作。

选项栏（属性栏）：位于菜单栏的下方，用于设置工具箱中各个工具的参数。选择不同工具时会显示该工具对应的选项栏（属性栏）。

工具箱：通常位于工作界面的左边，由22组工具组成。

工作窗口：图像显示的区域，用于编辑和修改图像。

状态栏：显示当前文件的显示百分比和一些编辑信息如文档大小、当前工具等 。

调板组：位于界面的右侧，将常用的调板集合到一起。

### 1.3.1　工具箱

Photoshop CS4的工具箱如图 1-4 所示，位于工作界面的左边，共50余种工具，使用工具箱中的工具，只要单击该工具图标即可在文件中

图1-3　Photoshop CS4工作界面

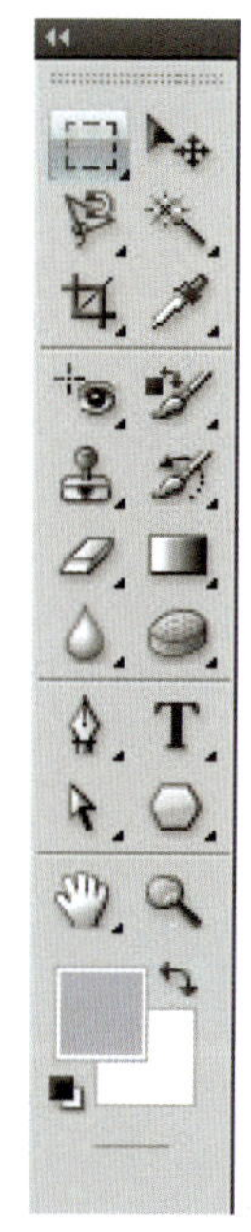

图1-4　Photoshop CS4工具箱

使用。有些工具图标右下方有黑色三角，表示还隐藏有一些同类工具，如需选择隐藏工具，可单击工具图标并按住鼠标按钮不放，然后在打开的相应隐藏工具栏中选择相应工具即可。或单击鼠标右键即可弹出隐藏工具栏，选择其中的工具单击即可使用。

### 1.3.2　菜单栏

Photoshop CS4的菜单栏由“文件”、“编辑”、“图像”、“图层”、“选择”、“滤镜”、“视图”、“窗口”和“帮助”共9类菜单组成，包含了操作时使用的所有命令。要使用菜单中的命令，只需要将鼠标光标指向菜单中的某项并单击，此时将显示相应的下拉菜单。在下拉菜单中选择并单击所需菜单选项即可执行此命令。如图1-5所示为执行“图层—图层蒙版”命令后的下拉菜单。

### 1.3.3　选项栏（属性栏）

选择某个工具后，系统将在选项栏区域显示该工具的相应参数，因为可在该选项栏中进行参数的调整设置，所以，选项栏是工具箱中工具的功能延伸，通过适当设置选项栏中的选项、参数，不仅可以有效增加工具在使用中的灵活性，而且能够提高工作效率。如图1-6所示就是在工具箱中单击磁性套索工具后，显示的该工具的选项栏。

图1-5　执行“图层—图层蒙版”命令后的下拉菜单

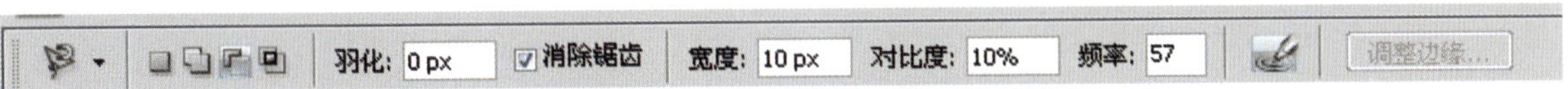


图1-6　磁性套索工具选项栏

### 1.3.4　状态栏

状态栏在图像窗口的底部，用来显示当前打开文件的一些信息，如图1-7所示。单击三角符号打开子菜单，即可显示状态栏包含的所有可显示选项。

状态栏中的各选项含义如下。

在Bridge中显示：打开Bridge窗口进行编辑。

显示：在状态栏中显示的各个选项。

Version Cue：打开嵌入的共享文件。

文档大小：在图像所占空间中显示当前所编辑图像的文档大小情况。

文档配置文件：在图像所占空间中显示当前

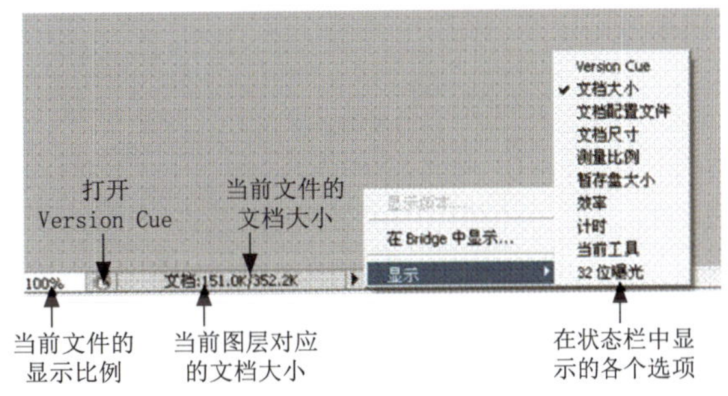


图1-7　状态栏

所编辑图像的模式，如RGB颜色模式、灰度模式、CMYK颜色模式等。

文档尺寸：显示当前所编辑图像的尺寸大小。

测量比例：显示当前进行测量时的比例尺。

暂存盘大小：显示当前所编辑图像占用暂存盘的大小情况。

效率：显示当前所编辑图像操作的效率。

计时：显示当前所编辑图像操作所用的时间。

当前工具：显示当前进行编辑图像时用到的工具名称。

32位曝光：编辑图像曝光只在32位图像中起作用。

## 习　题

1. 解释下列名词概念。

   位图图像　矢量图形　分辨率

2. 简述位图图像和矢量图形有什么区别。

3. 哪种颜色模式是PhotoShop 中最常用的一种颜色模式?

# 第2章 Photoshop CS4的基本操作

## 2.1 图像基本文件操作

### 2.1.1 新建图像文件

执行“文件—新建”命令，或使用【Ctrl+N】快捷键弹出对话框，如图2-1所示，在对话框中可以设置文件的名称、尺寸、分辨率、颜色模式等。

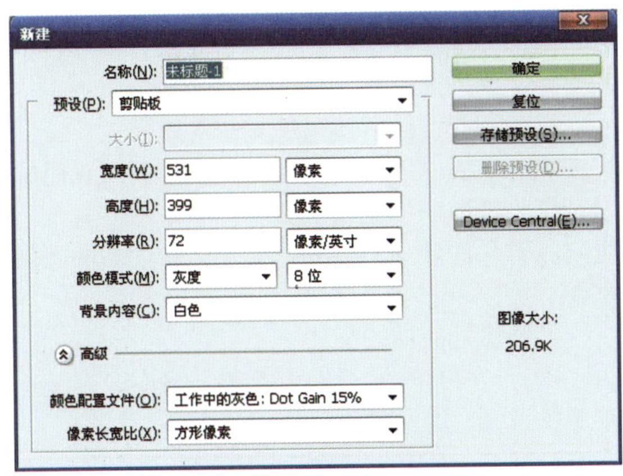


图2-1 “新建”对话框

对话框中各个选项含义如下。

名称：在文本框中输入图像文件的名称，如果不输入，会默认文件名为“未标题-1”、“未标题-2”……以此类推。

预设：在右侧下拉列表中可以选择一些常见的文件尺寸。

大小：在“预设”选项中选择相应的预设后，可以在“大小”选项中设置相应的大小。

宽度、高度：新建文件的宽度与高度值。单位包括像素、英寸、厘米、毫米、点、派卡和列。

分辨率：用于设置新文件的分辨率，单位包括“像素/英寸”和“像素/厘米”。

颜色模式：用来选择新文件的颜色模式。包括位图、灰度、RGB颜色、CMYK颜色和Lab颜色。

背景内容：用来设置新建文档的背景颜色。选择“白色”，则用白色填充背景，它是默认的背景色；选择“背景色”，则当前工具箱背景颜色作为新建图像的背景色；选择“透明”，则图像无背景，只是一个透明图层。

颜色配置文件：用来设置新建文档的颜色配置。

像素长宽比：用来设置新建文档的长宽比例。

储存预设：用来将新建文档的尺寸保存到预设中。

删除预设：用于将保存到预设中尺寸删除，该选项值对自定储存的预设起作用。

Device Central（设备中心）：用于快速设置手机等移动设备，单击该按钮系统会弹出用于设置手机等移动设备界面的对话框，如图2-2所示。在对话框中选择相应的手机模板和要创建的界面类型，然后单击“创建”按钮，就可以在Photoshop CS4中创建一个预设的手机屏幕大小的文档。

### 2.1.2 打开图像文件

执行“文件—打开”命令，或使用【Ctrl+O】快捷键，弹出如图2-3所示对话框，

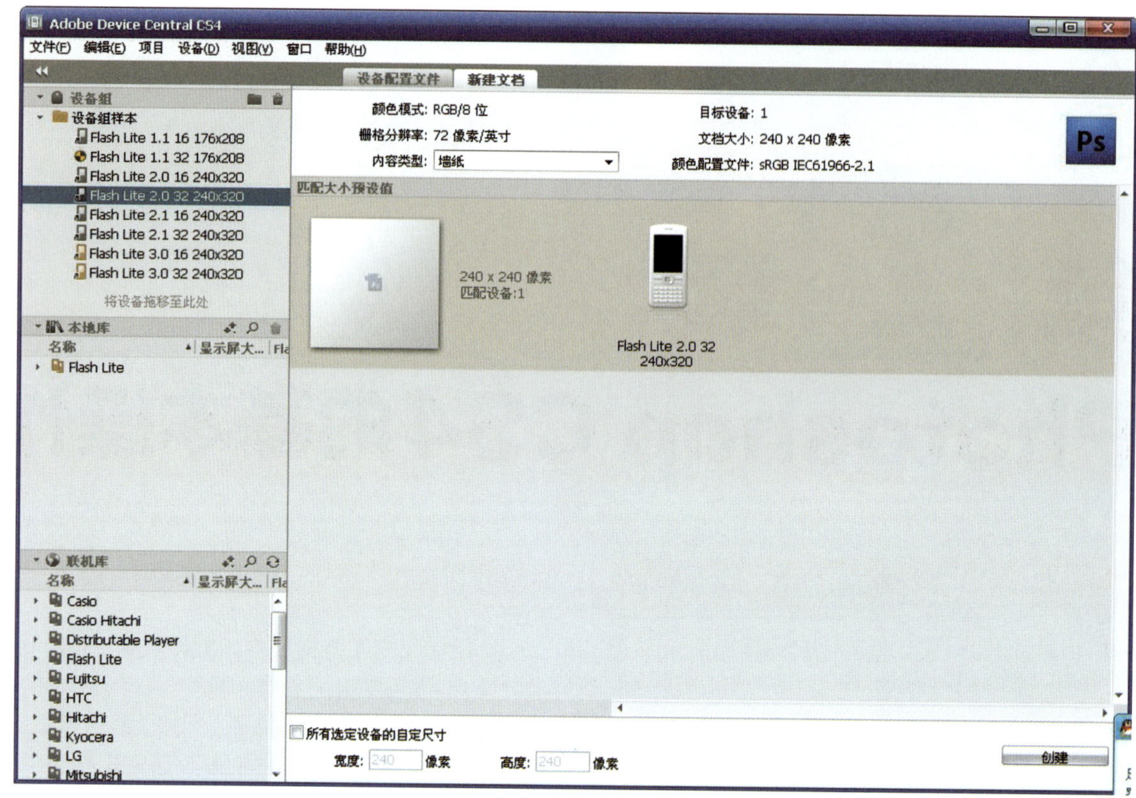

图2-2　设备中心

图2-3　“打开”对话框

选择要打开的文件的名称，可打开单个或多个图像文件，而且支持的图像格式非常多。

对话框各选项的含义。

查找范围：在下拉列表中可以选择需要打开的文件所在的文件夹。

文件名：当前选择准备打开的文件。

文件类型：在下拉列表中可以选择需要打开的文件类型。

指定打开文件所使用的文件格式：

执行“文件—打开为”命令，然后从弹出的对话框中选取所需的格式并单击，单击“打开”。可以打开一些使用“打开”命令无法辨认的图像文件。

打开最近使用的文件：

执行“文件—最近打开文件”命令，并从子菜单中选择一个文件。

## 2.1.3　保存图像文件

在菜单中执行“文件—储存”命令或按【Ctrl+S】快捷键，可以将处理完的图像进行保存，如果是新建文档，执行“文件—存储为”命令或按【Shift+Ctrl+S】快捷键，系统会弹出如图2-4所示的“存储为”对话框。

对话框中各选项的含义。

① 保存在：在下拉列表中可以选择需要储存的文件所在的文件夹。

② 文件名：为要储存的文件设定名称。

图2-4 “存储为”对话框

③ 格式：选择要储存的文件格式。

④ 储存：用来设置要储存文件时的一些特定设置。

作为副本：可以将当前的文件储存为一个副本，当前文件仍处于打开状态。

Alpha通道：可以将文件中Alpha通道保存。

图层：可以将文件中存在的图层进行保存，该选项只有在图像中保存图层时才会被激活。

批注：可以将文件中的文字或语音附注进行保存。

专色：可以将文件中的专色通道进行储存。

⑤ 颜色：用来对储存文件时的颜色设置。

⑥ 缩览图：选择该复选框，可以为当前储存的文件创建缩览图。

⑦ 使用小写扩展名：选择该复选框，可以将扩展名改为小写。

设置完成后，单击“保存”按钮，可将选取的文件进行储存，单击“取消”按钮将关闭“储存为”对话框。

### 2.1.4 关闭图像文件并退出

关闭文件并退出程序比较简单。在关闭图像并退出Photoshop CS4之前，一定要存储对图像所做的修改。

关闭文件：执行“文件—关闭”或“全部关闭”命令。

退出Photoshop CS4：执行“文件—退出”命令，或使用【Ctrl+Q】。

### 2.1.5 恢复文件

在对文件进行编辑时，如果对修改的结果不满意，执行“恢复”命令后，可以将文件恢复至最近一次保存的状态。

### 2.1.6 置入文件

在Photoshop CS4中可以通过“置入”命令，将不同格式的文件导入到当前编辑的文件中，并自动转换成智能对象图层。

## 2.2 设置图像与画布大小

### 2.2.1 改变图像尺寸与分辨率

要改变图像的显示尺寸、打印尺寸和分辨率，可执行“图像—图像大小”命令，系统会弹出如图2-5所示的“图像大小”对话框，在该对话框中可对“像素大小”和“文档大小”进行修改设置。

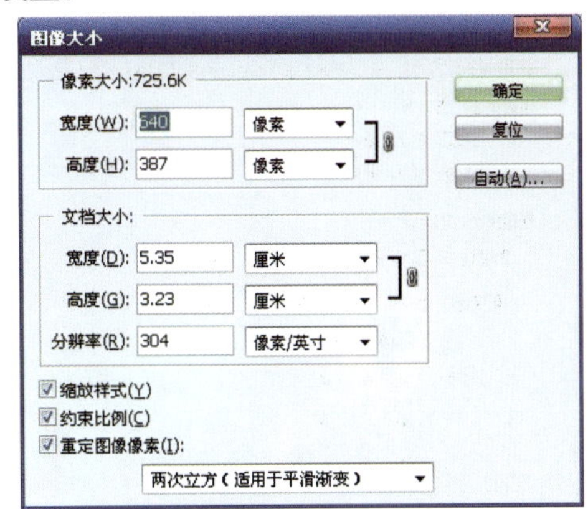


图2-5 “图像大小”对话框

对话框中各选项的含义如下。

① 像素大小：用来设置图像像素的大小，在对话框中可以重新定义图像像素的“宽度”和“高度”，单位包括像素和百分比。更改像素尺寸不仅影响屏幕上显示图像的大小，还会影响图像品质、打印尺寸和分辨率。

② 文档大小：用来设置图像的打印尺寸和分辨率。

③ 缩放样式：在调整图像大小的同时可以按照比例缩放图层中存在的图层样式。

④ 约束比例：在更改图像的宽度和高度时，系统将按比例调整其高度或宽度，以使图像保持宽高比例不变。

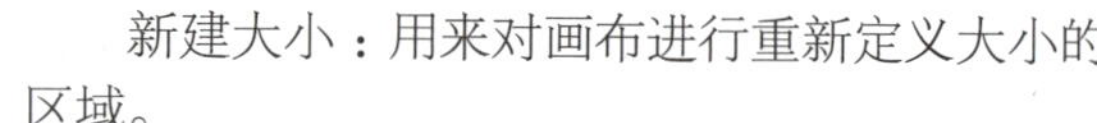

⑤ 重定图像像素：表示在改变图像显示尺寸时，系统将自动调整打印尺寸，此时图像的分辨率将保持不变。同时，还可通过复选框后面的下拉框选择内插方法。反之，在改变图像的分辨率时，图像的打印尺寸将相应改变。

邻近：不精确的内插方式，会产生锯齿效果。

两次线性：中等品质的内插方式。

两次立方：精度最高的内插方式，两次立方较平滑（适用于扩大）、两次立方较锐利（适用于缩小）。

## 2.2.2 修改画布大小

执行“图像—画布大小”命令，系统将弹出如图2-6所示的“画布大小”对话框，在此对话框中可以按指定的方向增大围绕现有图像的工作空间或减小画布尺寸来裁剪掉图像边缘，还可以设置增大边缘的颜色。默认情况下添加的画布颜色由背景色决定。

对话框中各选项含义如下。

当前大小：当前打开的图像的实际大小。

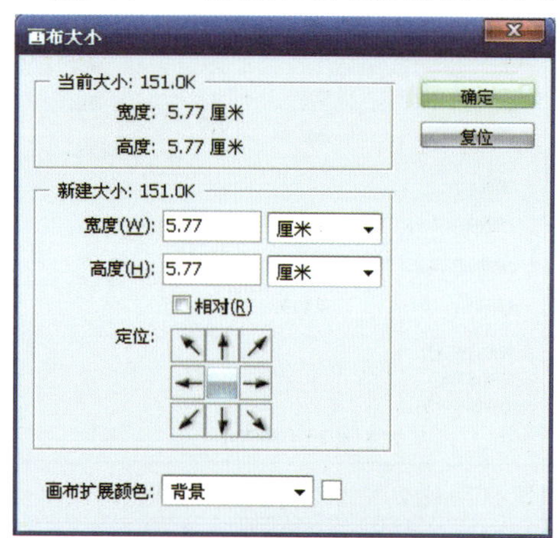


图2-6 “画布大小”对话框

新建大小：用来对画布进行重新定义大小的区域。

相对：勾选该复选框，输入的“宽度”和“高度”的数值将不再代表图像的大小，而表示图像被增加或减少的区域大小。输入的数值为正值，表示要增加区域的大小；输入的数值为负值，表示要裁剪区域的大小。

定位：设置图像裁切或延伸的方向。默认情况下，图像裁切或扩展是以图像中心为中心的。若单击右上角的小方格，则裁切或扩展将以图像右上角为起点进行。

画布扩展颜色：用来设置当前图像增大空间的颜色，可在下拉列表中选择前景色、背景色和白色等多种颜色填充。

## 2.2.3 裁切图像

有时候需要图像中的一部分，那么就需要对图像进行相应的裁切。

（1）“裁剪”命令

使用“裁剪”命令可以将图像按照存在的选区进行矩形裁剪，在打开的文件中先创建一个选区，再执行菜单中“图像—裁剪”命令，即可对图像进行裁剪，如图2-7所示。

图2-7 裁剪图像

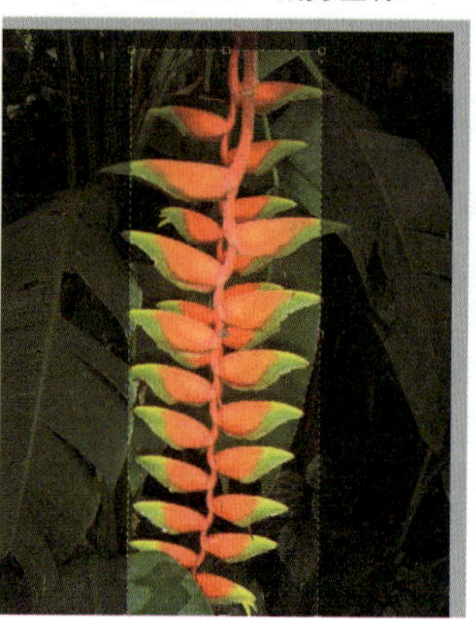

图2-8 裁切图像

（2）利用裁切图像工具裁切图像

选择裁切工具，然后在图像中单击裁切区域的第一个角点，并拖动光标至裁切区域的对角点，确定裁切范围后双击鼠标或点击✔，图像就裁切好了，如图2-8所示。

### 2.2.4　旋转与翻转图像

通过执行“图像—图像旋转”菜单命令中的各子菜单项，可旋转和翻转图像（如图2-9）。

图2-9　执行垂直翻转图像后的效果

## 2.3　辅助工具的使用

在处理图像时使用辅助工具可以进行精确定位、容易查看图像的实际尺寸等，可以大大提高工作效率。在Photoshop中辅助工具主要有标尺、网格和参考线。

### 2.3.1　标尺的操作

标尺可以帮助大家确定窗口中对象的大小和位置。可以根据工作需要重新设置标尺的属性、标尺原点及改变标尺位置。

显示或隐藏标尺：执行“视图—标尺”菜单命令或按快捷键【Ctrl+R】。

更改标尺原点：默认状态下，标尺以窗口内图像的左顶角作为标尺的起点（0,0），将鼠标置于窗口左上角标尺的交叉点上，然后沿对角线向下拖移到图像上，会看到一组十字线，它们标出了标尺的新原点。到达目的地后松开鼠标，此时就会看到标尺原点位置发生了改变。

如果要想恢复标尺的原点坐标，只要使用鼠标在文档左上方的标尺交叉处双击即可还原标尺坐标。

### 2.3.2　网格、参考线的操作

网格是用来绘制图像和对齐窗口中的任意对象，默认状态下网格是不可见的。

显示或隐藏网格：执行“视图—显示—网格”菜单命令或按【Ctrl+'】快捷键即可。如图2-10所示。

图2-10　显示网格

参考线可以移动、删除或锁定，主要用来协助对齐和定位对象。

（1）创建参考线

执行“视图—新建参考线”命令，在弹出的如图2-11所示的“新建参考线”对话框中，选择“水平”或“垂直”方向，并输入位置，然后单击“确定”按钮。

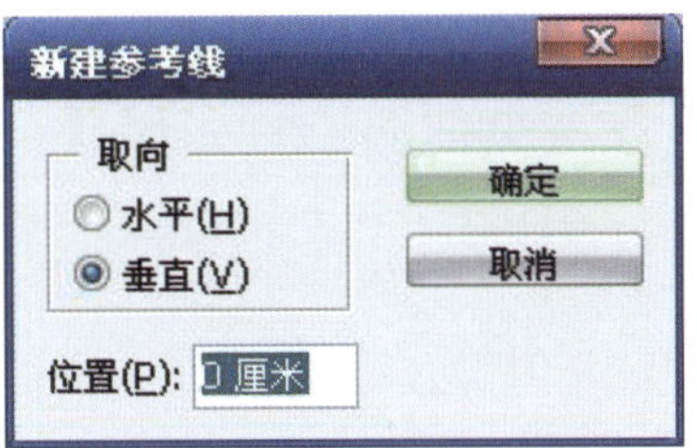


图2-11　“新建参考线”对话框

如图2-12所示为设置取向为“水平”，位置为“4厘米”的参考线。

图2-12　新建水平参考线

从水平标尺上按下鼠标，向工作区拖动也可以创建水平参考线。按住Alt键，可以从水平标尺拖移创建垂直参考线。

从垂直标尺上按下鼠标，向工作区拖动也可以创建垂直参考线。按住Alt键，可以从垂直标尺拖移创建水平参考线。

按住Shift键可从水平或垂直标尺拖移创建与

标尺刻度对齐的参考线。

（2）删除参考线

如果要删除一条或几条参考线，只要使用移动工具拖动要删除的参考线到标尺处即可。

如果要删除图像中所有的参考线，则在菜单中执行“视图—清除参考线”命令，就可以将图像中的所有参考线删除。

（3）移动参考线

在工具箱中选择移动工具，鼠标在参考线处变为双箭头时即可移动参考线。

（4）锁定或清除参考线

执行“视图—锁定参考线”或“视图—清除参考线”可以锁定或清除参考线。

## 2.4 图像显示方式

利用Photoshop进行图像处理时，可以同时打开多个图像窗口，可根据工作需要，移动窗口位置、调整窗口尺寸、改变窗口排列方式、改变屏幕显示模式或在各窗口之间切换。

### 2.4.1 改变窗口的位置和尺寸

调整窗口的尺寸，可以利用窗口右上角的“最小化”按钮和“最大化”按钮，也可以将鼠标光标置于窗口四边或右下角，待光标呈双向箭头形状时，拖动鼠标来进行调整。

### 2.4.2 调整排列和切换当前窗口

打开多个图像窗口时，有时需要重新排列各个窗口。可通过执行“窗口—排列—层叠、平铺、在窗口中浮动、使所有内容在窗口中浮动、将所有内容合并到选项卡中”等菜单命令来安排图像窗口的显示。

要在打开的多个窗口之间切换，可直接单击选项卡中该文件，使之成为当前窗口。按下【Ctrl+Tab】，可在各个窗口之间循环切换。

### 2.4.3 改变屏幕显示模式

处理图像时可以对其进行屏幕显示模式的转换，其中包括标准屏幕模式、带有菜单栏的全屏模式和全屏模式。执行菜单“视图—屏幕模式”命令，在弹出的子菜单中可以选择相应的屏幕模式。

标准屏幕模式：系统默认的屏幕模式，在这种模式下系统会显示标题栏、菜单栏、工作窗口、标题栏等。

带有菜单栏的全屏模式：该模式会显示一个带有菜单栏的全屏模式，不显示工作窗口名称。

全屏模式：该模式会显示一个不含标题栏、菜单栏、工具箱、调板的全屏窗口，当需要显示工具箱或调板时可将鼠标移到左边或右边单击即可。选择全屏模式时系统会弹出“信息”对话框，提示大家返回其他模式的操作方法。

### 2.4.4 图像缩放和平移

在处理图像时，可能需要放大或缩小图像显示，可利用工具箱中的缩放工具，或执行“视图—放大、缩小、按屏幕大小缩放、实际像素、打印尺寸”等菜单选项。

缩放工具的使用方法：选定缩放工具后，鼠标移动到图像上，此时光标显示为，在图像窗口中单击，即可将图像放大到下一预定比例；若在选定缩放工具后，首先按住Alt键不放，此时光标显示为，在图像窗口中单击，则将图像缩小到下一预定比例。

若在选定缩放工具后，通过拖动方法在图像窗口中选定某一区域，则该区域将被放大至充满窗口。

选定缩放工具后，选项栏也会出现“调整窗口大小以满屏显示”、“缩放所有窗口”、“实际像素”、“适合屏幕”、“填充屏幕”、“打印尺寸”按钮可供选择。

快捷键的使用方法：在任何情况下，按【Ctrl+空格键】不松手，图像将出现光标；按【Alt+空格键】不松手，图像上将出现光标；按【Ctrl+“+”】键，图像放大显示一级，按【Ctrl+“−”】键，图像缩小显示一级；按【Ctrl+“0”】键，图像将以屏幕最大尺寸显示；按【Ctrl+Alt+“0”】键，图像将以100%实际像素大小方式显示。

### 2.4.5 利用导航器面板控制图像显示比例

执行“窗口—导航器”，打开导航器调板，将光标定位在导航器调板的滑块上，然后左右拖动，如图2-13所示，可以控制图像的显示比例。红色方框标示的为屏幕显示图像区域。按下Alt键同时在导航器预览图像中画一方框，则方框中的图像就会充满图像窗口。

图2-13 “导航器”调板

### 2.4.6 当图像超出当前显示窗口时查看图像的方法

移动显示窗口右侧和下面的垂直滚动条和水平滚动条可以查看图像其他部分。

利用工具箱中的抓手工具在图像中移动来查看图像。在使用任何工具时按下空格键鼠标光标都会变成形状，然后按住空格不动，在图像上移动鼠标即可移动查看图像的其他部分。

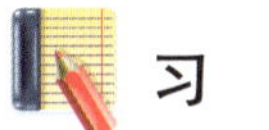

## 习 题

1. 在Photoshop CS4中新建一个文件，注意设置新建对话框中的宽度、高度、颜色模式和分辨率等内容。

2. 打开一幅JPEG格式的图像，将它另存为PSD格式的文件。

3. 打开一幅图像，调整图像的显示比例。

4. 打开一幅图像，在画布窗口中添加水平和垂直参考线，并显示或取消网格。

# 第3章 选区的创建与编辑

## 应用规则选框工具来绘制小海龟（如图3-1所示）

图3-1　应用规则选框工具绘制的小海龟

## 相关知识与技能

本例主要通过应用【创建新文件】,【设置参考线】,【创建选区】,【选区的相关运算】,【填充颜色】等命令来完成效果的制作。

操作步骤如下。

① 新建文件，背景色为白色。按下【Ctrl+Shift+N】键，新建一个图层（关于图层的知识我们会在后一章专门介绍），选择选框工具（快捷键是【M】)，用鼠标按下选框工具2秒钟，出现如图3-2所示的选框工具的右拉菜单。

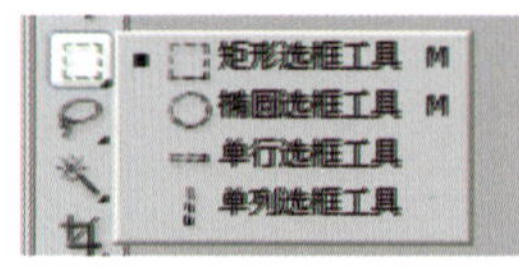


图3-2　选框工具菜单

② 选择默认的矩形选框工具，在画面上拖拽，形成一个虚线框的长方形，进行填充。然后右击选择描边，在弹出的如图3-3所示的“描边”对话框中，选择宽度为5px，颜色为黑色，

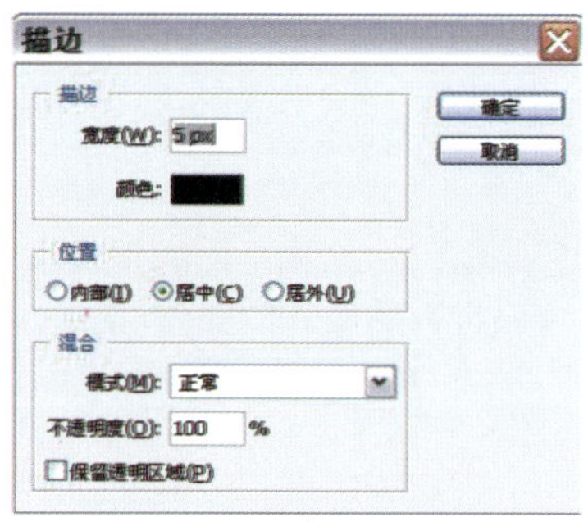


图3-3　“描边”对话框

单击“确定”。

③ 用同样的方法，再一次新建图层，绘制一个新的矩形方框，如图3-4所示。

④ 新建图层，再一次绘制一个方形，右击选择“变换选区”，再一次右击，选择“扭曲”把选框拖拽成为如图3-5所示图形，在内部双击确认。

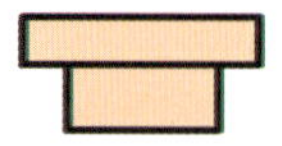

图3-4　绘制另一个矩形方框

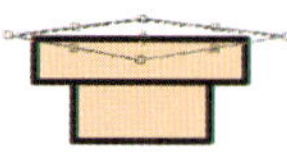

图3-5　变换选区

之后再一次进行填充与描边，这次描边宽度为3px，如图3-6所示。

⑤ 新建图层，选择椭圆选框工具，绘制圆形，进行填充与描边，如图3-7所示。

图3-6　描边

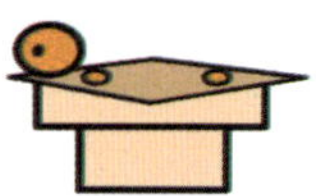

图3-7　绘制并填充、描边椭圆选区

⑥ 新建图层，选择椭圆选框工具，绘制圆

形，选择矩形选框工具，在工具栏中选择，从选区中减去，之后填充颜色，描边，乌龟背就做好了，如图3-8所示。

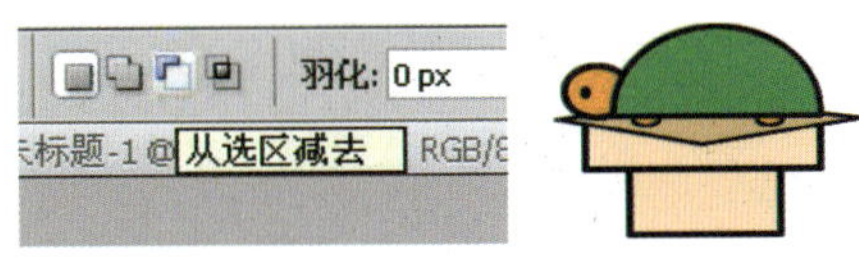


图3-8 利用选区相减制作乌龟背

重复之前的操作，再绘制一个小乌龟，结果如图3-1所示。

选区是指通过选取工具或者相应命令在图像上创建的选取范围。创建选区以后，可以将选区内的区域进行隔离，以便复制、移动、填充或对选区内的图像进行颜色校正，而不影响选区以外的图像。比如创建选区后，对执行“复制”与“粘贴”命令后，被复制到新图层中的像素就只是选区内的图像。

在PhotoshopCS4中用来创建选区的工具主要分为创建规则选区的选框类工具和创建不规则选区的套索工具组、魔棒工具和“色彩范围”命令。

## 3.1 选框类工具

包括可以创建矩形的（矩形选框工具）、创建正圆和椭圆的（椭圆选框工具）及创建长或宽为一个像素的（单行选框工具）和（单列选框工具）。

### 3.1.1 矩形选框工具

矩形选框工具主要应用在要求不太严格的图像中。创建选区的方法非常简单，在工具箱中选择（矩形选框工具），在图像窗口中选择一点按住鼠标向对角线处拖动，松开鼠标后便可创建矩形选区，创建的选区以闪动的虚线框表示，如图3-9所示。

图3-9 创建矩形选区

绘制矩形选区的同时按住Shift键，可以绘制出正方形选区。

### 3.1.2 椭圆选框工具

创建椭圆或正圆选区的工具是（椭圆选框工具），在工具箱上的（矩形选框工具）上单击鼠标右键或单击（矩形选框工具）右下角的箭头，在打开的一组工具中选择（椭圆选框工具）（或按快捷键【Shift+M】），在图像窗口中选择一点按住鼠标向对角线处拖动，松开鼠标后便可创建椭圆形选区，如图3-10所示。

图3-10 创建椭圆选区

绘制椭圆选区的同时按住Shift键，可以绘制出正圆选区；选择起始点后，按住Alt键可以以起始点为中心向外创建椭圆选区；选择起始点后，按住【Alt+Shift】键可以以起始点为中心向外创建正圆选区。

### 3.1.3 单行选框工具和单列选框工具

（单行选框工具）和（单列选框工具）专门用于创建只有一个像素高的行或一个像素宽的列的选区，应用方法很简单，在工具箱上的（矩形选框工具）上单击鼠标右键或单击（矩形选框工具）右下角的箭头，在打开的一组工具中选择（单行选框工具）和（单列选框工具），在图像窗口中要选择的位置单击即可。如图3-11和图3-12所示。

在上面选区的创建过程中选项栏中的选项为默认状态。下面介绍使用选框工具设置不同选项时的创建方法。选框工具中各个工具的选项设置基本相同，下面以矩形选框工具为例来介绍选框工具选项栏的使用，如图3-13所示为矩形选框工具选项栏。

（1）创建新选区

选择该按钮后在图像中创建新选区，每次只能创建一个选区，创建当前选区时，上一次创建的选区消失。

图3-11　创建单行选区

图3-12　创建单列选区

羽化: 0 px　消除锯齿　样式: 正常　宽度:　高度:　调整边缘...

图3-13　矩形选框工具选项栏

（2）添加到选区

在已存在选区的图像中拖动鼠标绘制新选区，如果与原选区相交，则组合成新的选区；如果与原来的选区不相交，则创建一个新的选区。如图3-14和图3-15所示。

图3-14　添加到选区（与原选区相交）

图3-15　添加到选区（与原选区不相交）

Tips 技巧：

在已存在选区的图像中按住Shift键的同时绘制第二个选区，会自动完成添加到选区的功能，相当于单击选项栏中添加到选区按钮。

（3）从选区中减去

在已存在选区的图像中拖动鼠标绘制新选区，如果选区相交，则在原来的选区中减掉新的选区；如果选区不相交，则原选区没有变化，如图3-16所示。

图3-16　从选区中减去

Tips 技巧：

在已存在选区的图像中按住Alt键的同时绘制第二个选区，会自动完成从选区中减去的功能，相当于单击选项栏中从选区中减去按钮。

（4）与选区交叉

在已存在选区的图像中拖动鼠标绘制新选区，如果与原选区相交，则组合成的新选区是两个选区相交的部分；如果与原来的选区不相交，则不能绘制出新选区，如图3-17所示。

图3-17　与选区交叉

技巧：

在已存在选区的图像中按住【Alt+Shift】键的同时绘制第二个选区，会自动完成与选区相交功能，相当于单击选项栏中与选区相交按钮。

（5）羽化

羽化的作用是使选区边缘的像素分散，使选区具有柔和的边缘，羽化值越大，边缘越柔和。羽化和其他操作结合起来才能显示出效果。图3-18～图3-20是图像羽化值不同时填充选区后的效果。

图3-18　羽化为0时选区填充白色的效果

图3-19　羽化为10时选区填充白色的效果

图3-20　羽化为50时选区填充白色的效果

技巧：

选项栏的羽化值要在使用选择工具之前设定，否则无效；但有另一种方法可以更改已存在选区的羽化值，就是执行“选择—羽化”命令或在选区上按右键在弹出的快捷菜单中选择“羽化”，在弹出的“羽化选区”对话框中输入“羽化半径”的数值。

（6）样式

在“样式”下拉列表中可以选择创建选区时选区的样式。

- 正常：可创建任意大小的选区，是最常用的一种状态。
- 固定比例：选择该项后，工具选项栏中的“宽度”和“高度”数值输入框被激活，输入数值后，可以创建具有精确宽高比的选区。如图3-21所示为宽高比例为2：1的矩形选区。

图3-21　宽高比为2：1的矩形选区

- 固定大小：选择该项后，工具选项栏中的“宽度”和“高度”数值输入框被激活，输入数值后，可以创建具有精确固定大小的选区。图3-22所示的选区为宽和高都为100像素的矩形选区。

图3-22　固定大小为100：100像素的矩形选区

（7）消除锯齿

选择（椭圆选框工具）后选项栏中的“消除锯齿”复选框被激活，Photoshop中的图像是由像素组成的，而像素实际上是正方形的色块，当进行椭圆形选取或其他不规则形状选取时就会产生锯齿边缘，消除锯齿的原理就是在锯齿之间填入中间色调，这样就会在视觉上消除了锯齿现象，如图3-23所示。

不勾选消除锯齿　　勾选消除锯齿

图3-23　创建椭圆选区时是否勾选“消除锯齿”复选框的对比图

## 3.2　套索工具组

### 3.2.1　套索工具

在Photoshop中使用（套索工具）可以在图像中创建任意形状的选区，套索工具通常用来创建边缘精确度要求不高的选区，这正符合套索工具操作灵活、使用简单的特点。选择套索工具后，在图像中按住鼠标左键沿着要选择的区域绘制，松开鼠标左键时，选区即创建出来。如图3-24所示为使用套索工具选取的选区。

图3-24　使用套索工具创建选区

Tips 技巧：

使用套索工具创建选区时，如果起始点与终点不相交时松开鼠标，那么起始点与终点自动封闭创建选区。

### 3.2.2　多边形套索工具

运用（多边形套索工具）可以创建具有不规则直线边缘的选区。操作时，在每个需要拐角的地方单击鼠标，鼠标回到创建该选区的起点时，光标右下角会出现一个小圆圈，单击鼠标可创建一个多边形选区，如图3-25所示。

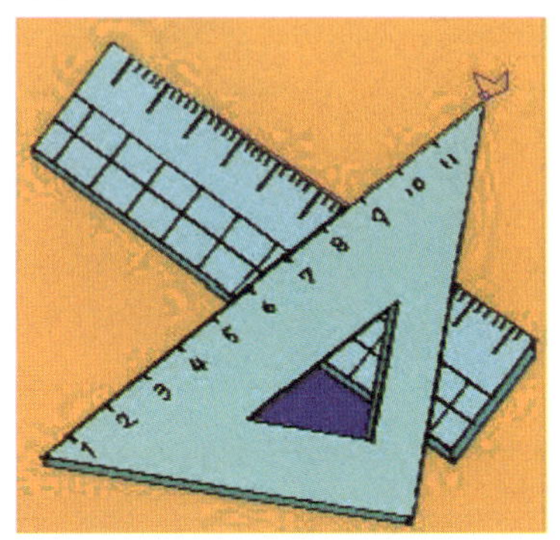

图3-25　创建多边形选区

Tips 技巧：

使用（多边形套索工具）绘制选区时，按住Shift键可沿水平、垂直或与之成45度角的方向绘制选区；在终点没有与起始点重叠时，双击鼠标或按住Ctrl键的同时单击鼠标即可创建封闭选区。

### 3.2.3　磁性套索工具

运用（磁性套索工具）能够自动捕捉具有反差颜色的对比边缘，并基于此边缘来创建选区，因此非常适合选择背景复杂但对象边缘对比度强烈的图像。操作时在对象边缘单击确定起始点，然后沿着对象边缘拖动鼠标，此时会发现光标在颜色对比强烈的边缘创建选区，当光标回到起始点处出现小圆圈时单击鼠标左键，即可完成选区的创建，如图3-26所示。

选择磁性套索工具后，其选项栏如图3-27所示。

图3-26　用磁性套索工具创建选区

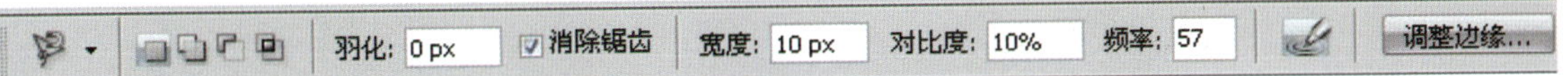

图3-27 磁性套索工具选项栏

- 宽度：用于设置磁性套索工具自动查找颜色边缘的宽度范围，数值越大，所要查找的边缘范围越广。可输入的数值范围是1 ~ 256。
- 对比度：用于设置磁性套索工具的敏感度，数值越大，磁性套索工具对颜色对比反差的敏感程度越低。可输入的数值范围是1% ~ 100%。
- 频率：用于设置选取时的定位标记，确保选区不被变形。数值越大，插入的定位标记越多，得到的选区也越精确。可输入的数值范围是1 ~ 100。
- （钢笔压力）：如果使用绘图板创建选区时，单击此按钮，系统会自动根据绘图笔的压力来改变宽度。

**Tips 技巧：**

使用磁性套索工具创建选区时，单击鼠标也可以创建标记点，用以确定精确选区；按Delete键或BackSpace键，可按照顺序撤销标记点；按Esc键可去掉未完成的选区。

## 3.3 魔棒工具组

### 3.3.1 魔棒工具

使用（魔棒工具）可以为图像中颜色相同或相近的像素创建选区。用魔棒工具单击图像中的某一种颜色，即可将与此种颜色邻近的或不相邻的颜色都一次性被选中。

选择魔棒工具后，选项栏中会显示针对该工具的一些属性设置，如图3-28所示。

选项栏中各选项含义如下。

- 容差：在选框中输入的值越小，选取的颜色范围就越接近；输入的数值越大，选取的颜色范围就越广。取值范围为0 ~ 255，系统默认值为32。如图3-29所示的图像是容差为10时的选取范围；如图3-30所示的图像是容差为100时的选取范围。
- 连续：勾选此项表示只选取颜色相近的连续区域；反之，则表示选取颜色相近的所有区域，如图3-31和图3-32所示。
- 对所有图层取样：勾选该复选框后，可以选取所有可见图层中的相同颜色像素；不勾选该复选框，只能在当前工作的图层中选取颜色区域。

### 3.3.2 快速选择工具

使用（快速选择工具）可以快速在图像中对需要选取的部分建立选区，它是魔棒工具的一个升级，只要选择该工具后，使用指针在图像中拖动即可将鼠标经过的地方创建为选区，如图3-33所示。

选择（快速选择工具）后，选项栏中的设置如图3-34所示。

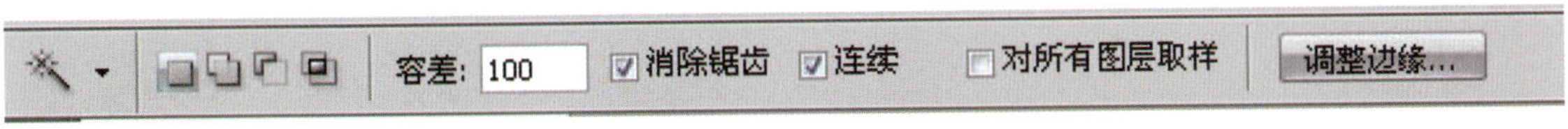

容差: 100 ☑消除锯齿 ☑连续 ☐对所有图层取样 调整边缘...

图3-28 魔棒工具选项栏

图3-29 容差为10时的选取范围

图3-30 容差为100时的选取范围

图3-31　勾选“连续”的选取范围

图3-32　不勾选“连续”的选取范围

图3-33　使用快速选择工具选取图像

画笔： 13 对所有图层取样 自动增强 调整边缘...

图3-34　快速选择工具对应的选项栏

其中各选项含义如下。

- 新选区：选择该项对图像进行选取时，松开鼠标后会自动转换成“添加到选区”功能。再选择该选项，可以创建另一个新选区或使用鼠标将选区进行移动。
- 添加到选区：选择该项时，可以在图像中创建多个选区，相交时可以将两个选区合并。
- 从选区中减去：选择该项时，拖动时鼠标经过的位置会将创建的选区减掉。
- 画笔：用来设置创建选区的笔触、直径、硬度和间距等。
- 自动增强：勾选该复选框可以自动增强选区的边缘。

## 3.4　色彩范围

使用“色彩范围”命令可以选择整个图像内指定的颜色，功能与使用魔棒工具类似。但用“色彩范围”选择后的选区去进行其他操作时，“色彩范围”命令选择更智能、更细腻。执行菜单中的“选择—色彩范围”命令即可打开如图3-35所示的“色彩范围”对话框。

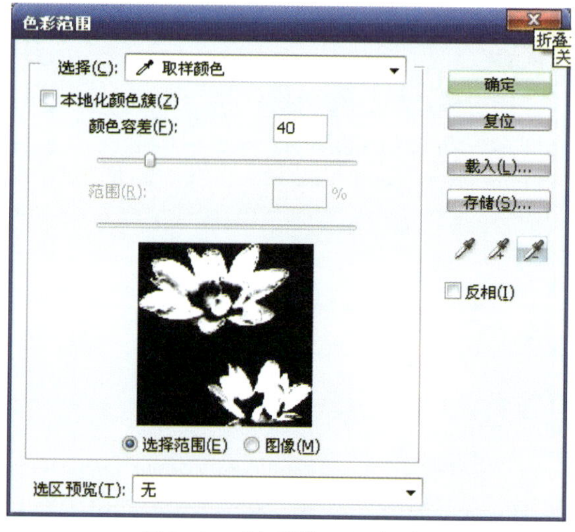


图3-35　“色彩范围”对话框

对话框中的各选项含义如下。

① 选择：用来设置创建选区的方式。在下拉菜单中可以选择创建选区的方式，包括取样颜色、高光、阴影等选项。

选择“取样颜色”时，用户可以用吸管吸取颜色。当鼠标指针移向图像窗口或预览框时，会变成吸管形状，单击即可选取当前颜色。

选择“红色”、“黄色”、“绿色”、“青色”、“蓝色”和“洋红”选项可以指定选取图像中的6种颜色。

选取“高光”、“中间调”和“暗调”选项可以选取图像不同亮度的区域。选取“溢色”可以将一些无法印刷的颜色选取出来。该选项只用于RGB模式的图像。

② 颜色容差：用来设置被选颜色的范围。数值越大，所包含的近似颜色越多，选取的范围越大。只有在“选择”下拉菜单中选择“取样颜

色”时，该项才被激活。

③ 选择范围/图像：用来设置预览框中显示的是选择区域还是图像。单击“选择范围”，在预览框中只显示出被选取的范围；单击“图像”，在预览框中显示整幅图像。

④ 选区预览：用来控制预览图像显示创建选区的方式。

- 无：表示不显示预览。
- 灰度：表示以灰色调显示未被选取的区域。
- 黑色杂边：以黑色显示未被选取的区域。
- 白色杂边：以白色显示未被选取的区域。
- 快速蒙版：以默认的蒙版颜色显示未被选取的区域。

⑤ 载入：可以将之前制作的文件作为选区的预设。

⑥ 储存：将当前制作的效果设置进行储存。

⑦ 吸管工具：使用该工具可以在图像中任意单击，即可将该区域的色彩信息作为选区载入。

⑧ 添加到选区：使用该工具在图像中单击，可以将选中的颜色信息添加到吸管工具创建的选区范围。

⑨ 从选区中减去：使用该工具在图像中已经被创建选区的部位单击，可以将被单击的区域从吸管工具创建的选区范围内删除。

⑩ 反相：勾选此复选框，可以将创建的选区反向选择。

## 3.5 选区的调整

### 3.5.1 选区的移动

在图像中有选区的情况下，选择选框工具，并将创建选区方式选择为“新选区”，将光标放在选区中按住鼠标左键并移动，即可移动选区，如图3-36所示。

图3-36 移动选区

**技巧：**

在移动时按住Shift键，则只能将选区沿水平、垂直或45度方向移动。在移动时按下Ctrl键，则可以暂时切换到移动工具，可以移动选区中的图像。

使用方向键，可以沿该方向移动1个像素点。

使用Shift+方向键，可以沿该方向移动10个像素点。

### 3.5.2 移动选区中的图像

移动选区中的图像要利用移动工具，将光标放在选区内，按住鼠标并拖动，即可移动选区中的图像。如果移动的图像所在的图层在“背景”层，则移动后的图像原区域将填充背景色，如图3-37所示。如果移动的图像所在的图层为普通图层，则移动后的图像原区域将变为透明。

图3-37 移动选区内的图像

### 3.5.3 扩大和缩小选区

使用“扩展”命令可以扩大选区并平滑边缘。创建选区后，执行菜单中的“选择—修改—扩展”命令，打开如图3-38所示的对话框。

图3-38 “扩展选区”对话框

扩展量：用来设置原选区与扩展后的选区之间的距离。

创建选区后，在“扩展选区”对话框中设置“扩展量”为“20”像素，如图3-39所示。

图3-39 扩展量为20像素的图像

使用“收缩”命令可将选区在原来形状的基础上缩小一定的像素值。创建选区后，执行菜单中的“选择—修改—收缩”命令，打开如图3-40所示的对话框。

图3-40 “收缩选区”对话框

收缩量：用来设置原选区与收缩后选区之间的距离。

创建选区后，在“收缩选区”对话框中设置“收缩量”为“20”像素，如图3-41所示。

图3-41 收缩选区

### 3.5.4 平滑选区边缘

“平滑”命令常用于使用魔棒工具创建的选区，在使用魔棒工具创建选区时，会出现细碎的小选区以及边缘会出现锯齿，使用菜单中的“选择—修改—平滑”命令，可以使选区更光滑、整体一些，打开如图3-42所示的“平滑选区”对话框。

图3-42 “平滑选区”对话框

取样半径：用来设置平滑圆角的大小。

创建选区后（如图3-43所示），在“平滑选区”对话框中设置“取样半径”为“10”像素，效果如图3-44所示。

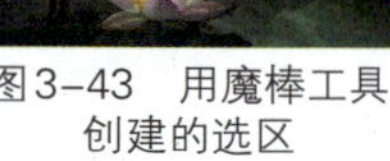

图3-43 用魔棒工具创建的选区

图3-44 取样半径为10个像素后的效果

### 3.5.5 扩边选区

“边界”命令可以将已存在的选区向内外两边扩大，扩大后的选取范围会形成新的选区。创建选区后，执行菜单中的“选择—修改—边界”命令，打开如图3-45所示的“边界选区”对话框。

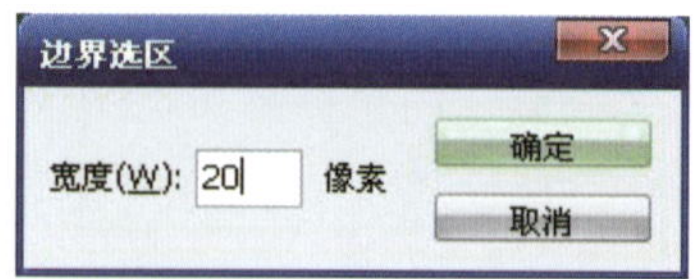


图3-45 “边界选区”对话框

宽度：用来设置重新生成边界选区的宽度。

创建选区后，在“边界选区”对话框中设置“宽度”为“20”像素，如图3-46所示。

图3-46 边界选区

### 3.5.6 扩大选取与选取相似

扩大选取是指在现有选区的基础上，将所有符合魔棒选项中指定的容差范围的相邻像素添加到现有选区中。执行“选择—扩大选取”命令，执行选取操作。如图3-47所示为执行扩大选取命令前后的选取效果。

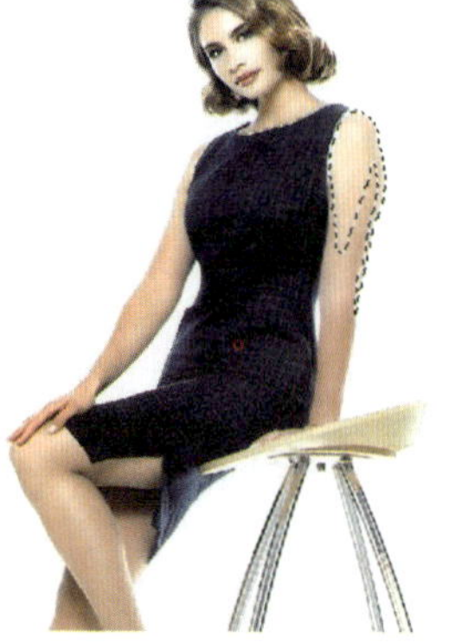

扩大选取前

扩大选取后

图3-47 执行“扩大选取”命令前后选取范围对比

“选取相似”命令可以将图像中与选区像素颜色相近的所有像素都添加进选区。在菜单中执行“选择—选取相似”命令，可以执行选取相似操作。图3-48所示为执行“选取相似”命令前后选取效果。

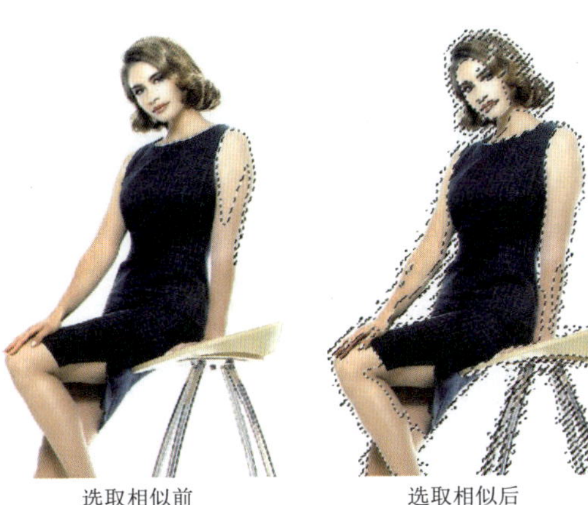


图3-48 执行“选取相似”命令前后选取范围对比

## 3.5.7 变换选区

“变换选区”命令指的是可以直接改变创建选区形状而不会对选取的内容进行变换。在图像中创建选区后，执行菜单中的“选择—变换选区”命令，选区四周就会出现变换控制框，拖动控制点即可对创建的选区进行变换，再执行菜单中的“编辑—变换”命令或在变换控制框内单击鼠标右键，在弹出的子菜单中可以选择缩放、旋转、斜切、扭曲和透视等选项，再拖动变换控制点改变选区形状进行具体变换，效果分别如图3-49 ~图3-54所示。

执行“选择—变换选区”命令时，选项栏如图3-55所示，设置其中的参数，可以精确变换选区。

- 在▦区域单击节点可以设置操作参考点，被选中的节点呈实心显示。
- 在X、Y数值框中输入数值，可以精确设置选区的绝对水平、垂直位置。
- 单击△按钮，使其处于被按下的状态，可以使X、Y数值框中输入的数值为相对于原选区所在位置移动的一个增量。
- 在W、H数值框中输入数值，以精确改变选区的“宽度”和“高度”。
- 单击🔗按钮，可以保持选区在改变后维持原长宽比。
- 在∠数值框中输入角度值，可以精确改变选区的角度。
- 在H、V数值框中输入角度值，可以改变选区在水平方向和垂直方向上的斜切变形度。
- 单击变形按钮，打开变形框，单击右边的倒三角形可以打开下拉菜单，在其中可以选择相应的变形模式，选择“自定”时，可以通过拖动控制点来对选区进行直接变形。
- 设置好参数后，单击✓按钮，选区即得到相应的改变；单击⊘按钮，则取消对选区的改变。

图3-49 变换选项

图3-50 缩放

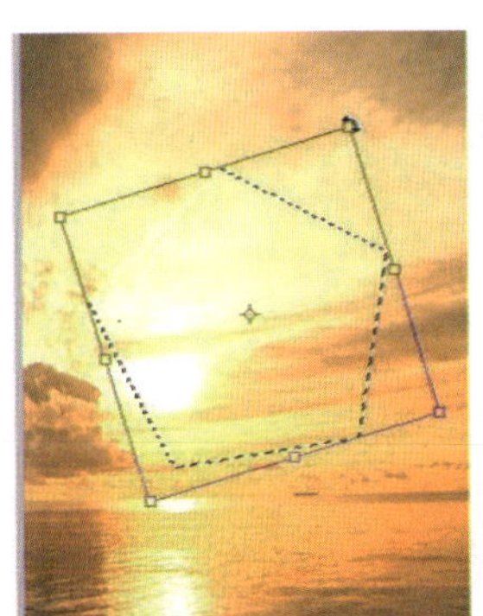

图3-51 旋转

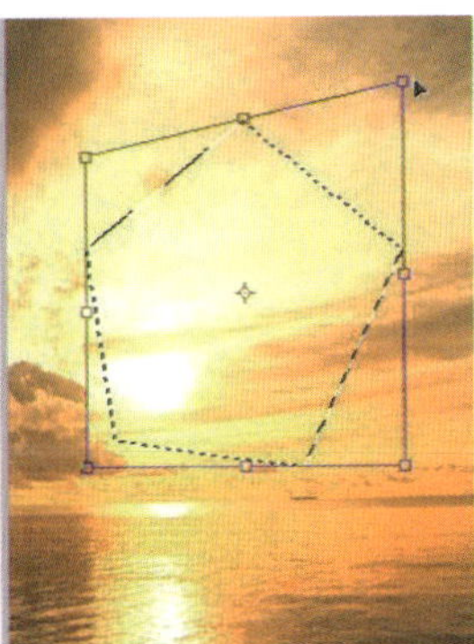

图3-52 斜切

图3-53 扭曲

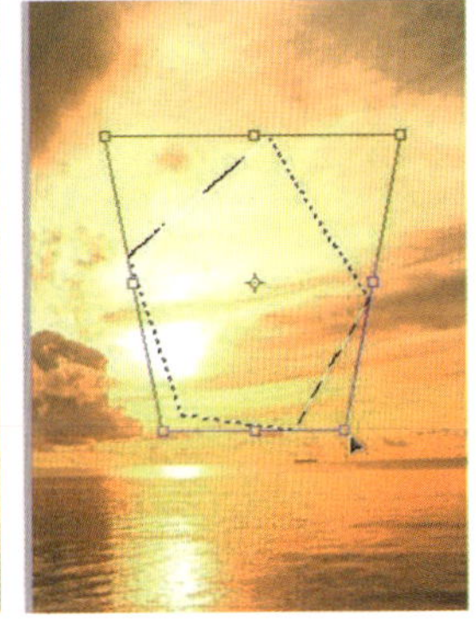

图3-54 透视

X: 134.5 px Y: 179.5 px W: 100.0% H: 100.0% 0.0 度 H: 0.0 度 V: 0.0 度

图3-55 变换选区选项栏

## 3.6 选区的存储和载入

在Photoshop CS4中选区可以随同文件一起保存，再次应用该选区时可以利用载入选区命令再现存储的选区。

### 3.6.1 存储选区

可以使用“选择—存储选区”命令将编辑好的选区存储为通道，以备后用。

例如：启动Photoshop CS4，打开一个图像文件，然后选择工具箱中的矩形选框工具在图像中创建一个矩形选区，如图3-56所示。

图3-56 创建矩形选区

执行“选择—存储选区”命令，弹出“存储选区”对话框，如图3-57所示。

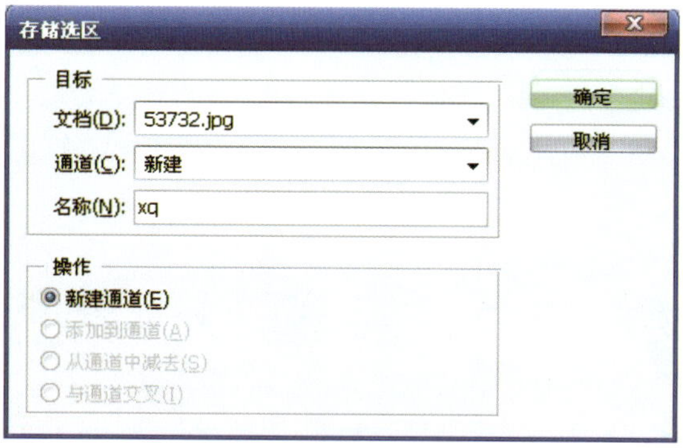

图3-57 “存储选区”对话框

在该对话框中，可以设置选区存放的文件、通道和名称。一般情况下文档和通道采用默认设置，在名称文本框中输入选区的名称，然后单击“确定”即可。在本例中我们在名称文本框中输入xq，将选区以xq为名保存。

### 3.6.2 载入选区

使用“选择—载入选区”命令可以将存储在文件中的选区再次调入到文档窗口中。例如在图像中建立新选区如图3-58所示，上面的介绍中，我们保存了一个选区xq，下面把它调入到文档窗口中。执行“选择—载入选区”命令，打开“载入选区”对话框，如图3-59所示。

图3-58 在图像中建立新选区

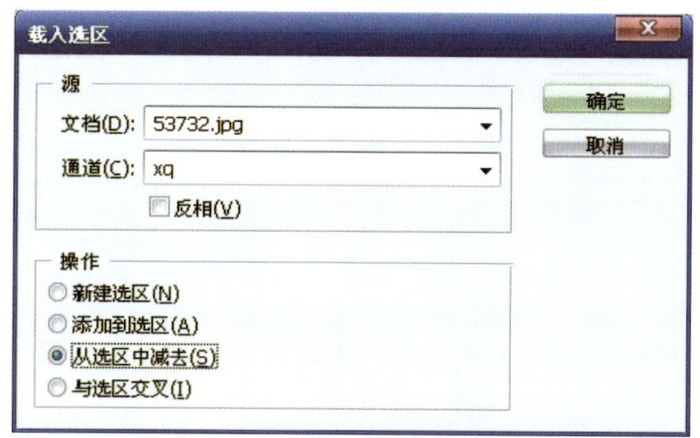


图3-59 “载入选区”对话框

在“载入选区”对话框中通道选择刚存储的选区xq，在“操作”中选择“从选区中减去”，单击“确定”，则将存储的选区调入文档，结果选区为外面大的选区减去原来存储选区的部分，如图3-60所示。

图3-60 结果选区

## 习　题

1. 利用选区运算等操作制作如图3-61所示的太极图。

图3-61　太极图

2. 利用选区运算、自由变换等操作制作如图3-62所示的口杯。

图3-62　口杯

3. 将画框.jpg和风景画素材.jpg 合成为如图3-63所示的风景画。

图3-63　风景画

4. 利用魔棒工具、羽化等操作将夜景素材1和夜景素材2合成为如图3-64所示的夜景图片。

图3-64　夜景

# 第4章 绘画编辑与图像修饰

## 4.1 绘图工具概述

我们进行图像处理，绘图工具十分重要，它是我们很好的助手，运用绘图工具进行图像处理，可以使我们的作品更加生动。Photoshop CS4中的绘画工具包括：画笔工具、铅笔工具、颜色替换工具、历史记录画笔工具、图像擦除工具等。这些绘图工具可以帮助我们进行不同效果的图像处理，非常方便实用。在本章的内容中我们将分别针对这些工具的使用方法结合案例进行讲解，通过实例操作实战演练，掌握工具的应用技巧，达到熟练使用的目的。

## 4.2 画笔的使用

画笔工具是绘图中使用最频繁的工具，它与生活中的画笔相似，线条柔和。其选项栏如图4-1所示：

图4-1　画笔工具选项栏

画笔和铅笔工具都是最常用的绘图工具，操作步骤如下：

① 按下【Ctrl+N】新建一个RGB图像，或按下【Ctrl +O】打开一幅已有的图像。

② 从工具栏中选择画笔工具，在选项栏中设置合适的参数。

③ 拖动鼠标进行绘制。

如图4-2～图4-4所示，都是画笔所绘制的效果。

下面我们用个实例来掌握一下它的使用方法。

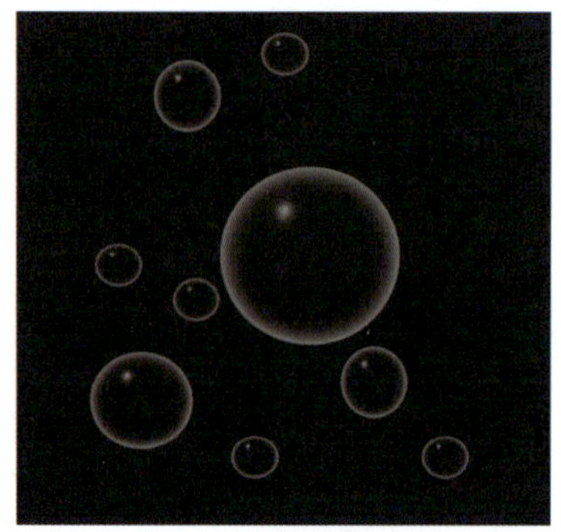

图4-2　笔刷绘制气泡

图4-3　笔刷效果

图4-4 笔刷绘制天使翅膀

## 利用Photoshop CS4笔刷绘制茂密树叶效果（如图4-5所示）

图4-5 绘制茂密树叶效果

操作步骤如下。

① 首先创建新的画布并绘制如下树叶形状（如图4-6）。

图4-6 绘制的树叶

② 选择其中一个叶片执行“编辑—定义画笔预设”，为笔刷命名，如图4-7所示，单击确定后笔刷将会出现在笔刷列表的最后，如图4-8所示。

③ 按下▤按钮，打开画笔定义面板，并设置参数，在形状动态、散布、颜色动态等参数栏

图4-7 为画笔命名

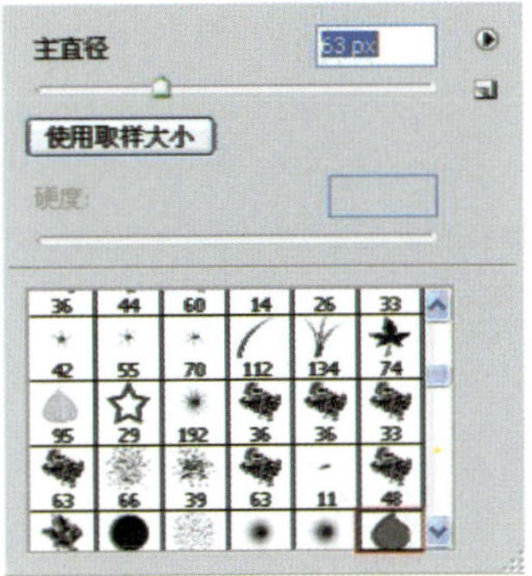


图4-8 自定义的笔刷

分别按照自己需要的效果进行参数设置：

【形状动态】：大小抖动“100%”，控制“钢笔压力”，最小直径“17%”，角度抖动“100%”，圆度抖动“100%”，最小圆度“50%”，如图4-9所示。

【散布】：散布“171%”，数量“1”，数量抖动“71%”，如图4-10所示。

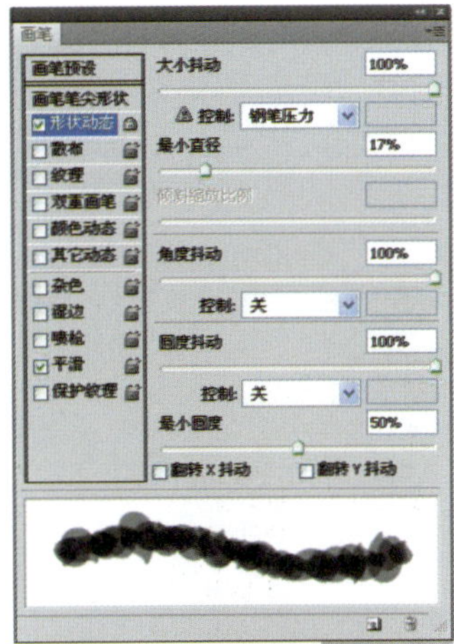


图4-9 画笔自定义面板

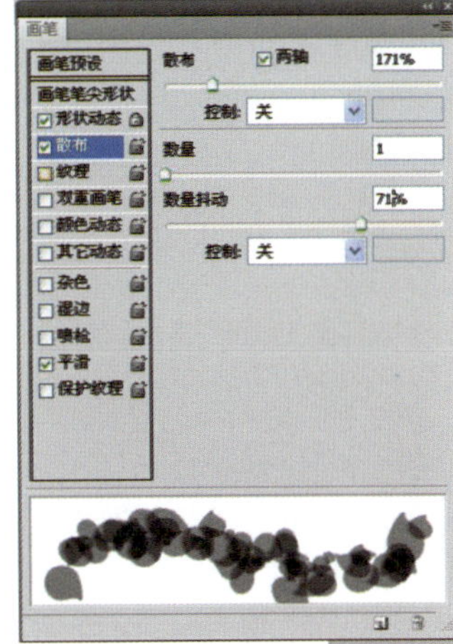


图4-10 散布设置

【颜色动态】：前景/背景抖动“77%”，色相抖动“12%”，饱和度抖动“10%”，亮度抖动“9%”，纯度“0”，如图4-11所示。

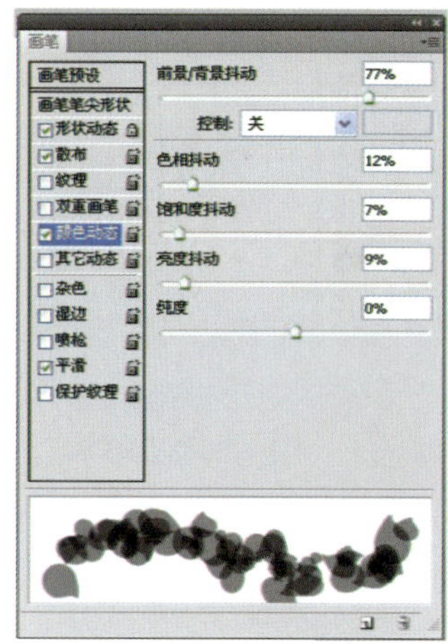

图4-11　颜色动态设置

④ 分别选择暗绿色和亮绿色作为前景色和背景色。保存笔刷设置，单击画笔面板右上角三角图标并选择“新画笔预设”，单击保存。

⑤ 选择自定义笔刷绘制如下图像（如图4-12）。

图4-12　绘制的效果

⑥ 选择一软笔刷，模式设为“柔光”，前景色选择亮色，背景色选择为暗绿色，绘制出明暗效果，并用相同的笔刷添加一些阴影效果，得到如图4-5所示的效果。

## 运用笔刷绘制枫树（效果如图4-13所示）

操作步骤如下。

① 选择画笔工具，单击按钮，首先对画笔进行预设，单击小草画笔形状，进行散布、颜色动态、间距等设置，如图4-14所示。

② 用设置好的笔刷直接画地上的小草，在

图4-13　枫树效果图

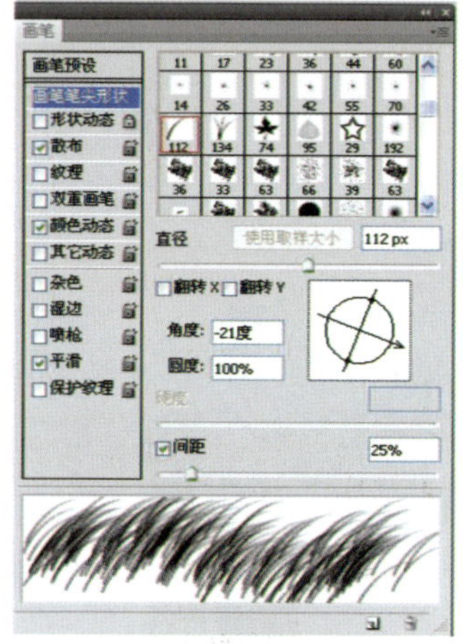

图4-14　画笔设置

画笔选项里把前后背景色的值设大一点，选暗绿做前景色，浅绿做背景色，然后左右拉动鼠标。

③ 用软圆点画笔画天空，设置500像素大小，具体可以根据画布的大小来设置，选浅蓝色左右平涂，再缩小画笔，选白色，绘制白云的效果。

④ 用粉笔笔刷，选不同颜色画树干，鼠标上下地拉动绘制。

⑤ 选择枫叶笔刷，设置前后背景色，分别为红色、黄色，最后零星点几下，做成落叶的形状。最后的效果如图4-13所示。

通过制作案例我们接触了画笔，接下来我们一起再来总结我们需要掌握的相关知识。

### 4.2.1　画笔工具

#### 1. 设置笔刷的大小和样式

在Photoshop CS4中，可以选择系统自带的笔刷或将图案定义成笔刷，还可以加载、保存、删除笔刷。

选取工具箱中的画笔工具，单击其工具栏中的画笔下拉按钮，可得到如图4-15所示的下拉调板，我们可以从中选取合适的画笔。

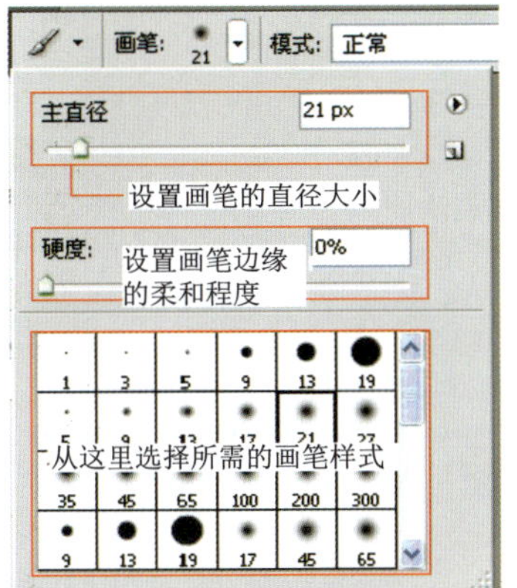


图4-15　画笔下拉菜单

单击如上图4-15所示的右上方的 按钮，可以出现控制菜单，可以从中选择“纯文本”、“小缩览图”、“ 大缩览图”、“小列表”、“大列表”、“描边缩览图” 选项，可以根据需要设置笔刷样式的显示方式，如图4-16 ~图4-21所示。

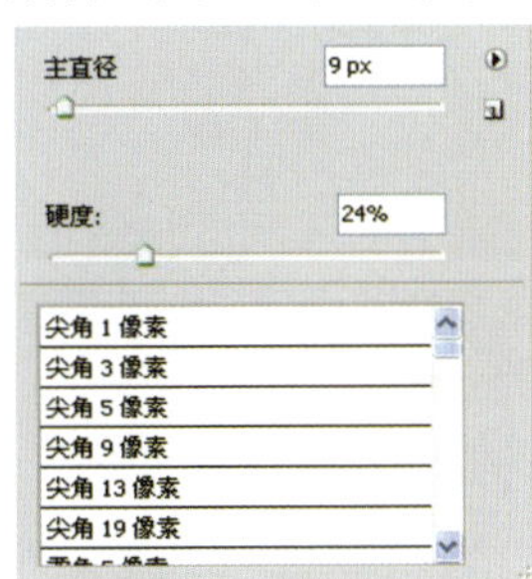

图4-16　纯文本

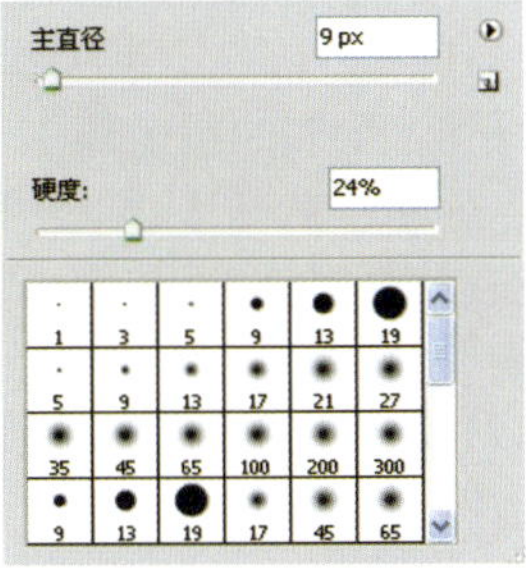

图4-17　小缩览图

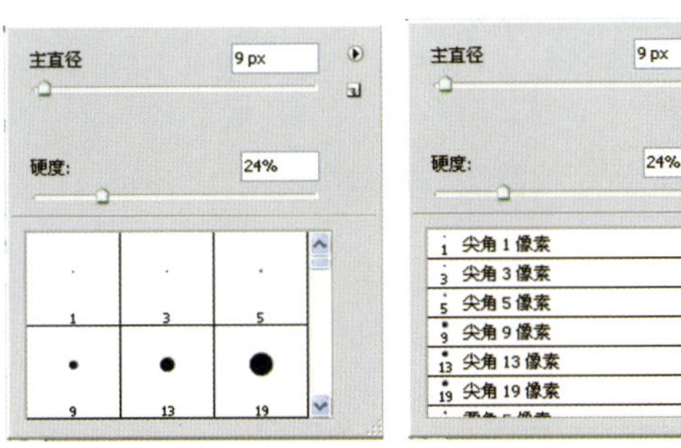

图4-18　大缩览图

图4-19　小列表

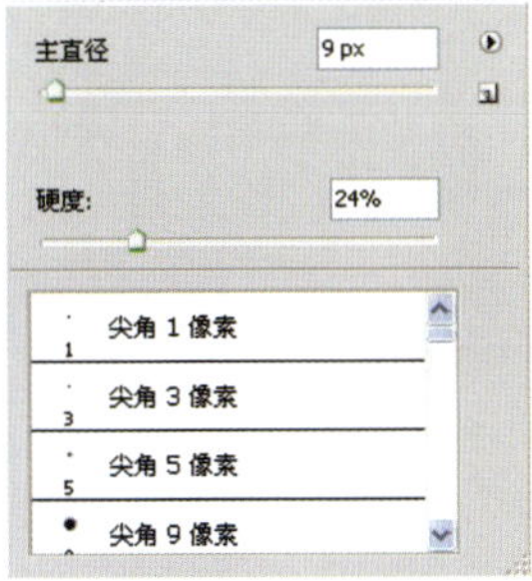

图4-20　大列表

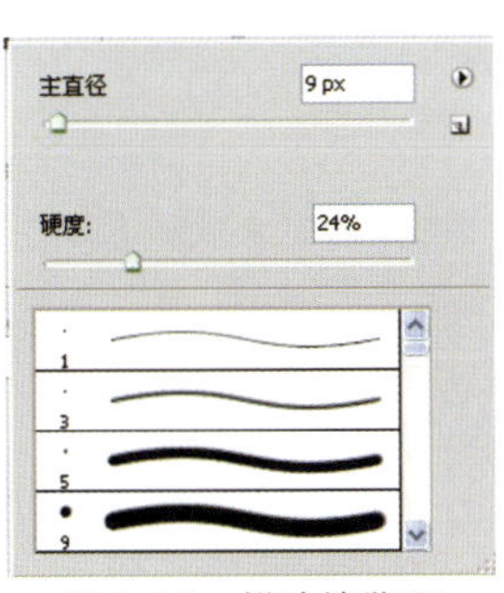

图4-21　描边缩览图

## 2. 加载笔刷

除笔刷列表中的之外，系统还预置了许多笔刷的样式，我们可以通过加载的方式将它们放到笔刷列表框中。

单击画笔的下拉调板右上角的 按钮，在弹出的控制菜单中选择特殊效果画笔选项，如图4-22 ~图4-24所示。

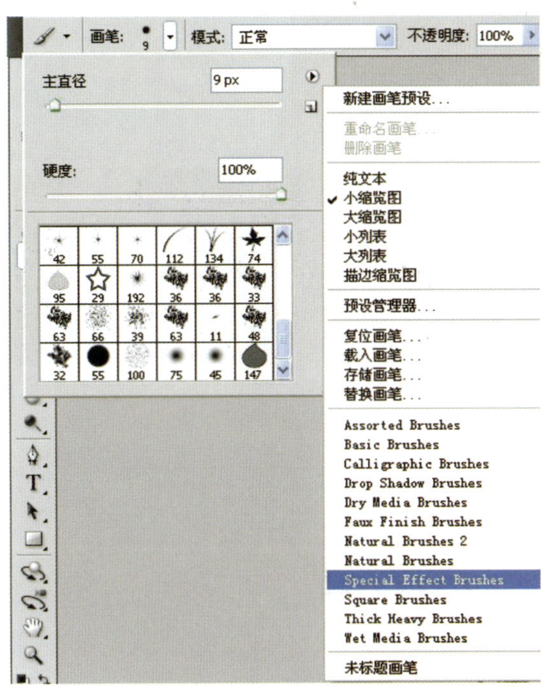


图4-22　特殊画笔选项

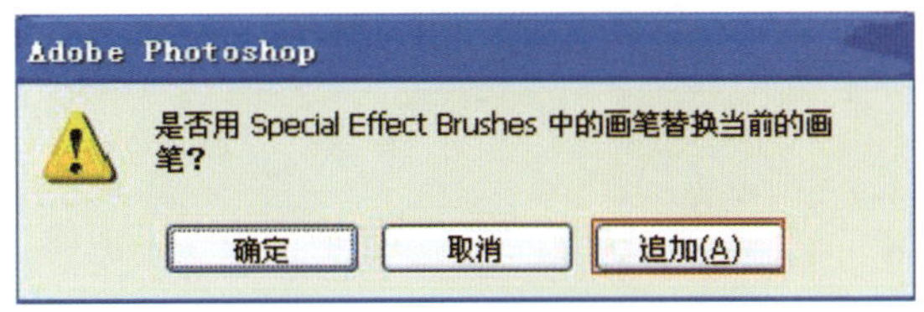


图4-23　追加画笔

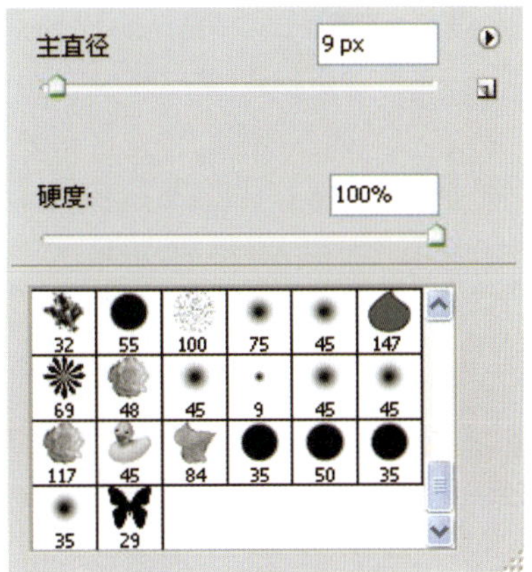

图4-24　特殊效果画笔

单击画笔的下拉调板右上角的按钮在弹出的控制菜单中选择“复位画笔”，即可恢复系统的默认画笔笔刷的设置。

**3. 设置所绘图案的透明度**

通过对绘图工具选项栏中 不透明度: 100% 选项的设置，可实现所绘图案的不同的透明程度。如图4-25 ～ 4-27为透明度不同所绘制的图案效果。

图4-25　不透明度为100%

图4-26　不透明度为50%

图4-27　不透明度为20%

**4. 设置画笔流量**

使用 流量: 100% 数值框，可以控制画笔绘画时的压力的大小，数值越大，颜色越深，反之则越浅。如图4-28 ～ 4-30为画笔流量不同所绘制的图案效果。

图4-28　流量为100%

图4-29　流量为50%

图4-30　流量为20%

**5. 喷枪**

使用画笔工具时按下，会得到喷枪效果的画笔。鼠标左键按时的长短可以使画面产生不同的效果，如图4-31和图4-32所示。

图4-31　按时2秒

图4-32　按时20秒

## 4.2.2　画笔模式

选取工具箱中的画笔工具，在画笔选项栏中我们可以找到 模式: 正常 的按钮。单击它可得到如图4-33所示的下拉菜单。

图4-33　画笔模式

画笔模式各个参数设置如下。

①【正常】：这是系统的一种默认模式，使用它时不产生任何特殊效果。

②【溶解】：画笔描绘图像时，图像将产生颗粒状态的效果，在它右侧的【不透明度】值越小，表示画笔的透明度越大，粒状态的效果也就越明显。

③【背后】：在普通层的透明区域不被锁定的状态下应用，使用时是用前景色在当前图层上操作，绘制的图像却在当前图像的后面。

④【清除】：只在普通层上的透明区域没有被锁定的状态下应用，它可以将图层中的有颜色的部分清除，从而变成透明或半透明的状态。

⑤【变暗】：使用“变暗”时，绘制的图像将取两个颜色中的暗色作为最终色，比较亮的颜色将被替换，图像的最终效果会变暗。

⑥【正片叠底】：软件会把上下两个颜色相乘，并除以255，得到的最终效果会变暗，对白色无效果。

⑦【颜色加深】：加深图像的色彩信息，降低图像的亮度。

⑧【线性加深】：通过降低亮度使底色变暗从而来反映绘制的颜色，对白色无效果。

⑨【深色】：选择的色彩信息颜色比图层上原有像素的颜色信息深时，则可以进行绘制，反之，则无法绘制上颜色。

⑩【变亮】：使用“变亮”时，绘制的图像将取两个图层中同样位子的比较亮的像素代替较暗的像素，比较暗的颜色将被替换，图像的最终效果呈现亮色调。

⑪【滤色】：显示出原有图层上较亮的像素合成的效果。

⑫【颜色减淡】：使底色的颜色变亮来反映绘制的颜色，与黑色混合没有变化。

⑬【线性减淡（添加）】：增加亮度，使底色的颜色变亮，与黑色混合没有变化。

⑭【浅色】：同【深色】相反。

⑮【叠加】：在保留底色明暗变化的基础上使用【正片叠底】和【屏幕】选项绘制的颜色将被叠加到底色上，但保留底色的高光和阴影。

⑯【柔光】：将根据所绘色彩的明暗程度来变亮或变暗，当绘制的颜色比50％的灰色亮时，底色图像变亮，比50％的灰色暗时，底色就变暗。

⑰【强光】：选择此项，当绘制的颜色比50％的灰色亮时，底色图像就会变亮，当绘制的颜色比50％的灰色暗时，底色图像就会变暗。

⑱【亮光】：比50％灰度亮，将会降低对比度来加亮图像，反之，则会提高对比度，图像变暗。

⑲【线性光】：比50％灰度亮，将会提高对比度来加亮图像，反之，则会降低对比度，图像变暗。

⑳【点光】：通过置换颜色像素来混合图像，比50％灰度亮，则图案的像素会被置换，亮的无变化，反之，则亮的像素被置换，暗色的无变化。

㉑【实色混合】：根据上下颜色分布情况，取两者的中间值，对图像中相交的部分进行填充。

㉒【差值】：当与白色混合时将使底色反相，与黑色混合不产生变化。

㉓【排除】：可生成与【正常】相似的效果，但比差值模式生成的颜色对比度小，因而颜色较柔和。

㉔【色相】：由图像的亮度和饱和度值，以及绘制颜色的色相构成最终色。

㉕【饱和度】：由图像的亮度和色相值，以及绘制颜色的饱和度构成最终色。

㉖【颜色】：由图像亮度，以及绘制颜色的色相和饱和度值构成最终色。

㉗【明度】：由图像的色相和饱和度值，以及绘制的颜色的亮度来创建最终色。

## 4.3 管理画笔

知道了画笔的最基本的用法后，我们将通过几个案例来学习画笔的管理。

### 利用画笔制作气泡（效果如图4–34所示）

图4–34　用画笔绘制气泡效果

操作步骤如下。

① 新建文件，将背景色设为黑色，新建一个图层（按下【Ctrl+Shift+N】键），关于图层的知识我们会在后一章专门介绍。用椭圆选取工具画正圆，将颜色填充为白色，不要取消选择，如图4–35所示。

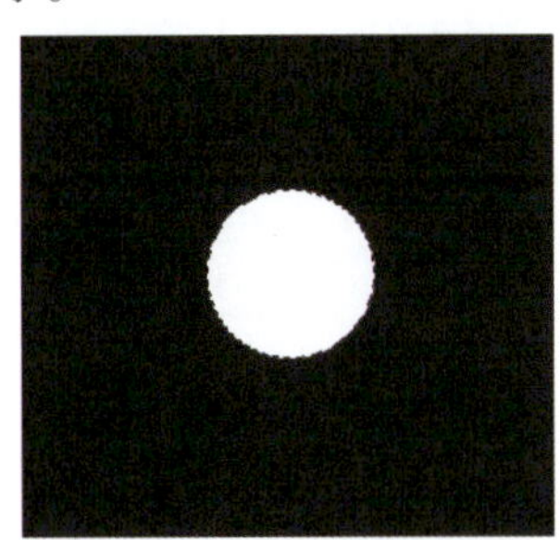

图4–35　绘制正圆

② 执行“选择—修改—羽化”命令，设置羽化半径为5个像素，然后执行删除命令Del，结果如图4–36和图4–37所示。

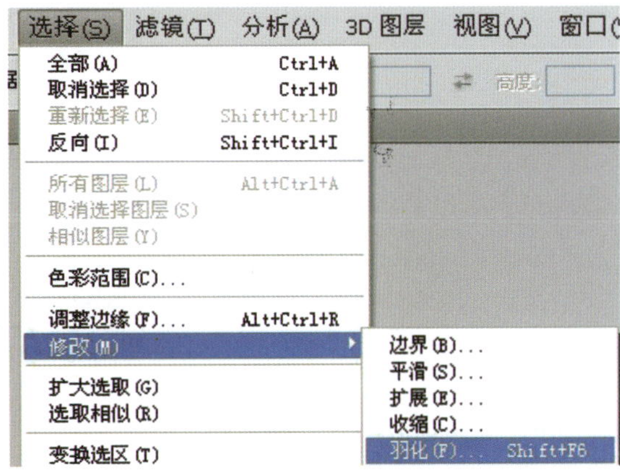


图4–36　执行修改、羽化命令

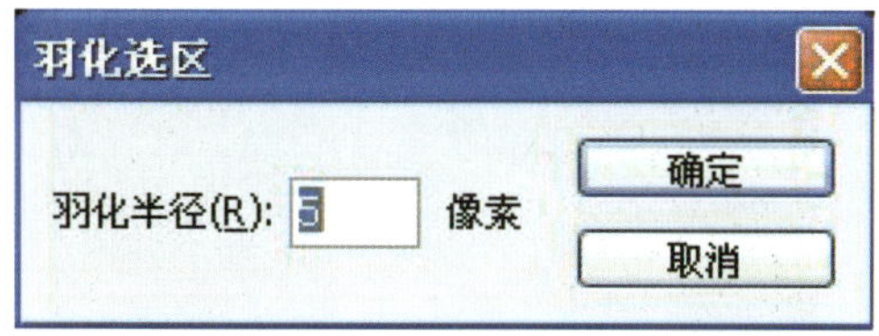


图4-37　设置羽化半径

③ 羽化完成后，得到如图4-38所示的图像。

④ 按下组合键【Ctrl+Shift+N】，新建一个图层，在新图层上点画高光，将画笔硬度调到最低，不透明度可调为70%左右，选择合适的位置，点一下画出白点，再缩小画笔在亮点的中间再点一下，重复这个操作，直到达到自己满意的效果。如图4-39所示。

图4-38　羽化后效果　　图4-39　画出白点效果

⑤ 合并图层（按下组合键【Ctrl+E】），执行“图像—调整—反相”命令，效果如图4-40所示。

图4-40　反相后效果

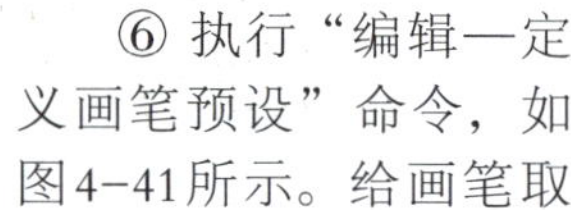

⑥ 执行“编辑—定义画笔预设”命令，如图4-41所示。给画笔取名字，单击确定按钮。

图4-41　给画笔取名

⑦ 按下画笔工具下拉框中右上角的，在弹出的菜单中“存储画笔”。

⑧ 打开画笔调板，在“画笔笔尖形状”中，将间距设为181%，“形状动态”中大小抖动设为100%。“散布”设为1000%，具体如图4-42 ～ 4-44所示。

⑨ 打开事先需要处理的图片（如图4-45），在上面自由地涂抹，最终效果如图4-34所示。

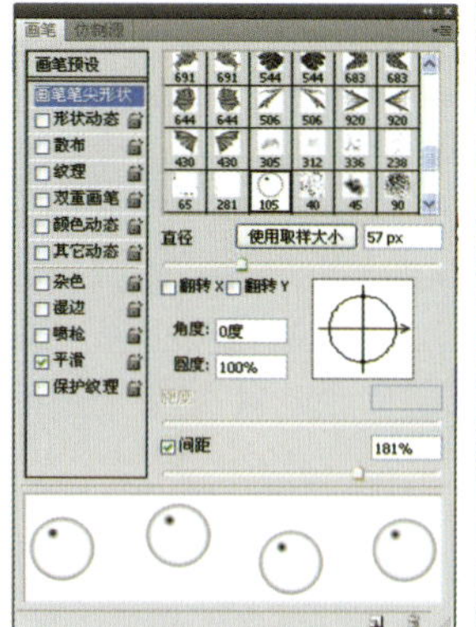

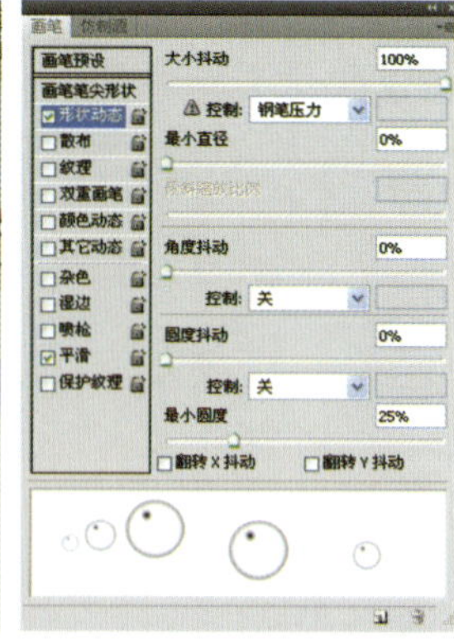

图4-42　设置画笔笔尖形状　图4-43　设置形状动态参数

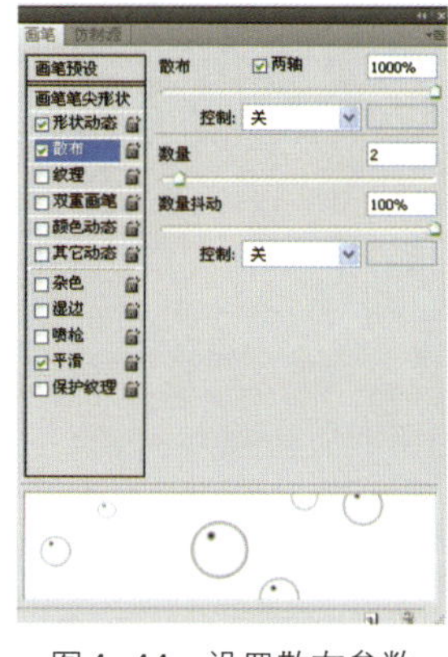

图4-44　设置散布参数　　图4-45　图片素材

## 4.3.1　锁定画笔参数

要锁定画笔笔尖形状属性，单击解锁图标。要对笔尖进行解锁，单击锁定图标，如图4-46所示。

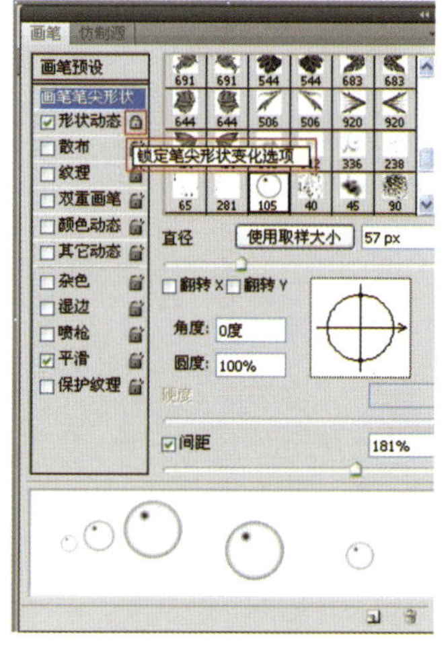


图4-46　锁定画笔选项

要存储画笔以供以后使用，需要从【画笔】调板菜单中选择【新画笔预设】，也可以使用图案来自定义画笔。如果希望创建带有锐边的画笔，选区工具则应将【羽化】设置为0像素。画笔形状的大小最大可达2500×2500像素。执行“编辑—定义画笔预设”，为画笔命名并单击“确定”即可。

### 4.3.2 新建画笔

在Photoshop CS4中，我们还可以将任意形状的选区图像定义为画笔，用自定义的笔刷制作出多彩的绚丽效果。自定义的笔刷只保存了图像信息，不能保存其他颜色信息，因此自定义的笔刷均为灰度图。

新建画笔的步骤如下。

① 打开素材图像或自己手绘的图像。

② 单击“编辑—定义画笔预设”命令。

③ 在弹出的“画笔名称”对话框中输入名称，单击确定按钮。

④ 选取“画笔工具”，单击“画笔”下拉按钮，打开画笔下拉调板，新建的画笔在笔刷列表框的最下方。

### 4.3.3 存储画笔

可以将自定画笔存储为出现在“画笔”调板、“画笔预设”选取器和“预设管理器”中的预设画笔。新的预设画笔存储在一个首选项文件中。如果此文件被删除或损坏，或者将画笔复位到默认库，则新的预设将丢失。

要永久存储新的预设画笔，需将它们存储在库中。具体操作为：打开“画笔”调板，执行“存储画笔”命令，然后给自己的笔刷文件取名，给予合适的路径，单击保存，如图4−47所示，将其以文件的形式保存起来。

图4−47 存储画笔

### 4.3.4 调入预设画笔

Photoshop CS4中有很多预设画笔，在默认的情况下这些画笔并未调入“画笔”调板中，要调入这些笔刷，可以在调板弹出的菜单中的预设画笔区选中相应的特殊画笔名称，在弹出的对话框中单击“追加”按钮。

还可以从网上下载大量的特殊笔刷，将其用到设计中，可以执行载入画笔的命令。执行的方法可以是画笔调板中的“载入画笔”，也可以是执行画笔调板“预设管理器”命令中的“载入”，如图4−48所示。

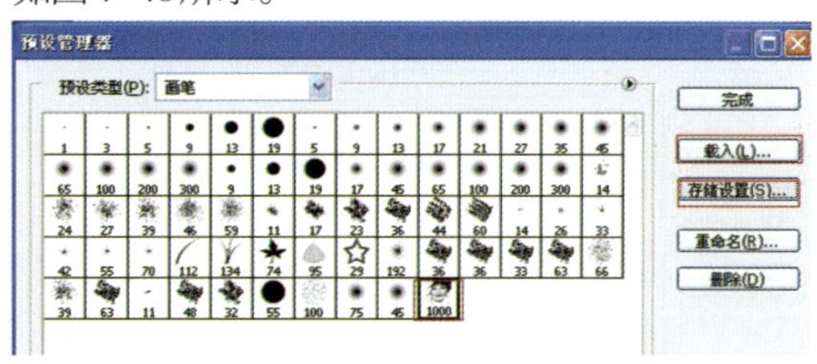


图4−48 载入预设画笔

### 4.3.5 复位画笔

选择“画笔”调板中弹出的菜单中的“复位画笔”命令，可以将“画笔”调板还原成为Photoshop CS4中画笔默认状态，从而完全清除无用的笔刷。

### 4.3.6 删除画笔

选中“画笔”调板中的任何一种笔刷，选择“画笔”调板中弹出的菜单中的“删除画笔”命令或在笔刷上右击，在弹出的快捷菜单中选择“删除画笔”命令，可删除画笔。

## 4.4 画笔调板的使用

Photoshop CS4中，掌握“画笔”调板是必不可少的，不仅是因为在使用画笔工具、铅笔工具等绘图工具进行绘画时，需要使用该调板中的画笔，许多工具都使用该调板调整画笔。画笔调板功能划分清晰、结构合理，分为显示预设画笔、参数区、附加参数区、预览区、画笔显示区、画笔命令区、预设画笔区等，如图4−49所示。

“画笔”调板包含许多用于设置画笔绘画特性，创造多样性的艺术笔触，如颜色动态、画笔形状动态、纹理和绘画散布的选项。“画笔”调

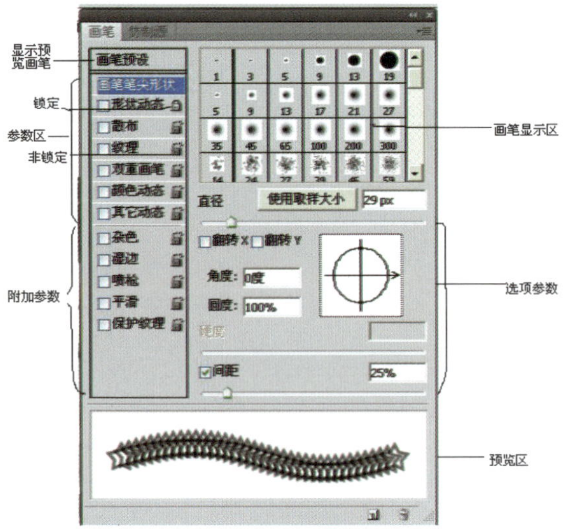


图4-49　画笔调板

板还包含一个面板，可以通过该面板来选取一个画笔笔尖预设值。要设置画笔所选笔刷的直径，需要在画笔下拉调板中调整笔刷的主直径。若要调整笔刷的旋转角度、圆度、硬度以及间距，设置笔刷的形状动态、发散、纹理填充或颜色动态等特征，就必须用到“画笔”面板。

下面我们来看一个案例，通过它来掌握画笔的功能。

## 用画笔制作鞭炮

① 绘制一个矩形框，执行命令“编辑—定义画笔预设”预设矩形为新画笔（如图4-50所示），单击确定，打开画笔调板，如图4-51所示，矩形画笔已经在显示框中。

② 分别单击图4-51中的“画笔笔尖形状”、“形状动态”“颜色动态”，按如图4-52 ～ 4-54中参数，设置笔尖形状、形状动态和颜色动态。

③ 设置完成后，将前景色和背景色根据需要进行调整，可设置为一浅一深，调整成自己

图4-50　预设矩形画笔

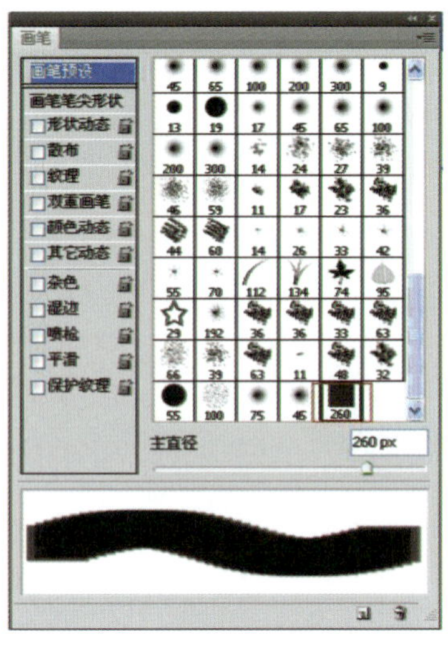

图4-51　画笔调板中预设的画笔

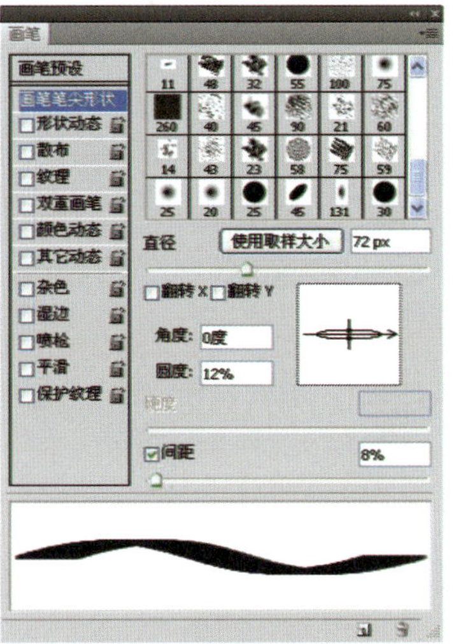

图4-52　设置画笔笔尖形状

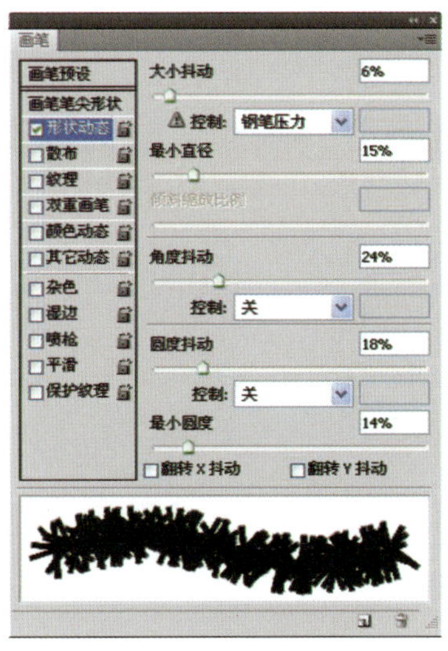

图4-53　设置形状动态参数

喜欢的鞭炮的颜色，在画纸上绘制鞭炮，得到最终效果如图4–55所示。

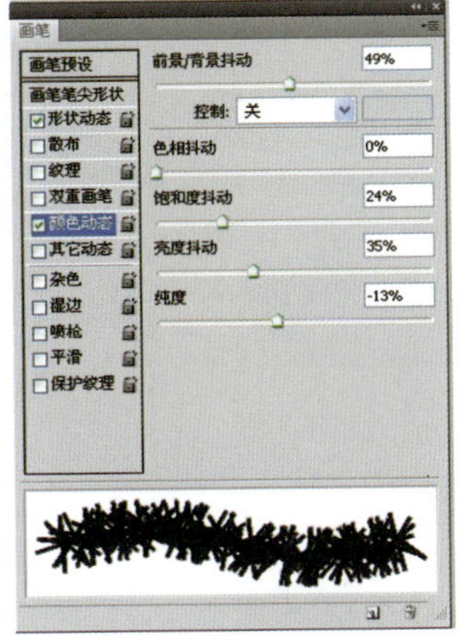

图4–54 设置颜色动态参数

图4–55 最终鞭炮效果

## 4.4.1 画笔预设

要进行画笔的预设，需要先将画笔调板显示出来。显示画笔调板可执行“窗口—画笔”命令，或按下快捷键F5，也可以在选中了绘画工具、抹除工具等工具时，在选项栏的右侧单击画笔调板按钮。

在选项栏中单击“画笔预设”弹出式菜单，此时在画笔显示区将显示“画笔”调板中的所有画笔，在列表中单击需要的画笔就可以对其进行编辑，其中包括“直径”、“角度”、“间距”、“圆度”，对于圆形画笔还有“硬度”属性。要编辑上述属性，可以选择“画笔”调板参数区的“画笔笔尖形状”选项，如图4–56所示。

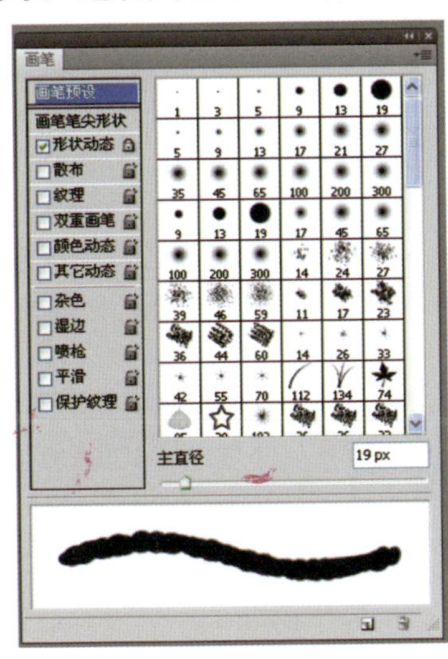

图4–56 画笔面板

要编辑画笔的参数，可以拖动相应滑块，也可以直接在参数框中输入数值，在调节时可从预览区观察调节的效果，下面我们来看看其相应的参数设置。

①【直径】：输入数值或拖动相应滑块可设置笔刷的大小，数值越大，笔刷直径越大，描绘的线条也越粗，反之则越细。

②【翻转X/翻转Y】：翻转画笔在其X轴/Y轴上的方向。

③【角度】：在文本框中输入数值，可以设置笔刷的绘制角度，此参数对于圆角画笔无效。

④【圆度与角度】：在圆度文本框中输入数值，可以设置画笔的圆度，数值越大，画笔越趋向于正圆。在角度文本框中输入数值，可以设置画笔的旋转角度。

⑤【硬度】：在硬度文本框中输入数值，可以设置笔刷边缘的硬度，数值越大，笔刷的边缘越清晰，数值越小，边缘越柔和，反之越锐利。

⑥【间距】：在间距文本框输入数值或拖动相应滑块，可以设置绘图时组成的两点间的距离，数值越大间距越大。为笔刷设置一个足够大的间距可以得到点线的效果。

## 4.4.2 画笔笔尖形状

在画笔的调板左侧的列表框中选择“画笔笔尖形状”选项，在右侧可设置笔刷的直径、旋转角度、圆度和间距等基本特征，如图4–57所示。

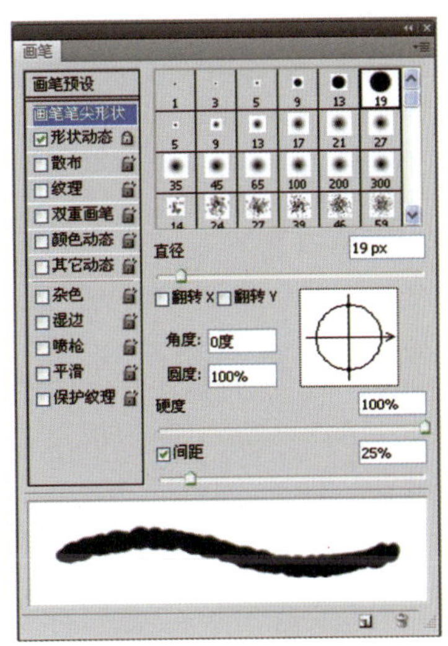

图4–57 画笔笔尖设置

## 4.4.3 形状动态

在画笔的调板左侧的列表框中选择“形状动态”选项，在右侧可设置相应的参数，如图

4-58所示。

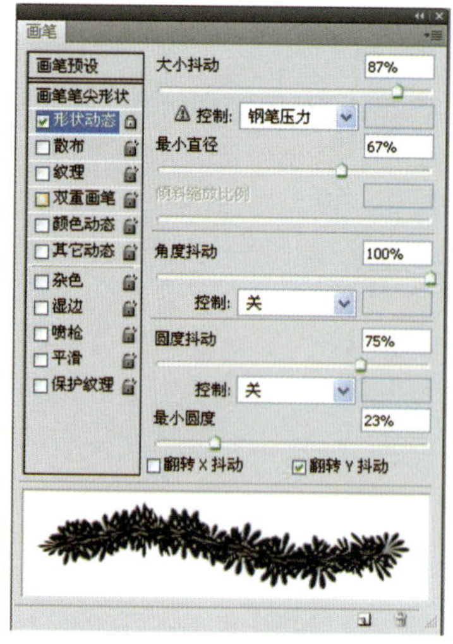


图4-58　形状动态设置

在形状动态中相应的参数设置如下。

①【大小抖动】：此参数控制画笔在绘图过程中尺寸上的波动幅度，数值越大，波动幅度也越大。

②【控制】：在控制的下拉列表的选项中可以控制波动发生的方式，“关”、“渐隐”、“钢笔压力”、“钢笔斜度”、“光笔轮”。其中比较常用的是“渐隐”，选择“渐隐”后会激活一个文本框，在此可以输入数值改变渐隐的步长。在绘画中设置“渐隐”后会得到从粗到细的画笔效果，用其绘制毛发会得到较真的效果。“渐隐”步长数值设置得越大，画笔消失的距离越长。

③【最小直径】：此数值控制在尺寸发生波动时，画笔的最小尺寸值，此数值越大，则发生波动的范围越小，波动的幅度也会相应变小。

④【角度抖动】：此参数控制在绘制过程中画笔在角度上的波动幅度。数值越大则波动的幅度也越大。

⑤【圆度抖动】：此参数控制在绘制过程中画笔在圆度上的波动幅度，数值越大则波动的幅度也越大。

⑥【最小圆度】：此参数控制画笔在圆度发生波动时，画笔的最小圆度尺寸值，此数值越大，则发生波动的范围越小，波动的幅度也会相应变小。

### 4.4.4　散布

在画笔的调板左侧的列表框中选择“散布”选项，在右侧可设置相应的参数，如图4-59所示。通过控制画笔的散步参数，可以控制画笔偏离画笔路径线的程度。

图4-59　散布设置

①【散布】：控制构成线条的点在绘制时距离画笔所掠过的路径的离散度。数值越大，偏离的程度越大。

②【两轴】：选中此项，画笔点在X、Y两个轴上发生分散，否则仅在一个方向上发生分散。

③【数量】：控制构成线条的点在绘制时画笔点的数量。数值越大，则有越多的画笔点聚集在一起。

④【数量抖动】：控制构成线条的点在绘制时，画笔点数量的波动幅度。数值越大，得到的画笔效果越不规则。

### 4.4.5　纹理

在画笔的调板左侧的列表框中选择“纹理”选项，可以在绘制时应用某种纹理效果。在右侧可设置相应的参数，如图4-60所示。

①【选择纹理】：首先必须在笔刷控制上方的纹理选择下拉列表框中选择合适的纹理效果。此下拉列表框中纹理均为系统默认或由用户自行创建的纹理。

②【缩放】：拖动滑块或在文本框中输入数值，可以定义所使用纹理的缩放比例。

③【模式】：在此可以从10种预设模式中选择其中的某一种，作为纹理和画笔的叠加模式。

④【深度】：此参数可用于设置所使用的纹理显示时的浓度。此数值越大，则纹理的显示效果越好，反之纹理效果越不明显。

⑤【深度抖动】：此参数用于设置纹理显示

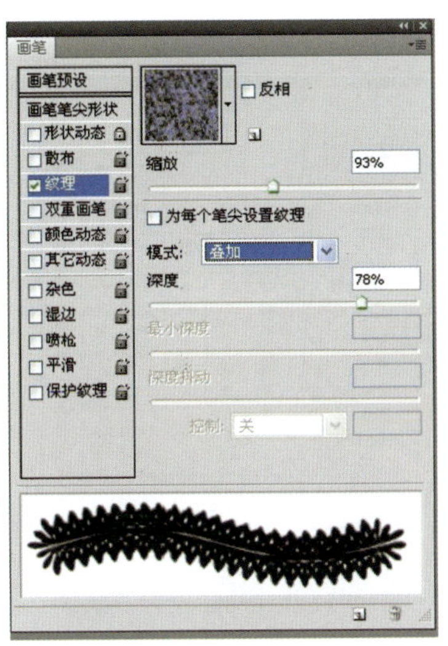


图4-60　纹理设置

浓度的波动程度，数值越大，则波动的幅度也越大。

⑥【最小深度】：此参数用于设置纹理显示时的最浅浓度。参数越大，则纹理显示效果的波动幅度越小。例如，如果参数设为80%，而深度参数为100%。两者之间的波动范围幅度仅为20%。

## 4.4.6　双重画笔

如果在画笔的调板左侧的列表框中选择“双重画笔”选项，则可以在原来画笔中填充另一种画笔效果，从而得到两种画笔效果叠加在一起的效果，如图4-61所示。在右侧可设置相应的参数。

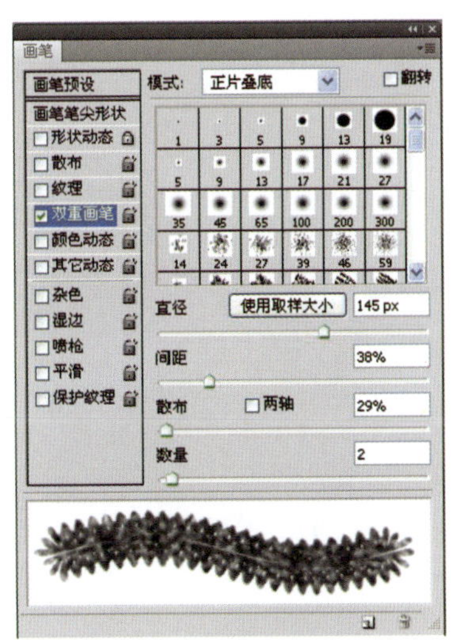


图4-61　双重画笔参数设置

其中的参数和以上讲的很多参数相同。

## 4.4.7　其他动态

（1）颜色动态

在“画笔”调板中选择“颜色动态”选项，可以动态改变画笔颜色效果，如图4-62所示。

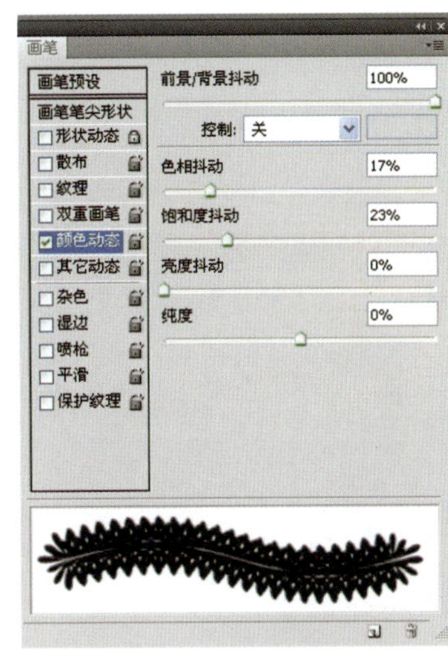


图4-62　颜色动态参数

①【前景/背景抖动】：拖动滑块或在文本框中输入数值，可以在应用画笔时控制画笔的颜色变化情况，数值越大画笔的颜色发生随机变化时越接近于背景色，反之数值越小，画笔的颜色发生随机变化时越接近于前景色。

②【色相抖动】：此选项用于控制画笔色调的随机效果，数值越大，画笔的色调发生随机变化时越接近于背景色，反之数值越小，画笔的色调发生随机变化时越接近于前景色。

③【饱和度抖动】：此选项用于控制画笔饱和度的随机效果，数值越大，画笔的饱和度发生随机变化时越接近于背景色，反之数值越小，画笔的饱和度发生随机变化时越接近于前景色。

④【亮度抖动】：此选项用于控制画笔亮度的随机效果，数值越大，画笔的亮度发生随机变化时越接近于背景色，反之数值越小，画笔的亮度发生随机变化时越接近于前景色。

⑤【纯度】：拖动滑块或在文本框中输入数值，可以控制笔画的纯度，数值为-100时笔画呈现饱和度为0的效果，反之数值100时，笔画呈现完全饱和的效果。

（2）其他动态

在“画笔”调板中选择“其它动态”选项，可以动态改变画笔颜色效果，如图4-62所示。

①【不透明度抖动】：在此输入数值或拖动

滑块，可以在应用画笔时控制画笔的不透明度变化情况。

②【流量抖动】：此选项用于控制画笔速度的变化情况。

### 4.4.8 其他辅助选项

其他辅助选项是指“杂色”、“湿边”、“喷枪”“平滑”“保护纹理”。这些辅助选项使用简单，只需在“画笔”调板中将其选中，这些参数本身没有选项或参数（如图4-64）。

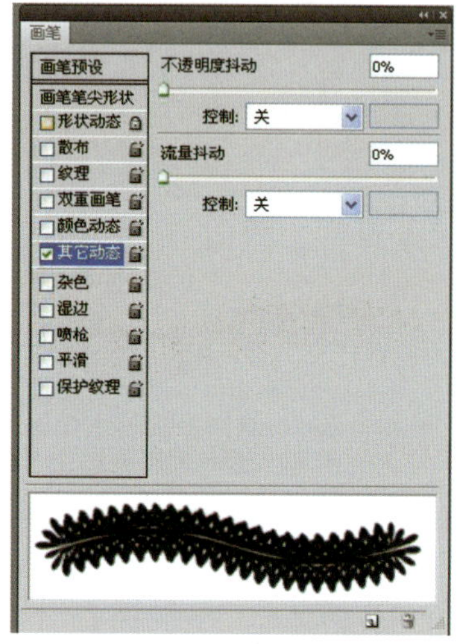


图4-63 画笔其它动态参数

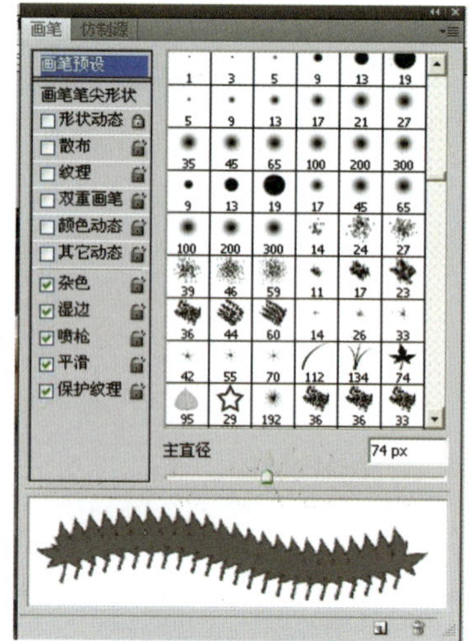


图4-64 其他辅助选项

## 4.5 铅笔工具

铅笔工具：画笔工具画出的线条是柔软的，而铅笔工具画出的曲线是较硬的，有棱角，使用相对较少，是画笔颜色替换工具。在铅笔工具被选中的情况下，工具选项栏如图4-65所示。

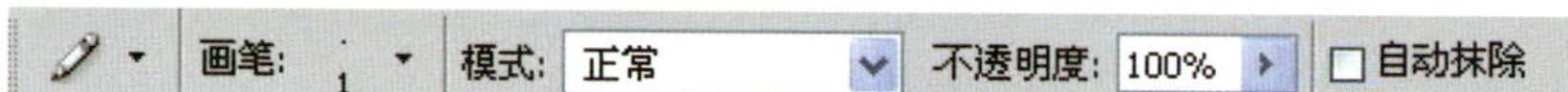


图4-65 铅笔工具选项栏

使用铅笔工具选项栏与画笔工具选项栏中的选项相同，但“画笔”调板中所有笔刷均为硬边。铅笔工具选项栏与画笔工具选项栏中有一个不同的选项，即“自动擦除”选项，此选项有几点需要注意：

① 在此选项被选中的情况下，可以将铅笔工具作为橡皮来使用。

② 利用铅笔工具在页面中绘图一般是以前景色作图，在选中“自动擦除”选项的状态下，可以将铅笔工具设成橡皮擦工具来使用，即铅笔工具将使用背景色来进行着色。

③ 铅笔工具可以自动判断绘画的运动初始点，如果像素点的颜色为前景色，则铅笔以背景色进行绘制；如果像素点的颜色为背景色，则铅笔以前景色进行绘制。

④ 当选定自动抹掉时，重复在已经绘画的部分描绘就会发现区别。按住Shift键，将使铅笔工具以直线的方式进行绘制。按住Alt键，将使铅笔工具切换至吸管工具，可以从图像中吸取颜色。按住Ctrl键，将使铅笔工具切换至移动工具，可以移动图像窗口内的选区。

## 4.6 历史记录画笔工具和历史记录艺术画笔工具

（1）历史记录画笔工具

Photoshop CS4提供了历史画笔工具的使用，这个功能可以快速地将误画的部分复原。历史画笔工具分为历史记录画笔工具和历史记录艺术画笔两个小工具，它们的用法十分相似，只有略微的差别。历史记录画笔工具须结合“历史记录”调板一起使用。历史画笔选项栏如图4-66所示。

历史画笔工具操作步骤如下：

图4-66 历史画笔选项栏

① 打开一幅已有的图像，设置合适的前景色。

② 从工具栏中选择绘画工具。

③ 在选项栏中设置合适的参数。例如（画笔合成）模式、绘画画笔、尺寸和不透明度。

④ 拖动鼠标进行描绘。

⑤ 假设对于绘画部分不满意，可以从工具栏中选择历史记录画笔工具，使用历史记录画笔工具，按住鼠标左键在图像上拖动，就可以将不满意的部分擦除，而且不会擦除此前打开的文件部分。按住Shift键，将使历史画笔工具以直线的方式进行绘制。按住Ctrl键，将使历史画笔工具切换至移动工具，可以移动图像窗口内的选区。

历史记录画笔工具可以对上一步的操作，进行一定程度的恢复。下面以例子来说明一下。

① 打开一张图片，如图4-67所示。

图4-67 素材图

② 在上面随意地涂抹，如图4-68所示。

图4-68 随意涂抹的效果

③ 选择历史记录画笔工具涂抹，原来的图片又显现出来了，如图4-69所示。

图4-69 涂抹后的最终效果

（2）历史记录艺术画笔工具

和“历史记录画笔”的功能相同，不同的是，历史记录艺术画笔恢复图像后对图像进行了合成处理。涂抹后的图片，很有艺术效果。历史记录艺术画笔工具选项栏如图4-70所示。

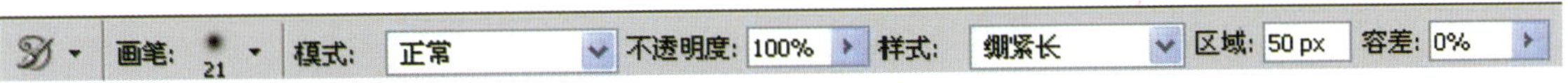

图4-70 历史记录艺术画笔工具选项栏

① 样式：包括10种风格，每种风格都可以给我们带来不同的视觉感受。

② 区域：单位为像素，用于设置历史记录艺术画笔描绘的范围。

③ 容差：0%：用于设置历史记录艺术画笔所描绘的颜色与需要恢复的颜色之间差异的百分比，输入的数值与恢复图像的失真程度成正比。

“历史记录”调板：主要用于记录操作步骤，并可以帮助恢复到之前操作的任何一步。单击“窗口—历史记录”命令，就可以将历史记录调板打开，如图4-71所示。

在历史记录调板中单击任意一个历史记录，便可恢复到该状态。

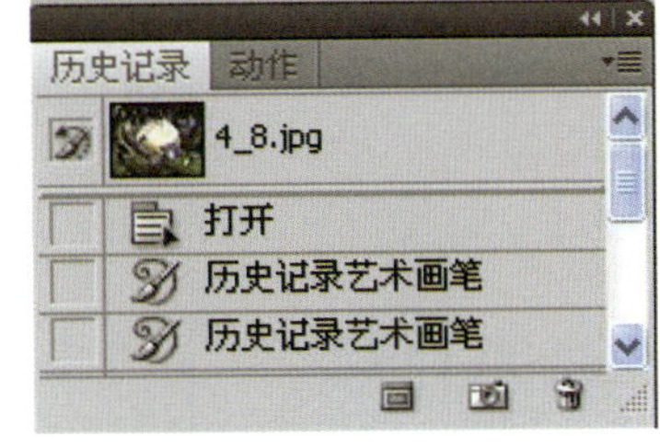

图4-71 历史记录调板

（3）创建新快照

在默认状态下，历史记录调板顶部显示的文档即为初始状态的快照。在工作过程中如果要保留某种状态，可以将该状态创建快照。选择要创建快照的记录状态，单击历史记录调板底部的“创建新快照”按钮，即可，如图4-72所示。

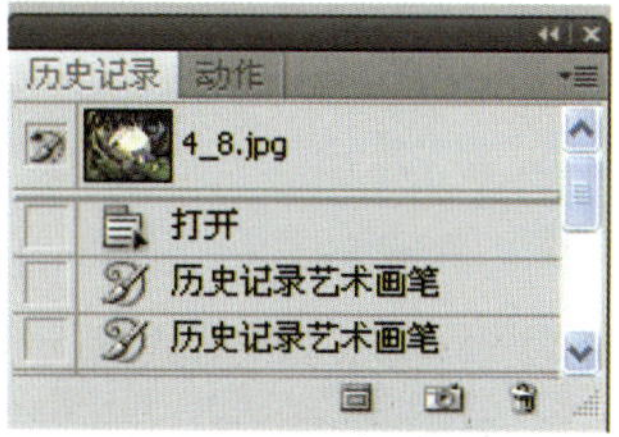


图4-72　创建新快照

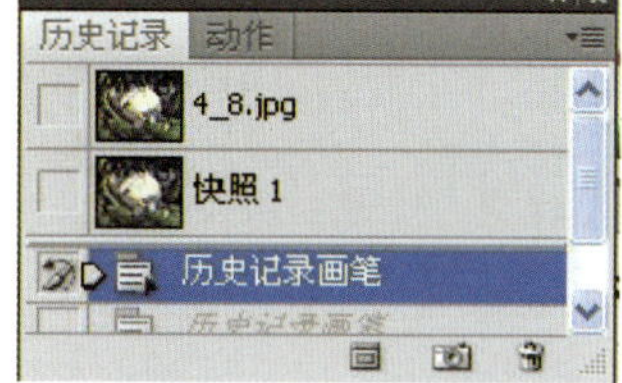


图4-73　设置历史恢复点

（4）设置历史恢复点

单击历史记录调板左部空白图标，即可设置历史恢复点，如图4-73所示。

（5）从当前状态创建新文档

单击历史记录调板底部的 按钮即可。

设置记录步骤：在默认状态下，历史记录调板中只能记录20步操作，超过20步之后，在此之前的状态将会被删掉。要想记录更多的步骤可以单击“编辑—首选项—性能”命令，在弹出的对话框中进行设置选项的数值即可，如图4-74所示。

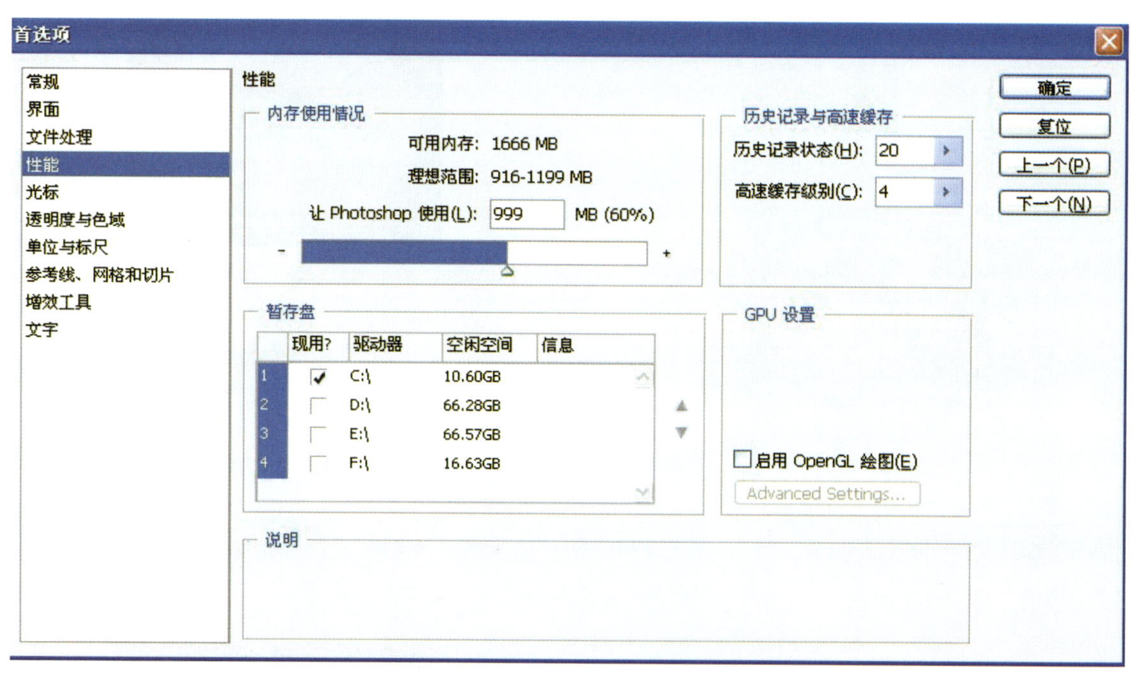


图4-74　设置记录步骤首选项性能参数

## 4.7　渐变工具的使用

使用渐变工具（ ），可以在画面上快速地填充渐变色。渐变有各种形状，先在图像上按一点，然后往某个方向拉过去，就可以形成渐变。起点和拉的方向不同，作出的渐变图形都是不一样的。渐变的颜色是从前景色到背景色。使用渐变的同时，按住Shift键，可以拉出垂直或者水平的线。如果画面上没有任何选区，使用渐变工具，对整张图起作用。如果事先选择了选区，则对选区内的图起作用，渐变工具选项栏如图4-75所示。

单击 右边的下拉按钮，在弹出的下拉调板中可以选择系统内置的渐变颜色，如图4-76所示。

 按钮：用于设置渐变填充类型，

图4-75　渐变工具选项栏

分别是线性渐变、径向渐变、角度渐变、对称渐变和菱形渐变，渐变效果如图4-77 ~ 4-81所示。

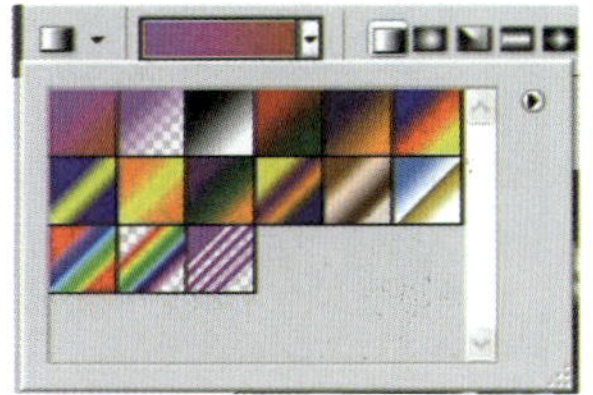
图4-76 渐变工具选项

图4-77 线性渐变

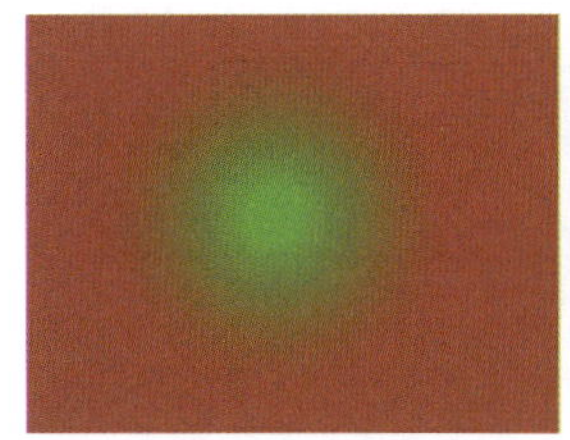
图4-78 径向渐变

图4-79 角度渐变

图4-80 对称渐变

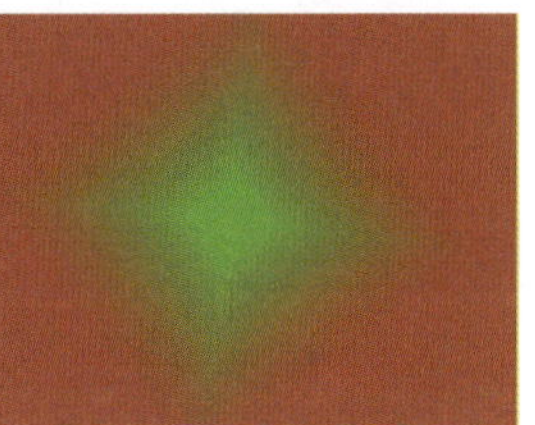
图4-81 菱形渐变

渐变工具中的参数属性如下。

① □反向：选中后可以将渐变图案反向。

② ☑仿色：选中后可以使渐变图层的色彩过渡更加柔和、平滑。

③ ☑透明区域：选中后可以打开渐变图案的透明度设置。

使用渐变工具，我们还可以对渐变颜色进行自定义，方法如下。

① 在渐变工具属性栏中单击▇▾，弹出渐变编辑器窗口，如图4-82所示。

② 将鼠标指针移至渐变色条的下方，当鼠标指针变成☝形状后，单击即可增加色标，如图4-83所示。

③ 单击新添加的色标的颜色色块，弹出“选择色标颜色”对话框，如图4-84所示。在这里可以设置色标的颜色。选择好颜色后确定，即可重新设置色标的颜色。

④ 对于不想要的色标可以删除。选中该色标后单击“渐变编辑器”窗口下方的“删除”按钮即可，如图4-85所示。

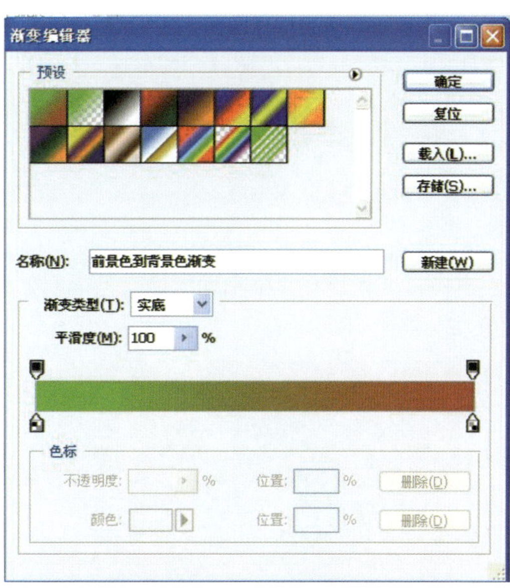

图4-82 渐变编辑器

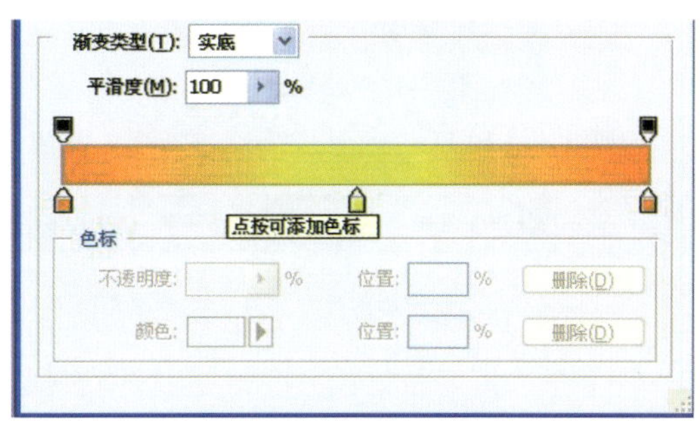

图4-83 增加色标设置

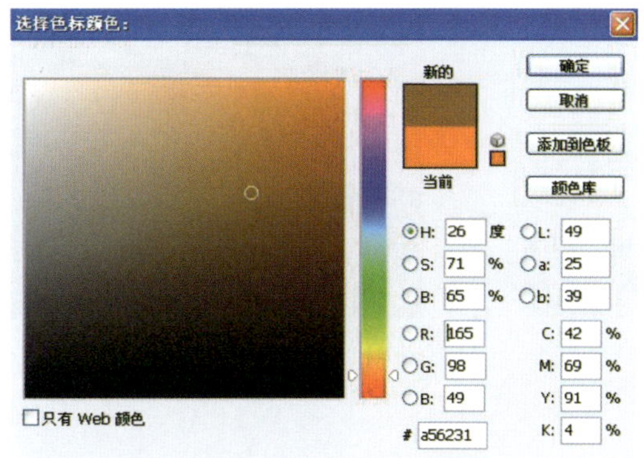

图4-84 选择重新设置的色标

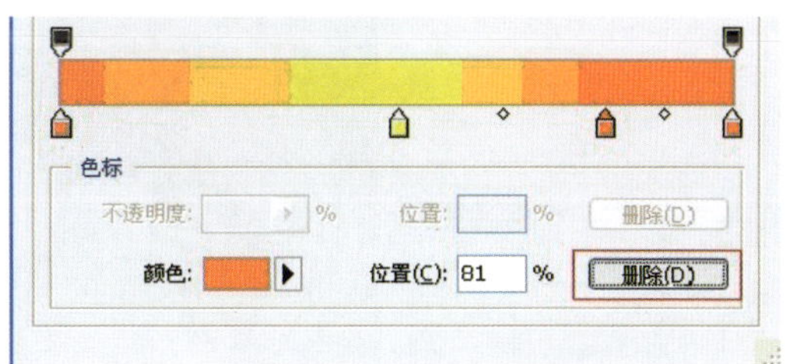

图4-85 删除不要的色标

⑤ 继续添加其他色标，并拖动◇滑块，可改变颜色过渡的位置，如图4-86所示。

图4-86 改变色标的位置

⑥ 按照上面设置，确定关闭“渐变编辑器”窗口，在新建文件中拖动鼠标，可得到如图4-87所示效果。

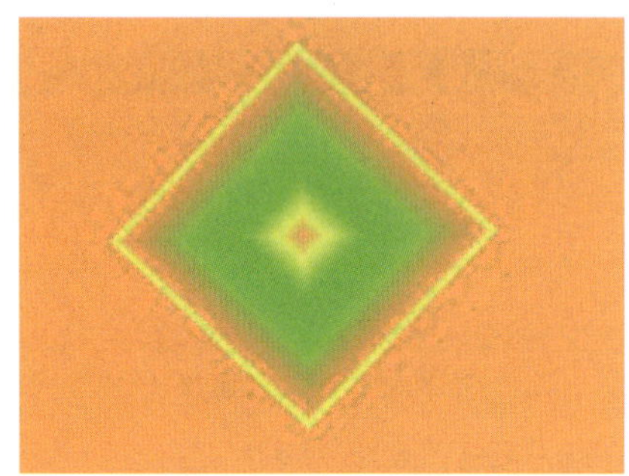

图4-87 绘制效果

如图4-88和图4-89为利用渐变工具给图片设置的两种背景色效果。

图4-88 绘制背景效果1

图4-89 绘制背景效果2

## 4.8 油漆桶工具

选取工具箱中油漆桶工具，其工具选项栏显示如图4-90所示。

使用油漆桶工具，可以用前景色对颜色相近的区域进行填充。在油漆桶工具的选项栏中设置好参数，将鼠标指针移至图像窗口中需要填充的颜色或图案的区域上，单击即可填充所需的颜色或图案，如图4-91和图4-92所示。

图4-90 油漆桶工具选项栏

图4-91 填充前景色

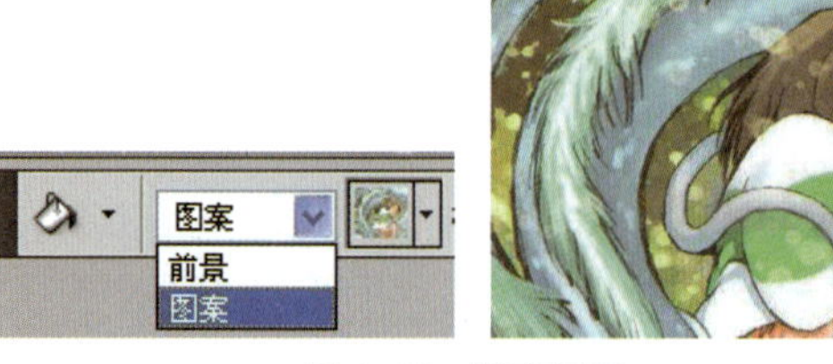


图4-92 填充图案

## 4.9 填充图像

### 4.9.1 填充命令

单击“编辑—填充”或【Shift+F5】，出现如图4-93所示的对话框，在这里可以选择填充的内容和模式。

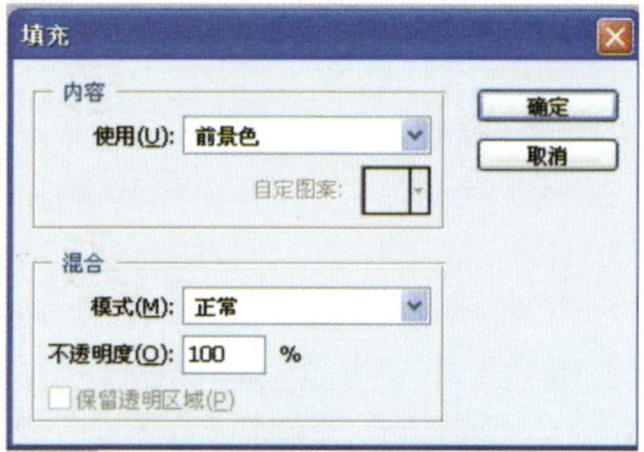


图4-93 填充对话框

### 4.9.2 自定义图案

Photoshop CS4中可以选择图案来实现一些

填充的效果，但里面的图案是系统自带的，我们可以自己定义漂亮的图案。

操作步骤如下。

① 运用矩形选框工具选择带图案的矩形选区。

② 选择“编辑—定义图案”命令，打开“图案名称”对话框，在“名称”输入框中输入图案的名称，将选区内的图像定义为图案。

③ 单击油漆桶工具，在油漆桶工具的选项栏内，调整不透明度，打开“填充”下拉列表框，选择“图案”选项。

④ 在新建的空白图像窗口内按下油漆桶工具，得到填充效果。

## 4.10 描边命令

选择“编辑—描边”命令，可以给所选区域进行描边。如图4-94所示为选择花瓣区域。

图4-94 选择花瓣区域

描一个10像素的黑边，如图4-95和图4-96所示。

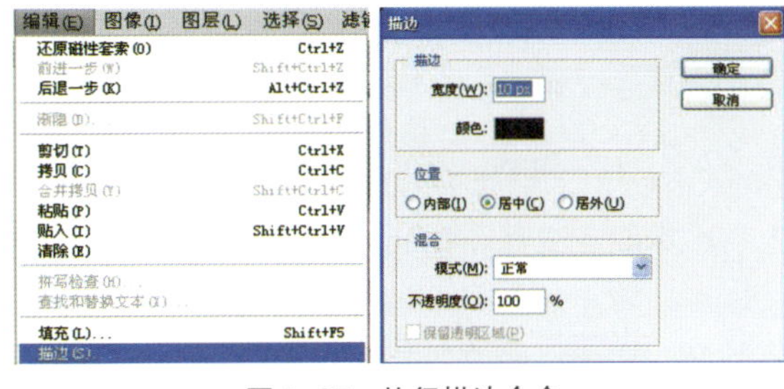


图4-95 执行描边命令

图4-96 描边后的效果

## 4.11 图章工具

图章工具包括仿制图章工具和图案图章工具。

### 4.11.1 仿制图章工具

仿制图章工具可以对图像的某一局部区域进行采样，并且将它复制到另外一个区域中去。仿制图章工具的工具选项栏如图4-97所示。

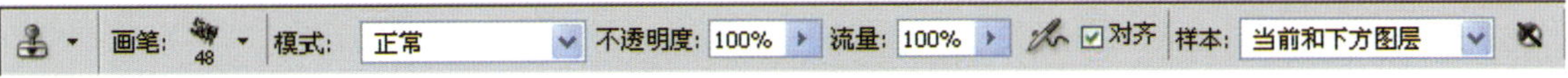


图4-97 仿制图章工具选项栏

使用仿制图章工具复制图形时，首先要定义取样点，然后按住鼠标并拖动鼠标即可。

使用仿制图章工具进行图像复制的操作步骤如下。

① 按下【Ctrl+O】，打开一个文件，如图4-98所示。

② 选择Photoshop CS4工具箱中的仿制图章工具。

③ 在选项栏中打开“画笔”下拉列表框，选择一种画笔类型；打开“模式”下拉列表框，设置仿制图章工具的复制模式。

④ 选中“对齐”复选框。这表示在确定一个复制基准点之后，只能进行一次复制操作，需要复制相同的内容时，应该重新定义复制基准点。取消该复选框时，可对所有基准点进行多次复制，直到重新定义新的基准点为止。

⑤ 按住Alt键的同时，在图像窗口内单击确定复制基准点。在图像的空白区域内拖动复制，进行以基准点为中心的复制操作。完成复制操作后的效果如图4-99所示。

图4-98 素材文件

图4-99 复制后效果

通常使用仿制图章工具修补图像。可以将不需要的部分用画面上的一定区域去替代，这样可以使画面更加完美。

### 4.11.2　图案图章工具

图案图章工具（ ）：它的作用与仿制图章工具基本相同，不过图案图章工具复制的是预先定义的图案。该工具选项栏的“画笔”、“模式”和“不透明度”等参数的设置和仿制图章工具完全一样，记得在“图案”列表框中选择想要复制的图案。在图像中拖动鼠标就可以将选中的图案复制进来。其工具选项栏如图4-100所示。

图4-100　图案图章工具选项栏

：单击该按钮，在弹出的图案的下拉列表框中选择系统默认或自己定义的图案，单击窗口中的图像，即可将图案复制到图像中。

印象派效果：选中该选项，在复制图案的时候能够产生类似印象派艺术画效果的图像。

## 4.12　污点修复画笔和修复画笔工具

对于照片中的污点、划痕、皱褶或是人物脸上的小痘痘等诸多小瑕疵，只要我们使用Photoshop CS4工具箱中修复画笔工具，这些问题就可以简单地解决了。

### 4.12.1　污点修复画笔

污点修复画笔 选项栏如图4-101所示。

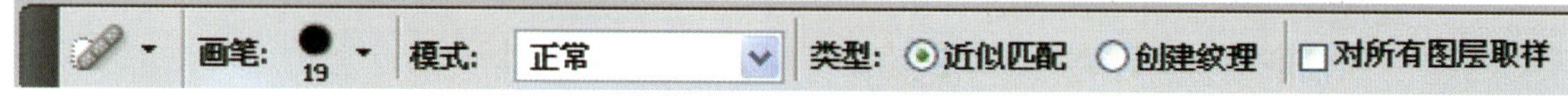


图4-101　污点修复画笔选项栏

近似匹配：表示将使用周围图像来近似匹配要修复的区域。

创建纹理：选中表示将使用选区中的所有像素创建一个用于修复该区域的纹理。

对所有图层取样：选中该项表示将对所有可见层中的图像进行取样，若取消该复选项，则只对当前层中图像进行取样。

### 4.12.2　修复画笔

修复画笔工具对于去除扫描图像所带来的划痕、斑点等非常方便。修复画笔 选项栏如图4-102所示。

图4-102　修复画笔选项栏

各选项的含义如下。

【画笔】：选择画笔样式。在工作区顶部的选项栏中，单击当前画笔，打开“画笔”弹出式调板。移动“直径”滑块使画笔笔尖的大小与污点、划痕或皱褶差不多。

【模式】：设置使用模式。一般选正常。其他有替换、正片叠底、滤色、变暗、变亮、颜色、亮度。

【源】：选择修复图像所用的图像来源，选择“样本”为从图像上取样，选择“图案”则以图案为图像来源。

【对齐】：此复选框被选中，表示在复制过程中，无论中间中断了多少次，都是同一个取样点或绘制图案的起始点。如果取消选择，则每次停笔，都会重新找光标的起画点，而且被认为是另一次修复的开始。修复画笔工具的用法和图章工具的用法比较接近，当来源为样本时，类似于仿制图章工具，当来源为图案时，类似于图案图章工具，但是修复画笔可以保持阴影、发光、图案效果及其他属性。

【样本】：用于指定取样范围。

### 使用修复画笔工具修复照片上的一道划痕

① 在工具箱中选择修复画笔工具，选择“源”为“样本”，选中“对齐”的选项。

② 按住Alt键在图像中单击定点取样，单击处即为取样点。

③ 将鼠标移到划痕的位置，单击并往返拖曳鼠标即可完成。

在这里我们还可以使用一些快捷键来为图像处理服务。

按住 Alt 键点选图像区域作为目标区域，即作为要修复的区域的样板；松开 Alt后，按住鼠标左键在要修饰的区域上拖移光标，这时会在区域上出现一个加号，完成拖移后，Photoshop 会根据目标区域样板自动准确地计算出需要修复区域的修复量，从而达到修复的目的。在修复过程中单击鼠标右键可找到选项栏中的画笔大小等设置，方便随时调整画笔的大小。

注意：如果使用修复画笔无法获得满意的结果，请尝试使用仿制图章工具或修补工具。

## 4.13 修补工具

（1）修补工具

选项栏如图4-103所示。

修补： 源 目标 透明 使用图案

图4-103 修补工具选项栏

【修补】：选择【源】，则将其他位置的内容修补到选区中；选择“目标”，则将选区内的内容修补到其他位置。选中“透明”可将图像中差异较大的形状图像或颜色修补到目标区域中。

使用图案：创建选区后，该按钮将被激活，单击该按钮，可以在打开的图案列表框中选择一种图案，以对选取图像进行图案修复。

操作步骤：

① 选择工具箱中的“修补工具”，在图中选择要修补的选区。

② 在工具栏选项中选择“源”，将选区拖曳至与之较为匹配的位置。

③ 释放鼠标，即可实现修补效果。

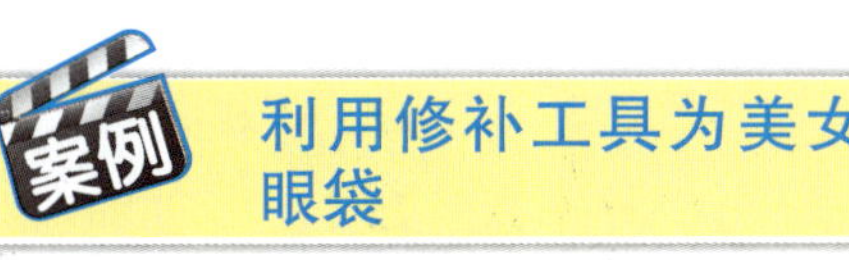

### 利用修补工具为美女祛除眼袋

① 打开一幅美女图片如4-104所示。

② 用修复画笔将美女脸上的斑点去除，如图4-105所示。

③ 选取“矩形”选框在美女眼睛下方创建选区，如图4-106所示。

④ 选取“修补工具”将鼠标指针移动到已经创建的选区内，按住鼠标左键并在眼睛位置处拖动鼠标，释放鼠标后，可将选区内的图像覆盖，即可去除眼袋，用同样的方法将另外一只眼睛的眼袋去除，最后效果如图4-107所示。

图4-104 美女素材图片

图4-105 除过斑的美女

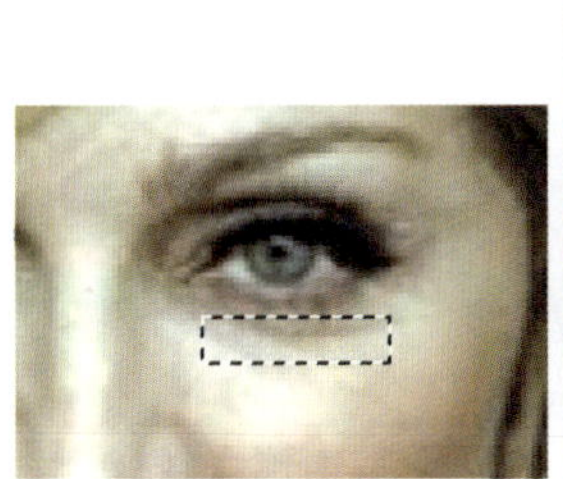

图4-106 创建矩形选区

图4-107 除完眼袋的效果图

（2）红眼工具

有时我们在照相的时候，照片中人物会出现红眼的现象，使用该工具可以很轻松地将拍摄照片时产生的红眼去除，红眼工具选项栏如图4-108所示。

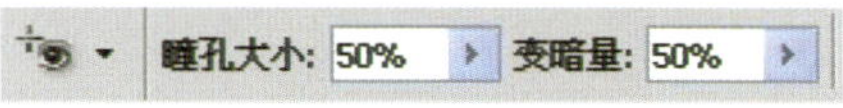

图4-108　红眼工具属性栏

一般使用红眼工具的操作步骤如下。

① 打开有红眼的文件；

② 选取红眼工具，设置相应的参数；

③ 在红眼处单击，即可消除红眼。

## 4.14　颜色替换工具

颜色替换工具（），可以快速地对局部颜色进行替换，选项栏如图4-109所示。

下面是颜色替换工具各选项的含义。

【画笔】：通过它可以选择画笔样式。

图4-109　颜色替换工具选项栏

【模式】：设置使用模式。模式包括色相、饱和度、颜色和亮度4个选项。

【限制】：设置替换方式，包括“连续”、“不连续”和“查找边缘”三个选项。“连续”表示将替换与鼠标指针所在区域相邻近的颜色。“不连续”表示将替换任何位置的样本颜色；“查找边缘”表示将替换包含样本颜色的连接区域，同时更好地保留形状边缘的锐化程度。

【容差】：通过输入数值或拖曳滑块调节，数值越大，替换的颜色范围越大。

【取样】：设定所要替换颜色的取样方式。

其中：在替换时会随着鼠标移动而不断取样颜色，而且只要鼠标经过的地方取样的颜色都会被替换。：只替换包含单击时所在区域的颜色。：只替换包含当前背景色区域的颜色。

消除锯齿：选中该复选框，可以为替换颜色区域指定平滑的边缘。

### 更换颜色练习

① 打开一张图，如图4-110所示。

② 设置前景色为绿色，选取工具箱中的颜色替换工具，在橙色物体上涂抹，如图4-111所示。

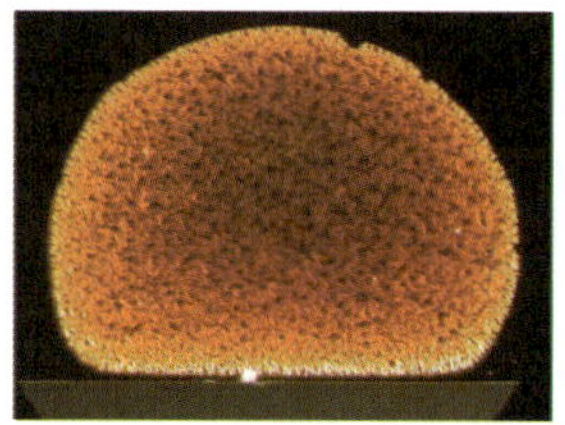

图4-110　橙色原图

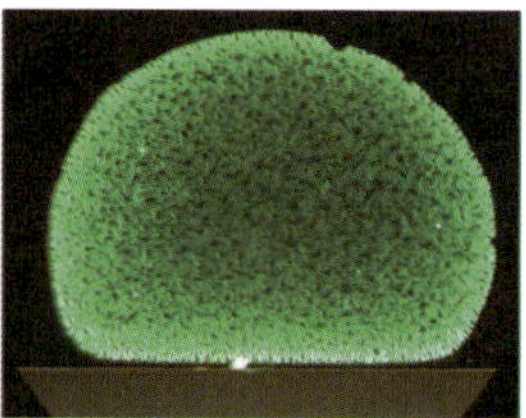

图4-111　涂抹后效果

## 4.15　模糊和锐化工具

（1）模糊工具

使用模糊工具可以降低图像色彩的反差，对图像进行模糊处理，从而使图像边缘变得模糊。模糊工具选项栏如图4-112所示。

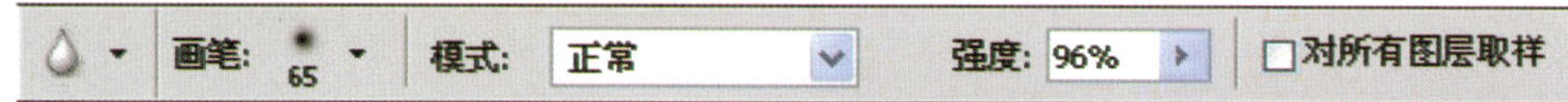


图4-112　模糊工具选项栏

各选项含义如下。

【画笔】：选择画笔样式。

【模式】：选择颜色的混合模式。

【强度】：设置使用模糊工具时的模糊程度，强度值越大，模糊效果越明显。

【对所有图层取样】：选中该复选框，则模糊工具可以作用于所有显示的层，否则只对当前层起作用。如图4-113和图4-114为使用模糊工具前后的效果。

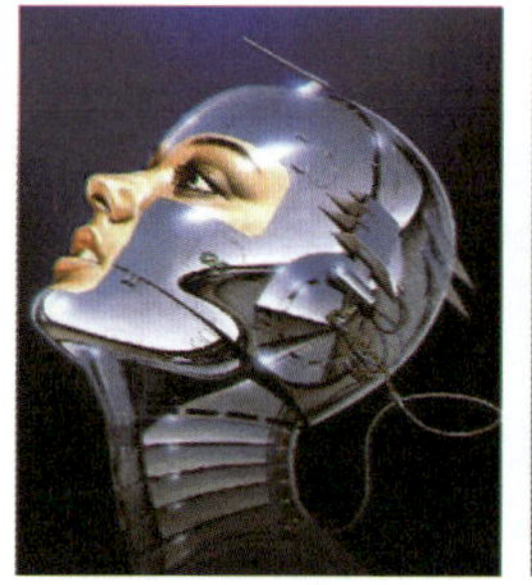

图4-113　原图

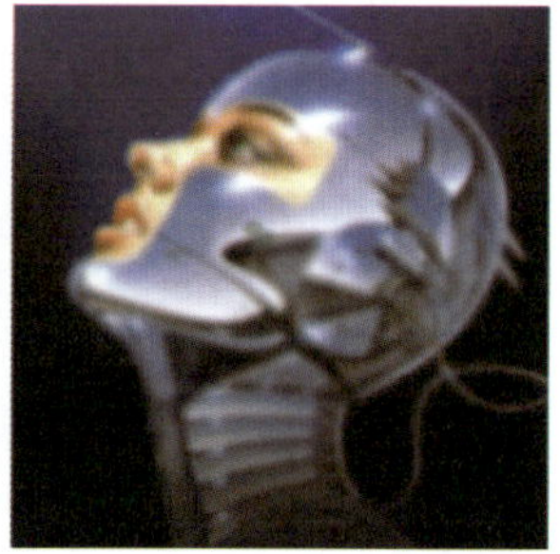

图4-114　使用模糊工具后效果

（2）锐化工具

锐化工具（）与模糊工具（）刚好相反，锐化工具是通过增加颜色强度，使图像中柔和的边界或区域变得清晰化。锐化工具选项栏如图4-115所示。

画笔: 13 模式: 正常 强度: 50% 对所有图层取样

图4-115 锐化工具选项栏

如图4-116和图4-117为使用锐化工具前后的效果。

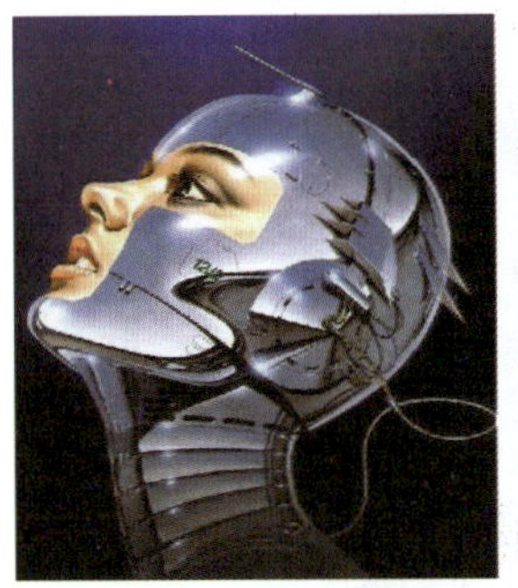

图4-116 原图

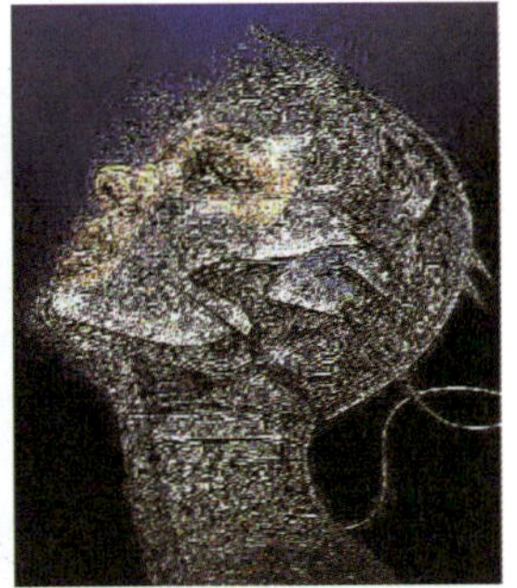

图4-117 使用锐化工具后的效果

（3）喷枪

【喷枪】：加入或取消喷枪效果。

## 4.16 减淡和加深工具

（1）减淡工具

减淡工具用于调亮色调过暗的图像区域；减淡工具选项栏如图4-118所示。

图4-118 减淡工具选项栏

【范围】：其下拉菜单包含“阴影”、“中间调”和“高光”3个选项，“阴影”选项主要用于减淡图像的暗部区域，“中间调”选项主要用于减淡图像的灰色调区域，“高光”选项主要用于减淡图像的亮部区域。

【曝光度】：用于设置对图像减淡处理的曝光强度。数值越大，减淡的效果就越明显。

如图4-119和图4-120为使用减淡工具前后的效果。

图4-119 汽车原图

图4-120 使用减淡后效果

（2）加深工具

加深工具用来调暗色调过亮的图像区域。加深工具选项栏与减淡工具基本一致。

如图4-121和图4-122为使用加深工具前后的效果。

图4-121 汽车原图

图4-122 使用加深后效果

## 4.17 涂抹工具

涂抹工具主要用于涂抹图像，使图像产生类似于彩色湿笔画没有干的时候用手摩擦而混和颜料的效果。涂抹工具选项栏如图4-123所示，与模糊和锐化工具唯一不同的是增加了“手指绘画”复选框。

图4-123 涂抹工具选项栏

【手指绘画】复选框，在使用涂抹时，可以产生类似于手指涂抹颜料的效果，如果不选只能在图像中移动颜色的位置。

如图4-124～图4-126为使用涂抹工具前后的效果。

图4-124 汽车原图

图4-125 涂抹后效果

图4-126 选中手指绘画效果

## 4.18 海绵工具

海绵工具用来细致地修改图像局部区域的颜色饱和度。使用海绵工具可以对图像的颜色进行加色减色，从而调整图像的饱和度。海绵工具选项栏如图4-127所示。

图4-127 海绵工具选项栏

【模式】：设置海绵工具的使用模式，其下拉列表中有两个选项，“加色”和“去色”。

【流量】：用于控制“加色”和“去色”处理

时的强度，数值越大，效果越明显。

如图4-128 ~图4-130为使用海绵工具前后的效果。

图4-128　原图

图4-129　去色效果

图4-130　加色效果

**利用涂抹工具制作诱人巧克力花朵（效果如图4-131所示）**

图4-131　巧克力花效果

操作步骤如下。

① 打开素材图片，如图4-132所示。

图4-132　花的素材图片

② 复制背景图层，然后去色，去色直接按【Ctrl+Shift+U】，如图4-133所示。

图4-133　去色后效果

③ 新建一个图层，将花卉选中，填充巧克力色，如图4-134所示。

图4-134　填充颜色后效果

④ 填充完后，把图层模式改成强光，如图4-135所示。

图4-135　设成强光后效果

⑤ 选择涂抹工具，调整好数值，开始涂抹。如果想要追求巧克力滴落的效果，还可以新建一个图层，选择画笔，调整好大小，绘画出滴落的效果，颜色与之前的相同。注意涂抹时各种参数的变化和与减淡、加深工具的结合使用。最终效果如图4-131所示。

## 4.19　擦除工具

擦除工具共有三种：橡皮擦工具、背景色橡皮擦工具和魔术橡皮擦工具。

### 4.19.1　橡皮擦工具

橡皮擦工具可以擦去图像中的图案或颜色，同时填入背景色，选项栏如图4-136所示。

相关选项含义如下。

【画笔】：选择画笔和设置画笔大小。

【模式】：设置橡皮擦的笔触特性，包括“画笔”、“铅笔”和“块”。

【不透明度】：设置编辑时对于像素色彩值中不透明度的修改程度，其值越接近1%，橡皮擦的擦除能力越弱。

【抹到历史记录】：选中此项，被擦拭的区域会自动还原为最近一次执行存储命令后的状态。

图4-136 橡皮擦工具选项栏

使用橡皮擦工具擦除图像的操作步骤如下。

① 打开编辑的文件或打开一幅图像。

② 从工具箱中选择橡皮擦工具。

③ 打开【画笔】下拉列表框，选择一种画笔。

④ 打开【模式】下拉列表框便可选择不同的擦除模式。选择“画笔”时，擦除效果类似于画笔擦除。选择“块”时，将在图像窗口内得到方块化擦除效果。选择“铅笔”时，擦除效果类似于铅笔绘画的擦除效果。选择“画笔”模式或“铅笔”擦除模式时，【不透明度】复选框处于可用状态，用于设置不透明度；选择流程擦除模式时，设置的流程数值越大，擦除模式的压力越大，擦除得越干净；流程数值越小，擦除模式的压力越小，擦除得越轻。在背景图层中擦除，被擦除的部分将改为工具箱中显示的背景色，在普通图层中擦除时，被擦除的部分将显示为透明色。

注意：按住Shift键进行擦除时，将使橡皮擦工具以直线的方式进行擦除。按住Alt键进行擦除时，将使橡皮擦工具以相反的状态进行擦除，即可复原上一次的擦除操作。具体地说，与“擦除工具”效果相反，擦除是用背景色来填充画面，而反向状态就是用前景色来填充画面。按住Ctrl键时，将暂时把橡皮擦工具切换至移动工具。如图4-137 ~图4-139为运用橡皮擦工具的擦除效果。

图4-137 原图　图4-138 画笔擦除效果　图4-139 铅笔擦除效果

## 4.19.2 背景橡皮擦工具

背景橡皮擦工具，可以有选择地用来擦除图像中的背景区域，从而得到去除背景后的前景图像。该工具将背景擦除为透明色。选择工具箱的背景橡皮擦工具时，出现背景橡皮擦工具的选项栏，如图4-140所示。该选项栏的设置与魔术橡皮擦工具的选项栏基本相同。

图4-140 背景橡皮擦工具选项栏

各选项含义如下。

【容差】：用于确定擦除图像或选区时的颜色容差范围。

【限制】：下拉列表框中选择背景的擦除方法。包括“连续”、“不连续”、“查找边缘”选项。

利用“取样”按钮，可以设置取样方式。按下按钮，选择“连续”选项时，凡是选区内出现的颜色都将被擦除；选择一次选项时，表示仅吸取鼠标所在选区内单击处的颜色，并将该颜色设为基准颜色。选择背景色板选项时，表示将背景色设为基准色。

【保护前景色】：选中此复选框时将在擦除的过程中保持前景色不被擦除。

图4-141和图4-142为使用背景橡皮擦工具前后的效果。

图4-141 原图　图4-142 擦除背景色

## 4.19.3 魔术橡皮擦工具

魔术橡皮擦工具结合了魔棒工具和橡皮擦工具的功能。使用该工具擦除图像时，程序内部首先会按照魔棒工具的模式，根据色彩容差值选择一些色彩相近的像素点，并且将这些点变成透明的。无论是在任何图层中擦除图像，都会得到透明的背景，而且不用前景色填充。当图像的前景和背景色彩差别比较大时，在选项栏中设置较大的【容差】参数，可以将魔术橡皮擦工具当作去除背景工具来使用。

魔术橡皮擦工具的选项栏设置和魔棒工具完全一样，如图4-143所示。

各选项含义如下。

容差: 32　☑消除锯齿　☑连续　☐对所有图层取样　不透明度: 100%

图4-143　魔术橡皮擦工具选项栏

【容差】: 用于确定擦除图像或选区的颜色容差范围，凡是在设置的颜色范围之内的像素都将作为被擦除的对象。

【不透明度】: 滑块用于设置画笔的不透明度，该数值越大，擦除操作之后画布将在图像窗口内显示得越清楚。

启用“用于所有图层”复选框，将在所有的图层内应用擦除效果，否则本次擦除只对当前图层有效。启用【消除锯齿】复选框时，Photoshop CS4将尽可能地消除擦除效果边缘的锯齿。

启用【邻近】复选框之后，本次擦除只对连续的、符合颜色容差要求的像素有效。取消该复选框时，如果在图像窗口内存在不同的像素，尽管它们是不连续的，但只要符合颜色容差的要求，在擦除其中的某个像素时，其他像素也会一同被擦除。如图4-144和图4-145所示为使用魔术橡皮擦工具前后的效果。

图4-144　植物原图

图4-145　使用魔术橡皮擦工具后的效果

## 习　题

1. 利用选定工具、魔棒工具、自由变换、渐变工具等将zysc1.tif制作成如图4-146所示图像。

图4-146　结果图像

2. 利用画笔笔刷和橡皮擦工具给zysc3.jpg美女天使添加翅膀如图4-147所示。

图4-147　美女天使

3. 利用魔棒工具等将zysc41.tif和zysc42.tif合成为如图4-148所示的图像。

图4-148　合成图

# 第5章 图层的操作

## 5.1 图层属性

### 5.1.1 图层的概念

图层是Photoshop中很重要的一部分。图层也已经成为所有图像软件的基础概念之一。究竟什么是图层呢？它有什么意义和作用呢？

图层实际上是一个完全透明的载体，用户将构成画面的多个部分，分别放在不同的图层上，我们修改或移动其中一个部分，不会影响其他图层上的部分。比如我们在纸上画一个人脸，先画脸庞，再画眼睛和鼻子，然后是嘴巴。画完以后发现眼睛的位置歪了一些。那么只能把眼睛擦除掉重新来画，并且还要对脸庞作一些相应的修补。这当然很不方便。那么想象一下，如果我们不是直接画在纸上，而是先在纸上铺一层透明的塑料薄膜，把脸庞画在这张透明薄膜上。画完后再铺一层薄膜画上眼睛，再铺一张画鼻子。以后如果觉得眼睛的位置不对，可以单独移动眼睛所在的那层薄膜以达到修改的效果。如果不满意，甚至可以把这张薄膜丢弃，重新画一张。而其余的脸庞鼻子等部分不受影响，因为它们被画在不同层的薄膜上。这种方式，极大地提高了后期修改的便利度。最大可能地避免重复劳动。因此，将图像分层制作是明智的。

### 5.1.2 图层调板

图层调板是Photoshop CS4中最常用于显示图层信息的工具。它通常与通道和路径调板整合在一起。一幅图像中至少必须有一个层存在。打开图层的方式是：①执行“窗口－图层”命令；②按快捷键F7。图层调板如图5-1所示。

图5-1 图层调板

其中各部分含义如下。

正常 ：用于设置当前图层中的图像与下面图层中的图像以何种模式进行混合。

Opacity: 100% ：用于设置当前图层中图像的不透明度。数值越小，图像越透明；数值越大，图像越不透明。

：锁定透明像素。单击此按钮，可以使当前图层中的透明区域保持透明，不受任何操作的影响。

：锁定图像像素。单击此按钮，在当前图层中不能进行图形的绘制以及其他命令操作。

：锁定图像位置。单击此按钮，可以将当前图层中的图像锁定，使其不能被移动。

：全部锁定。单击此按钮，在当前图层中不能进行任何编辑或修改。

填充: 100% ：用于设置图层中图形填充颜色的不透明度。

：表示此图层处于可见状态。单击此图标，眼睛被隐藏，表示此图层处于不可见状态。

：用于显示本图层的缩览图，它将随图层

中图像变化而变化，以方便使用。

图层 1 ：显示各图层的名称。

：用于链接图层，通过链接两个或多个图层，可以一起移动链接图层中的内容，也可以对链接图层执行对齐与分布及合并图层的操作。

：可以对当前图层中的图像添加各种样式效果。

：单击此按钮，可以为当前层添加蒙版。如果先在图像中创建选区，再单击此按钮，那么就可以根据选区范围在当前层创建适当的蒙版。

：单击此按钮，可在当前层上添加一个调整层，从而对当前层下面的图层进行色调、明暗等颜色效果的调整。

：可以在图层调板中创建一个新的序列，类似于文件夹，以便于图层的管理和查询。

：在当前层的上面创建一个新层。

：删除图层。

图层调板上显示了图像中的所有图层、图层组和图层效果，我们可以使用图层调板上的各种功能来完成一些图像编辑任务，例如创建、隐藏、复制和删除图层等。还可以使用图层模式改变图层上图像的效果，如添加阴影、外发光、浮雕等。另外我们对图层的光线、色相、透明度等参数都可以做修改来制作不同的效果。

图层调板可以显示各图层中内容的缩览图，这样可以方便查找图层。默认是小缩览图，可以使用中或大或关闭缩览图。方法是在图层调板空白区域（即没有图层显示的地方）单击右键更改缩览图大小，如图5-2所示。

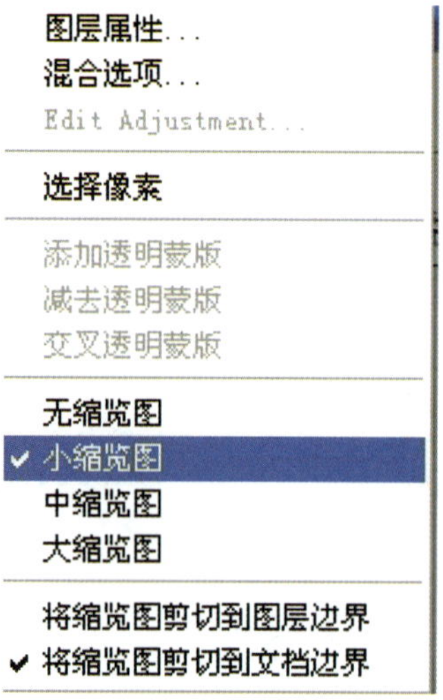

图5-2 小缩览图

### 5.1.3 图层类型

图层的类型很多，也各具自己的特征和属性。

（1）背景图层

每次新建一个Photoshop文件时图层会自动建立一个背景图层（使用白色背景或彩色背景创建新图像时），这个图层是被锁定的位于图层的最底层。我们是无法改变背景图层的排列顺序的，同时也不能修改它的不透明度或混合模式。如果按照透明背景方式建立新文件时，图像就没有背景图层，最下面的图层不会受到功能上的限制，如图5-3和图5-4所示。

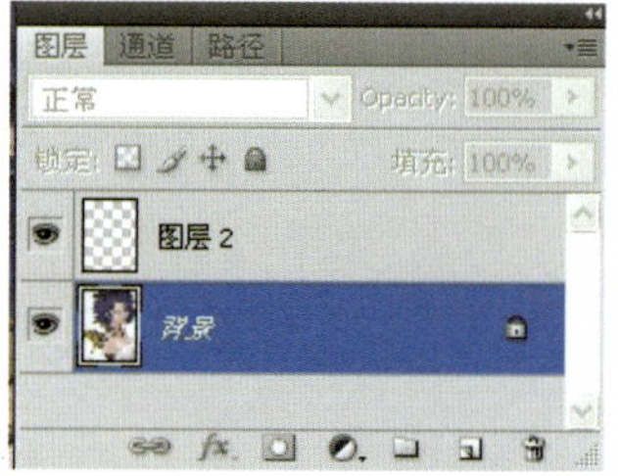


图5-3 背景图层

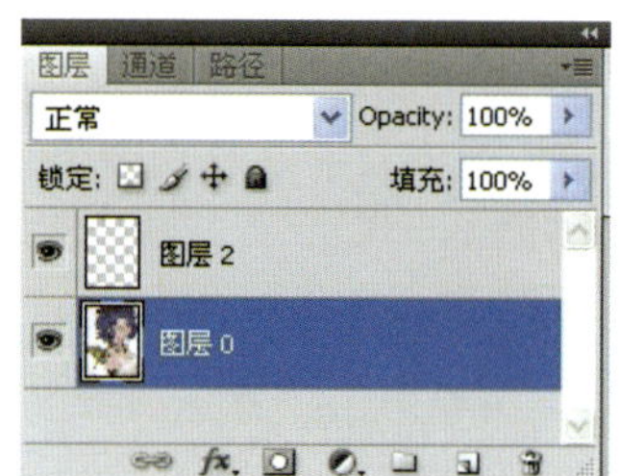


图5-4 图层0

如果实在不愿意使用Photoshop强加的受限制背景图层，我们也可以将它转换成普通图层让它不再受到限制。具体方法：在图层调板中双击背景图层，打开新图层对话框，然后根据需要设置图层选项，单击“确定”按钮后，图层面板上的背景图层已经转换成普通图层了（如图5-5）。

背景图层具有一些其他图层不一样的特性：无法为背景层设置效果；永远都在最下层；不能包含透明区。用户清除背景图层中的选定区域时，该区域将以当前设置的背景色填充，而对于其他图层，被清除的区域将成为透明区，如图5-6和图5-7所示。

（2）普通图层

在使用过程中普通图层的使用频率最高，在默认状态下，单击“图层—创建新图层”命令就可以创建普通图层，快捷键为【Shift+Ctrl+N】。在新建文件时，如果背景设置为透明也会出现普

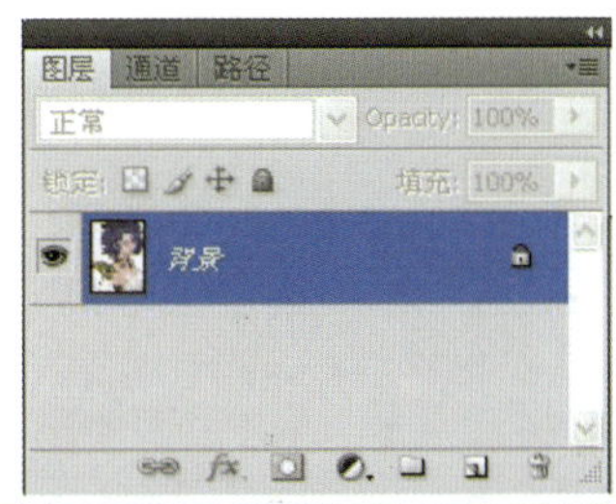

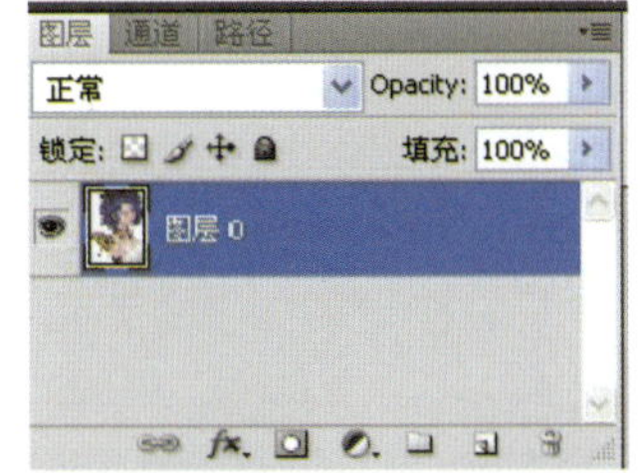

图5-5 背景图层和普通图层的转化

图5-6 背景色填充

图5-7 清除成透明区域

通图层。

新建普通层的名字是自动命名的。如果新建普通层中没有图像，该层的缩览图就会是灰白相间的表示透明的小块形状，如果新建图层中放置或绘制了图像，那它的缩览图将是该图像，如图5-8和图5-9所示。

在普通层上可以随意地进行图像的编辑。当使用橡皮擦工具擦除普通层上的图像时，擦除的部分会变透明，从而露出下面的图像，如图5-10和图5-11所示。

（3）文字图层

选取文字工具在图形上单击或拖动鼠标就会

图5-8 无图像层

图5-9 有图像图层显示

图5-10 普通层图像

图5-11 橡皮擦擦除后变透明

图5-12 绘制文字

图5-13 文字图层

产生文字图层，当输入文字确定后，图层的名字将以文字的内容命名。在文字图层上只能做移动、变形、调整文字的属性等内容的操作，不能使用画笔工具在文字图层上进行绘画或涂抹，如图5-12和图5-13所示。

（4）形状图层

使用矢量图形工具在画面中绘图时，一般会产生形状图层。打开矢量图形工具选项栏，选项栏如图5-14所示。

选择□按钮，在形状图形的缩览图后面会有一个决定图形形状的矢量蒙版，在“图层”调板中选择形状图层为当前层，图形窗口中会自动显示所绘制的形状，这时可以对其进行编辑，如图5-15和图5-16所示。

在“图层”调板中双击形状图层缩览图，在弹出的“拾取实色”对话框（如图5-17所示）

图5-14 形状图层选项栏

图5-15　用矢量工具绘图

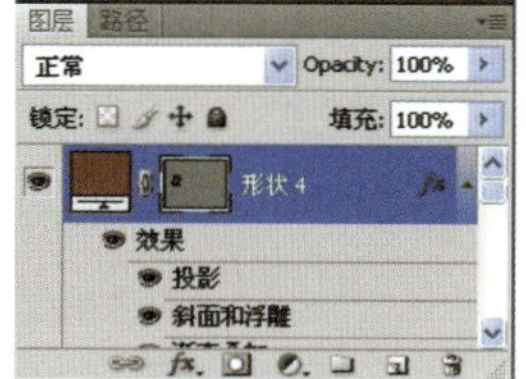


图5-16　形状图层

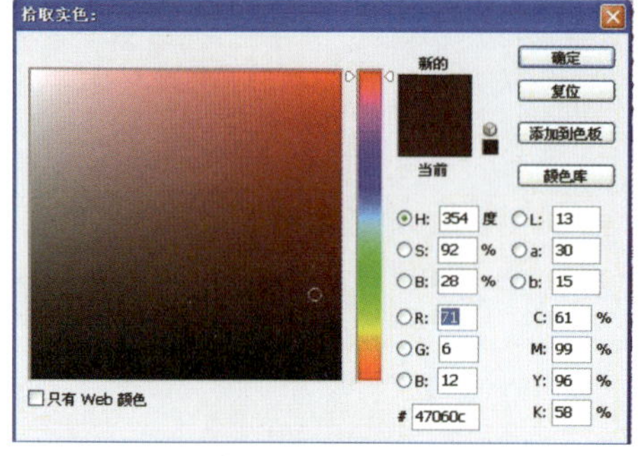


图5-17　“拾取实色”对话框

中，可以重新设置图形的填充颜色。与文字图层相同的是我们不能在形状图层中随意绘图或者进行除变形、移动之外的其他编辑操作。

## 5.1.4　图层的基本操作

图层的创建与编辑主要包括：新建图层、复制和删除图层，选择图层和调整图层的顺序，链接和合并图层，对齐和分布图层。

（1）新建、复制和删除图层操作

我们经常会新建一个图层，第一次新建的图层名字为“图层1”。复制图层是很常见的操作，复制的图层一般位于原图层的上面，两个图层的内容一样。对于不使用的图层可以将其删除。

① 新建图层。可以执行快捷键【Shift+Ctrl+N】，或“图层—新建”命令；还可以在图层调板下方选择新建图层按钮（如图5-18和图5-19所示）。

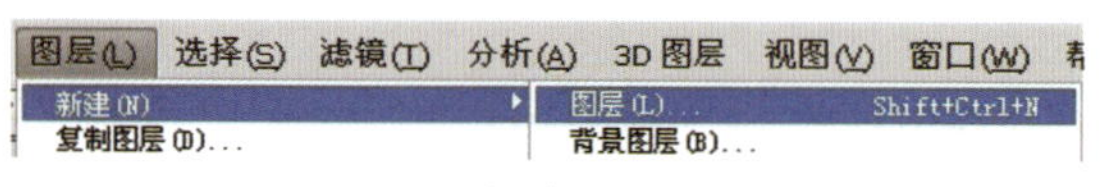


图5-18　“新建—图层”命令

图5-19　新建图层按钮

② 复制图层、删除图层。需要制作同样效果的图层，可以执行“图层—复制图层”或选中该图层单击鼠标右键选择“复制图层”选项，如图5-20所示。需要删除图层就选中该图层执行“图层—删除—图层”或选中该图层单击鼠标右键选择“删除图层”选项选择，如图5-21所示。

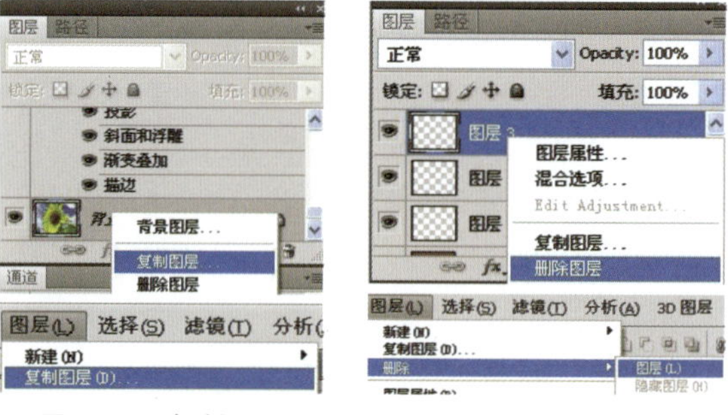


图5-20　复制图层　　　　图5-21　删除图层

③ 颜色标识。选择“新建图层”选项，可以给当前图层进行颜色标识（如图5-22所示），有了颜色标识后在图层调板中查找相关图层就会更容易一些。

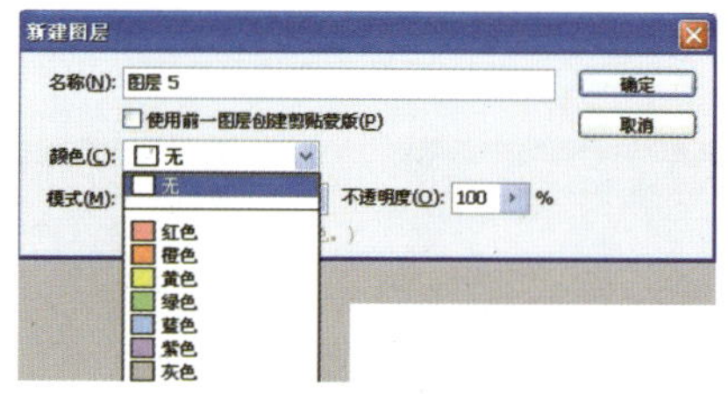


设置无色标识图层

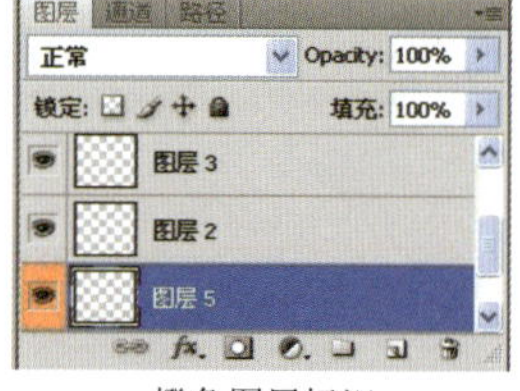


橙色图层标识

图5-22　给图层进行颜色标识

④ 栅格化图层。一般建立的文字图层、形状图层、矢量蒙版和填充图层之类的图层，就不能在它们的图层上再使用绘画工具或滤镜进行处理了。如果需要在这些图层上再继续操作就需要使用到删格化图层了，它可以将这些图层的内容转换为平面的光栅图像，选中该图层，执行“图层—栅格化”命令，如图5-23所示。

（2）选择图层、重命名、隐藏或显示图层内容及调整图层顺序

① 选择图层。如果图像有多个图层，必须选取要使用的图层才能正常的修改图层上的图像，对图像所做的更改只影响这一个图层，一次只能有一个图层成为可编辑的图层，单击该图层即可成为当前层。

② 重命名图层。双击图层的名称可以重命

名图层的名字（如图5-24所示）。

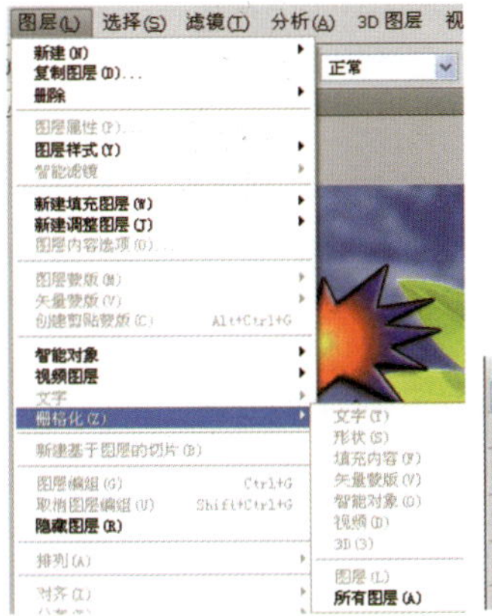


图5-23　选择栅格化命令

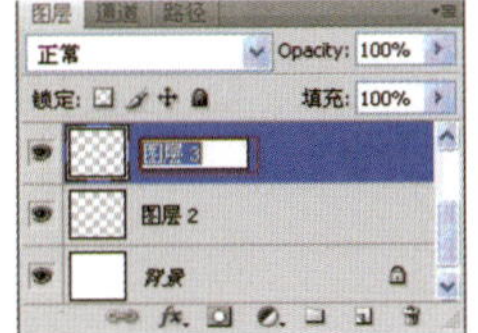


图5-24　给图层重新命名

③ 隐藏、显示图层内容。在不需要对某些图层上的内容进行修改时，可以将这些图层上的内容隐藏起来，设计面板上只留下要编辑的图层内容，这样一来就可以更清楚地对作品做修改了。在图层调板中单击图层旁边的眼睛图标就可以隐藏该层的内容，再次单击该处可以重新显示内容，如图5-25和图5-26所示。

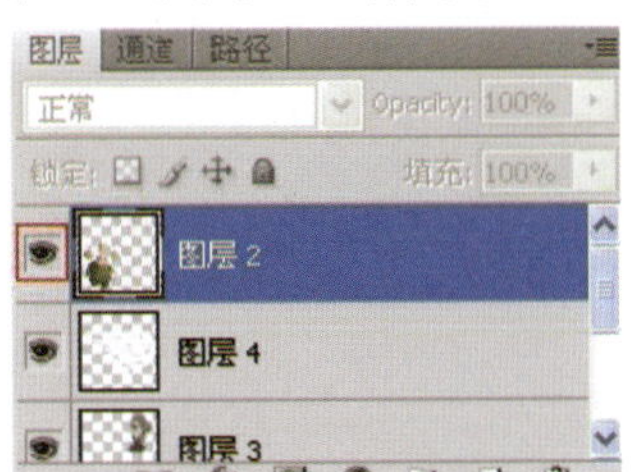


图5-25　显示图层

图5-26　隐藏图层

④ 更改图层顺序。在图层面板上排列的图层一般是按照我们操作的先后顺序排列的，但很多时候还需要变换它们的上下顺序。更改方法：可以在图层面板中将图层向上或向下拖移，当显示的突出线条出现在要放置图层或图层组的位置时松开鼠标按钮。

## 图层调整练习

① 打开一个文件（如图5-27所示），可以从右边的缩览图中看到它有3个图层。图层调板中蓝色显示为当前图层。

图5-27　人物素材

② 在“图层2”上单击，改图层2为当前层。这时图层2的显示为蓝色。双击图层2为其重命名为“人物1”，如图5-28和图5-29所示。

图5-28　图层调板

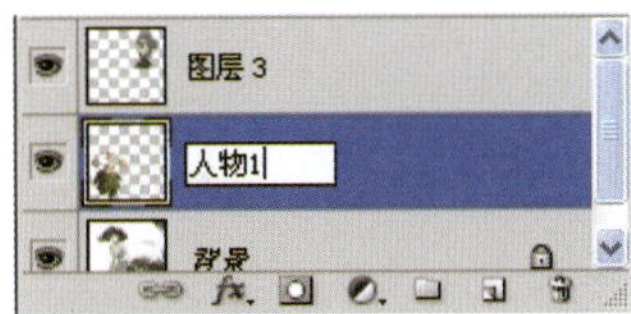


图5-29　给图层2重命名

③ 新建一“图层4”，在上面随意涂抹，效果如图5-30和图5-31所示。

④ 拖动“图层3”、“图层1”到“图层4”的上方，完成图层顺序的改变，效果如图5-32和图5-33所示。

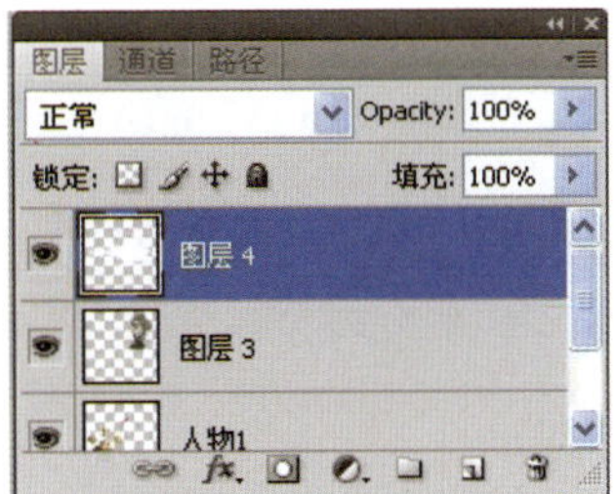


图5-30　新建“图层4”

图5-31　涂抹效果

图5-32　图片效果

图5-33　图层顺序显示

**技巧：**

按【Ctrl+Shift+]】组合键，可将当前层设置为顶层；按【Ctrl +Shift +[】，可将当前层置为底层图层，按【Ctrl +]】组合键，可将当前图层上移一层，按【Ctrl +[】可将当前层下移一层。

（3）链接和合并图层

① 链接图层。Photoshop CS4中允许链接两个或两个以上的图层，这样编辑的图层就可以作为一个整体来操作了。下面通过例子来理解一下。

a. 打开一文件如图5-34和图5-35所示，可以看到它有好几个文字图层。

b. 选取所有的文字图层，单击“图层”调板中的按钮 ，选中的图层上出现图标 ，

图5-34　图片素材

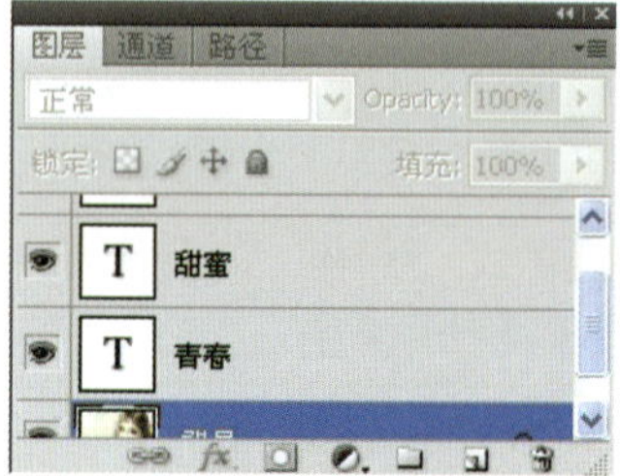

图5-35　图层显示

表示链接成功，如图5-36所示。

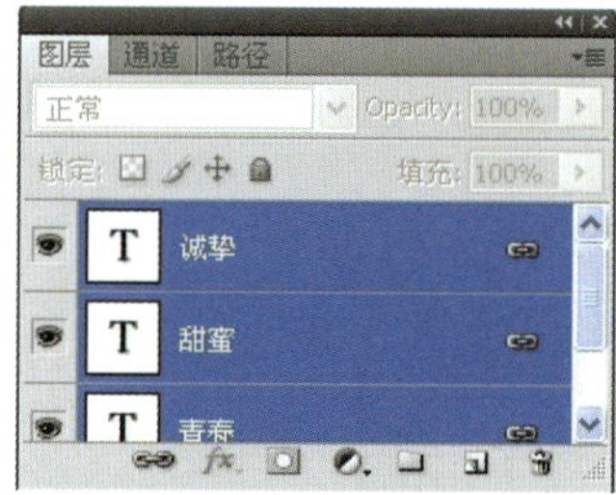

图5-36　链接成功

c. 选取工具箱中的“移动工具” ，移动链接的图层，移动一个的同时，链接后的其他图层就会作为一个整体一起移动了，如图5-37所示。如果想取消链接，直接单击图层调板中的按钮 ，就可以取消了。

图5-37　移动后图像效果

② 合并图层。除了链接图层，还可以合并图层，以减少图层占用的空间。单击“图层—向下合并”或执行【Ctrl +E】组合键可将当前层和它的下层合并。如果要合并所有可见图层可以执行“图层—合并可见图层”或【Ctrl +Shift+E】组合键。举例如下。

a. 打开一人物文件，它有多个图层，如图

5-38和图5-39所示。

图5-38 人物文件

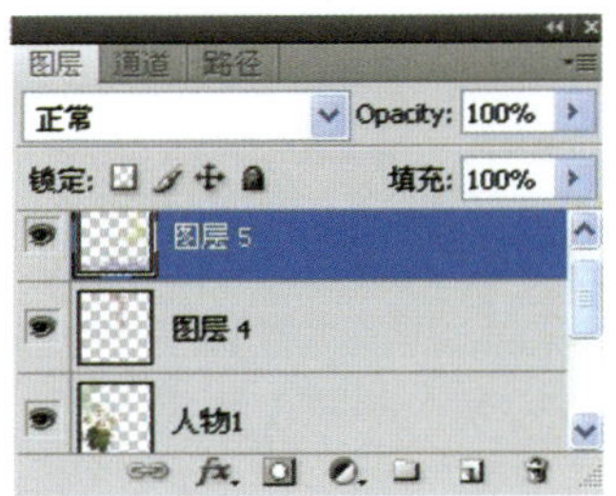


图5-39 图层显示

b. 选择“图层5”，单击“图层—向下合并”或执行【Ctrl +E】组合键，将“图层5”和“图层4”合并，如图5-40所示。

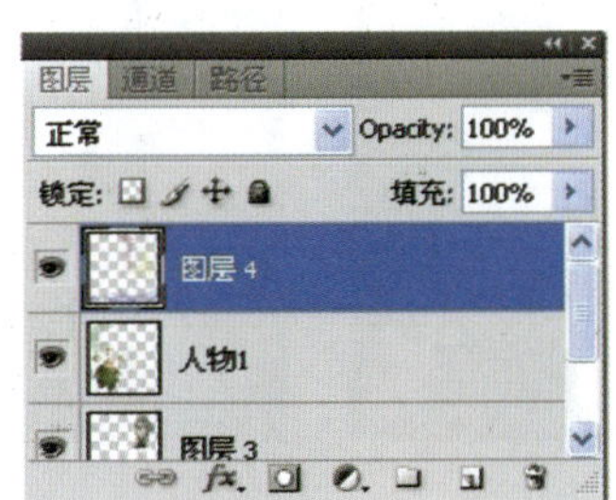


图5-40 合并“图层4”和“图层5”

c. 隐藏“图层4”和“人物1”图层，执行“图层—合并可见图层”或【Ctrl +Shift+E】组合键，合并了所有可见层，如图5-41～图5-43所示。

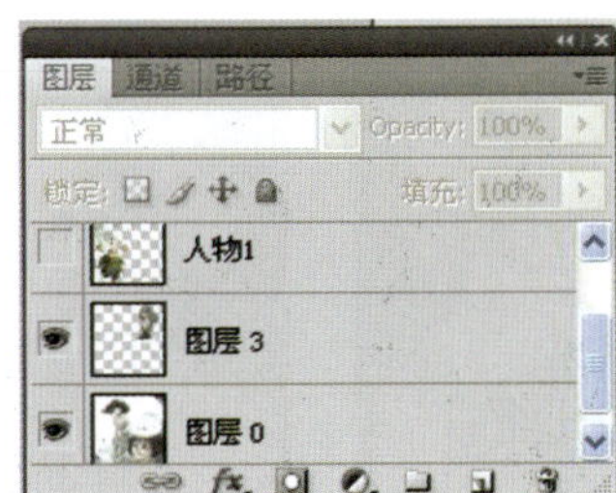


图5-41 隐藏“人物1”层

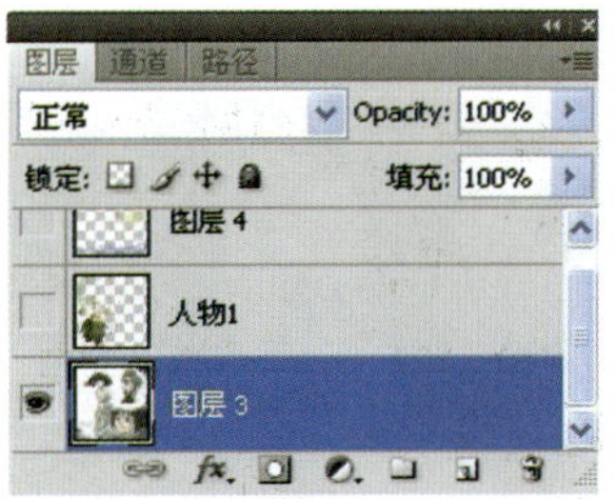


图5-42 隐藏“图层4”

图5-43 隐藏合并可见层后图像效果

d. 取消“图层4”和“人物1”图层的隐藏，单击“图层—拼合图像”，拼合后只留下了背景图层，如图5-44所示。

图5-44 拼合图层

“合并图层”指将链接的图层合并成一个图层，“合并可见层”是指将当前可见的图层合并，留下隐藏的图层。“拼合图像”是指将所有图层合并，这样可以减少图像文件的大小，保证图像文件在其他电脑上可以正常使用，当设计作品完成后我们可以执行“拼合图像”命令。

（4）对齐和分布图层

使用对齐与分布命令，可以以当前工作层中的图像为依据，对图层调板中所有与当前工作图层同时选取或链接的图层进行对齐与分布操作。

① 对齐图层。当“图层”调板中至少有两个同时被选择或链接的图层，且背景不处于链接状态时，图层的对齐命令才可以使用。

a. 打开文件（如图5-45所示），选中其除背景以外的所有图层，如图5-46所示。

图5-45　原文件

图5-46　选中所有图层

b. 执行“图层—对齐”命令，如图5-47所示。

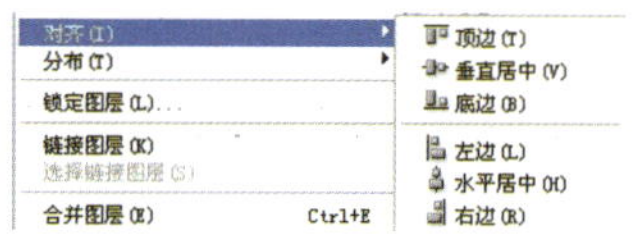


图5-47　执行对齐命令

c. 对齐命令包括顶边、垂直居中、底边、左边、水平居中、右边等选项，具体效果如图5-48～图5-53所示。

图5-48　顶边对齐

图5-49　垂直居中对齐

图5-50　底边对齐

图5-51　左边对齐

图5-52　水平居中对齐

图5-53　右边对齐

② 分布图层。在图层面板中将三个或更多的图层链接起来。选取“图层”菜单下的“分布”的子菜单中的分布方式，如图5-54所示。当图层调板中至少有3个同时被选择或链接的图层，且背景图层不处于链接状态时，图层的分布命令才可以使用。

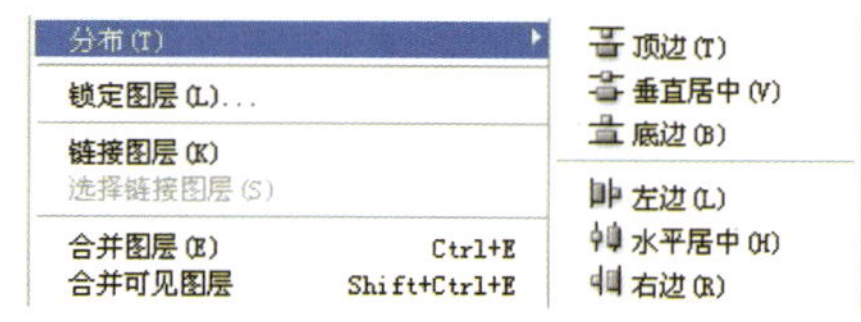


图5-54　分布

执行“图层—分布”命令，分布命令包括顶边、垂直居中、底边、左边、水平居中、右边等选项，具体效果如图5-55～图5-60所示。

图5-55　顶边

图5-56　垂直居中

图5-57　底边

图5-58　左边

图5-59　水平居中

图5-60　右边

将图层选取或链接以后，选取工具箱中的▶✛，它选项栏中对应的对齐和分布子命令，与我们这里讲的对齐和分布的功能一致，如图5-61所示。

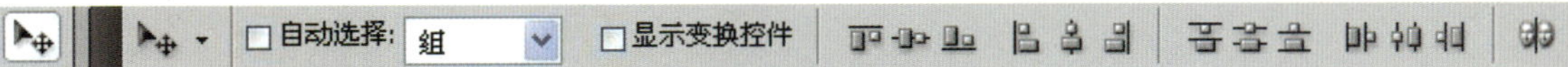


图5-61　移动工具选项栏

## 5.2　图层混合模式

图层的混合模式是指一个图层与它下面图层的色彩叠加的方式，最常用的是正常模式。除了正常模式之外，还有很多混合模式，使用它们都可以产生不同的合成效果。

单击图层调板中的“设置图层的混合模式”下拉按钮▾，在弹出的“混合模式”下拉列表中选择合适的图层混合模式。Photoshop CS4中提供了25种图层混合模式，使用这些模式可以创造出非常丰富的图像合成效果（原理与第四章4.2.2画笔模式相同）。

① 正常。如图5-62所示。

图5-62　原图

（注意结果为图中的上下2个普通图层在使用不同图层混合模式下的效果，以下同，此处为使用“正常”图层混合模式）。

② 溶解。如图5-63所示。

③ 变暗。如图5-64所示。

图5-63　溶解　　图5-64　变暗

④ 正片叠底。如图5-65所示。

⑤ 颜色加深。如图5-66所示。

图5-65　正片叠底　　图5-66　颜色加深

⑥ 线性加深。如图5-67所示。

⑦ 深色。如图5-68所示。

图5-67　线性加深　　图5-68　深色

⑧ 变亮。如图5-69所示。

⑨ 滤色。如图5-70所示。

图5-69　变亮　　图5-70　滤色

⑩ 颜色减淡。如图5-71所示。

⑪ 线性减淡。如图5-72所示。

图5-71　颜色减淡

图5-72　线性减淡

⑫ 浅色。如图5-73所示。

⑬ 叠加。如图5-74所示。

图5-73　浅色

图5-74　叠加

⑭ 柔光。如图5-75所示。

⑮ 强光。如图5-76所示。

图5-75　柔光

图5-76　强光

⑯ 亮光。如图5-77所示。

⑰ 线性光。如图5-78所示。

⑱ 点光。如图5-79所示。

⑲ 实色混合。如图5-80所示。

⑳ 差值。如图5-81所示。

㉑ 排除。如图5-82所示。

㉒ 色相。如图5-83所示。

㉓ 饱和度。如图5-84所示。

㉔ 颜色。如图5-85所示。

㉕ 明度。如图5-86所示。

图5-77　亮光

图5-78　线性光

图5-79　点光

图5-80　实色混合

图5-81　差值

图5-82　排除

图5-83　色相

图5-84　饱和度

图5-85 颜色

图5-86 明度

##  5.3 图层样式

### 案例 利用图层样式制作水晶字（效果图如图5-87所示）

图5-87 水晶字效果

操作步骤如下。

图5-88 文字

① 新建文件，输入字号较大且较浑厚的字形，如图5-88所示。

② 执行“图层—图层样式—渐变叠加”，设置渐变叠加颜色为橙黄渐变，如图5-89所示。

③ 分别设置图层样式的“投影”、“内阴影”、“内发光”、“外发光”、“斜面和浮雕”，具体参数如图5-90～图5-92所示，投影颜色设置为红褐色，外发光为黄色。

④ 调整好参数之后，我们原先的文字就变成如图5-87的效果。

⑤ 我们还可以根据自己的喜好将文字调成不同的色彩效果，如图5-93和图5-94所示。

“图层样式”命令，可以为图层中的图像快速应用各种特殊效果。Photoshop CS4中提供了10种图层样式，分为投影、内阴影、外发光、内发光、斜面和浮雕、光泽、颜色叠加、渐变叠加、图案叠加和描边。执行“图层—图层样式”命令，可以看见系统会出现混合选项和给出的10

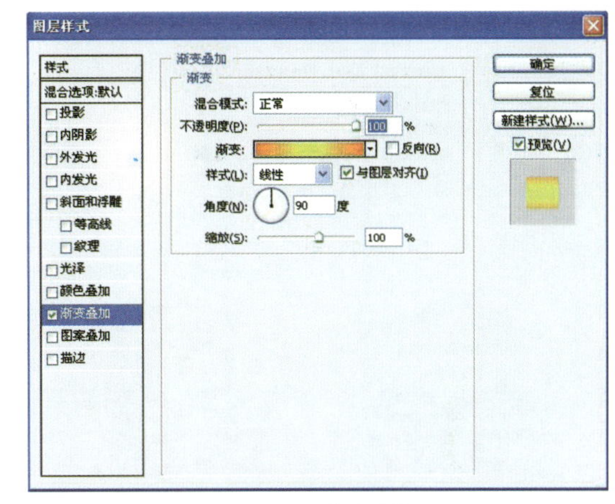


图5-89 渐变叠加

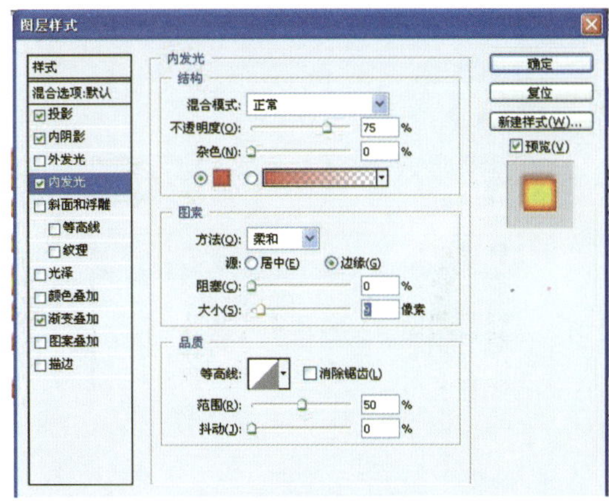


图5-90 内发光

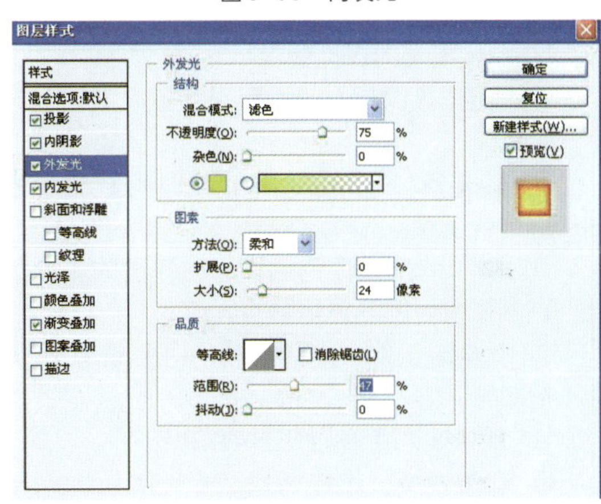


图5-91 外发光

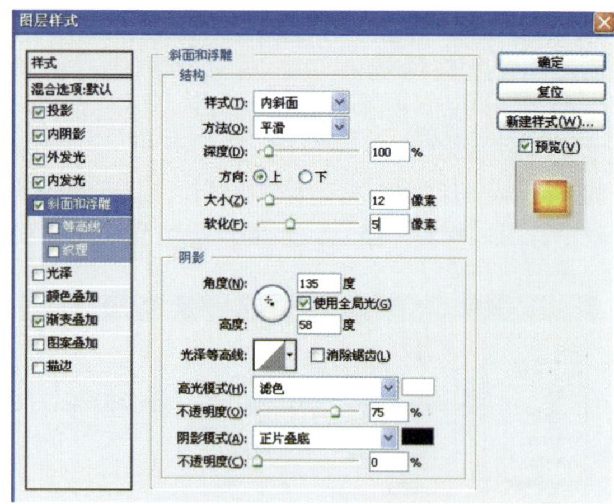


图5-92　斜面和浮雕

图5-93　蓝色效果　　图5-94　红橙效果

种图层样式，如图5-95所示。图层样式面板中有很多参数选项，我们可以通过参数设置达到我们需要的效果。

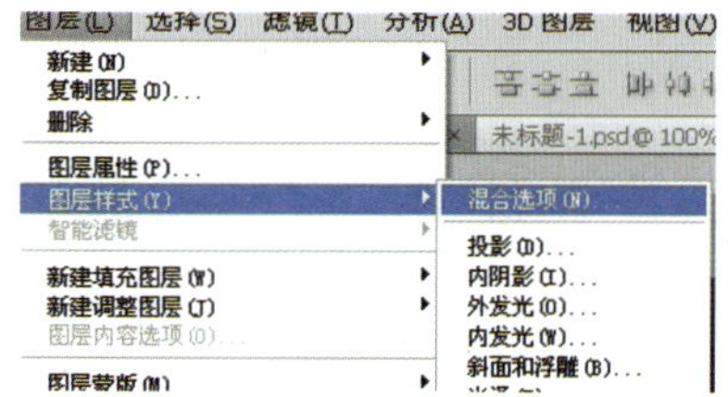


图5-95　图层样式混合选项

## 5.3.1　投影样式的设置

执行“图层—图层样式—投影”命令，可得到如图5-96所示的属性面板。

在图层样式面板中的投影对话框中主要参数含义如下。

① 混合模式: 正常 ：用于设置阴影与下方图层的混合模式。

② ■：单击该颜色色块，在弹出的“拾色器”对话框中可以设置阴影的颜色。

③ 不透明度(O): 75 % ：用于设置投影的不透明度。

④ 角度(A): ：用于设置阴影的角度。

⑤ 使用全局光(G) ：选中该复选框，表示为同一图像中的所有层使用相同的光照角度。

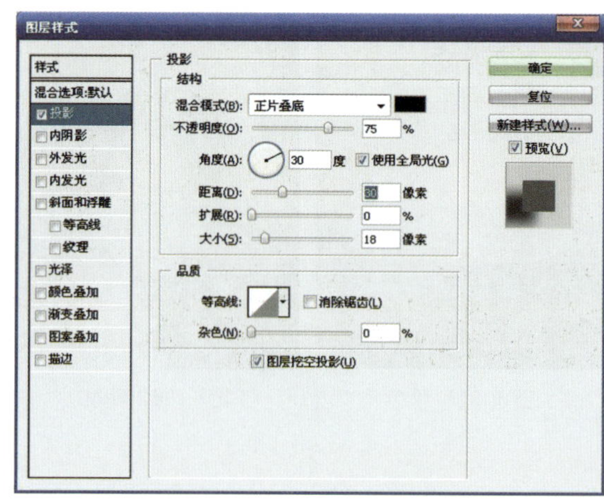


图5-96　图层样式投影面板

⑥ 距离：用于设置投影与图像的距离。数值越大投影就越近。

⑦ 扩展：预设时，阴影的大小与图层大小相当，若希望阴影较粗，可以在文本框中输入相应的数值或调整移动滑块进行设置。

⑧ 大小：用于设置投影边缘的柔光程度。

⑨ 等高线：用于设置投影边缘的轮廓形状，加强投影的立体效果。

⑩ 消除锯齿：选中该复选框，可以消除投影边缘的锯齿。

⑪ 杂色：用于设置颗粒在投影中的填充数量。

⑫ 图层挖空投影：选中该复选框，可以设置层的外部投影效果。

下面是参数设置如图5-96所示的投影效果，如图5-97和图5-98所示。

图5-97　原图

图5-98　投影

## 5.3.2　内阴影样式的设置

为图像添加内阴影，使图像内部边缘产生阴影，参数对话框如图5-99所示。

它的大部分的参数与“投影”的一样，不再

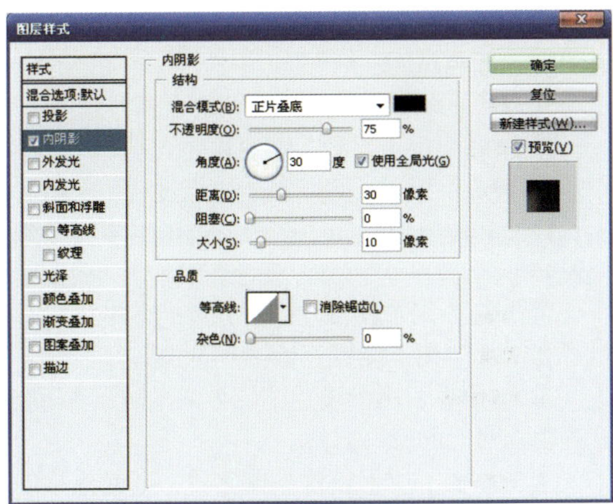


图5-99 内阴影面板

赘述，所不同的是阻塞参数。

阻塞：设置阴影与图像间内部缩小的大小。

下面是参数设置如图5-99所示的内阴影效果如图5-100所示。

图5-100 内阴影

## 5.3.3 外发光样式的设置

“外发光”图层样式可以在图像边缘产生光晕的效果，图5-101为“外发光”图层样式的参数对话框。

它的主要参数设置含义如下。

① ⊙ ○：用于选择光晕的颜色，选择左侧即为单色光晕，选择右侧即为渐变光晕。

② 方法(Q): 柔和：用于设置边缘元素的模型。

③ 精确：光线沿图像的边沿精确分布。柔和：光线自由发散。

④ 范围(R):：用于确定等高线的作用范围，范围越大，等高线处理的区域越大。

⑤ 抖动(J):：用于控制光的渐变，使用渐变光晕，可以产生类似溶解模式的效果。

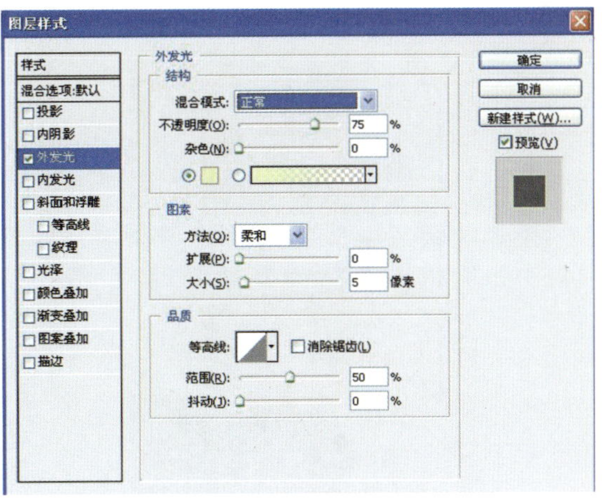


图5-101 外发光面板

## 5.3.4 内发光样式的设置

“内发光”图层样式可以在选定图像的内部产生光边的效果。与外发光不同的是，内发光时对图像本身进行发光设置。参数设置对话框如图5-102所示。

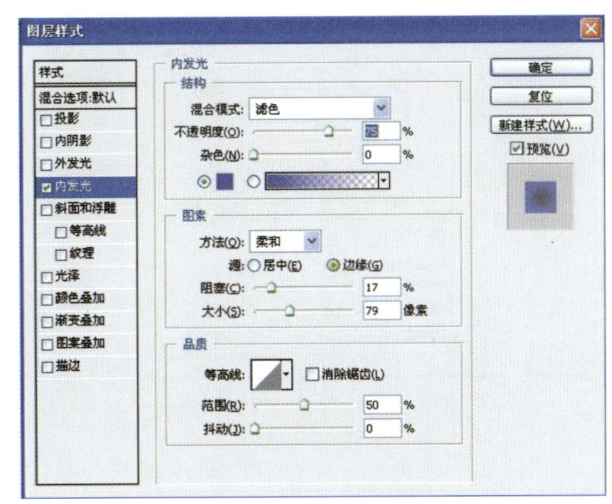


图5-102 内发光面板

内发光参数与外发光图层样式对话框设置基本相同，不同之处如下。

① 源: ⊙居中(E) ○边缘(G)：选中“居中”单选按钮，可以在图像中央发光，选中“边缘”按钮，可以在图像边缘发光（如图5-103和图5-104所示）。

② 阻塞(C)：设置光源向内发散的大小。

图5-103 内发光居中

图5-104　内发光边缘

## 5.3.5　斜面和浮雕样式的设置

“斜面和浮雕”样式可以在图层图像上制作出各种浮雕的效果。参数对话框如图5-105所示。

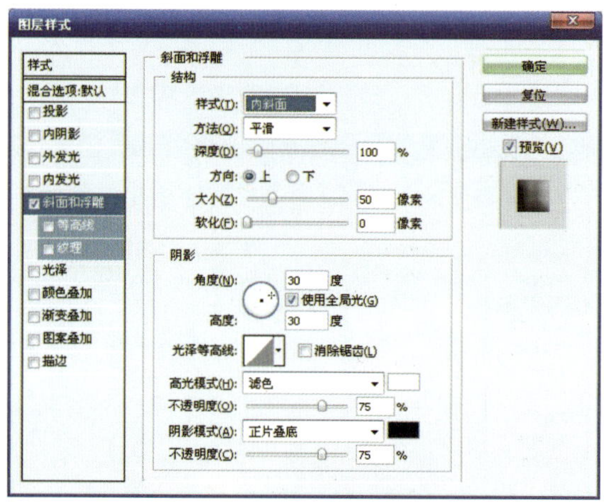

图5-105　斜面和浮雕面板

斜面和浮雕面板中“结构”选项组的参数含义如下。

① 样式(T): 内斜面 ：用于设置斜面和浮雕效果的样式。

② 外斜面 ：在图像的外边缘产生一种斜面光线的照明效果。

③ 内斜面 ：在图像的内容内部边缘产生斜面光线照明的效果。

④ 浮雕效果 ：在图像的下方图层呈现凸出的效果。

⑤ 枕状浮雕 ：产生图像边缘陷进下方图层的效果。

⑥ 描边浮雕 ：创建边缘浮雕效果。

⑦ 方法(Q) ：选择进行浮雕的方法。

⑧ 深度(D) ：用于设置图层深度效果，数值越大阴影的颜色越深。

⑨ 方向: ：用于改变立体效果的光源方向。

⑩ 大小(Z) ：用于控制阴影面积的大小。

⑪ 软化(F) ：用于设置阴影的边缘过渡。

斜面和浮雕面板中“阴影”选项组主要参数设置如下。

① 角度(N) ：用于设置立体化光源的角度。

② 高度: ：用于设置立体化光源的高度。

③ 光泽等高线: ：用于设置图层效果的光泽程度，设置明暗对比的分布方式。

④ 高光模式( ：用于设置立体化后，高光效果的混合模式，其右侧的颜色块中可以设置高光的颜色。

⑤ 阴影模式(A) ：用于设置立体化后阴影的混合模式，其右侧的颜色块中可以设置阴影的颜色。

“斜面和浮雕”选项的下面还有两个选项“等高线”和“纹理”，它的一些参数含义如下。

① 等高线: ：用于设置立体对象的分布方式。

② 范围(R) ：用于调整等高线对该立体的位置。

纹理选项的参数如下。

① 图案: ：用于设置或选择合适的材质。

② 贴紧原点(A) ：如果停用了“与图层链接”，“贴紧原点”控制图案原点与文档原点的对齐；如果选中了“与图层链接”，则控制图案原点与图层左上角的对齐。

③ 缩放(S) ：用于图案的扩大或缩小操作，以适合要求。

④ 深度(D): ：用于设置立体的对比效果的强度。

下面是参数设置如图5-105所示的斜面和浮雕效果如图5-106所示。

图5-106　斜面和浮雕效果

### 5.3.6 光泽样式的设置

“光泽”样式，可以在图层上添加一种颜色，使图像产生类似绸缎的平滑效果。参数对话框如图5-107所示。

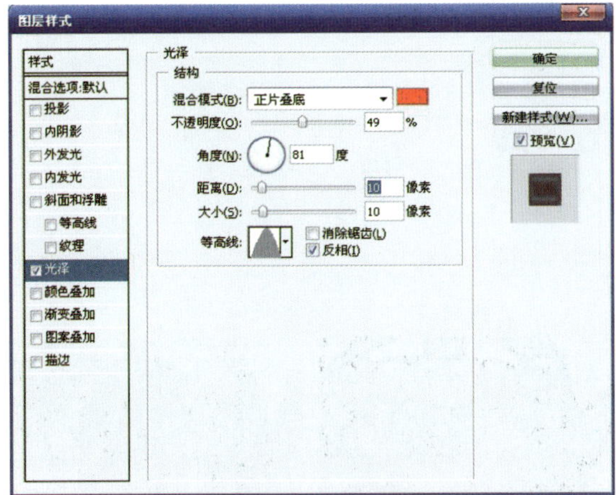

图5-107 光泽面板

下面是参数设置如图5-107所示的光泽效果如图5-108所示。

图5-108 光泽效果

### 5.3.7 颜色叠加样式的设置

“颜色叠加”样式可以在当前图像上添加单一的色彩，其参数设置对话框如图5-109所示。

图5-110和图5-111所示为两种颜色叠加效果。

### 5.3.8 渐变叠加样式的设置

“渐变叠加”样式可以在当前图像上添加渐变颜色。其参数设置对话框如图5-112所示。

图5-113和图5-114所示为两种渐变叠加效果。

### 5.3.9 图案叠加样式的设置

“图案叠加”样式可以在当前图像上添加图案填充，其参数设置对话框如图5-115所示，图5-116是图案叠加效果。

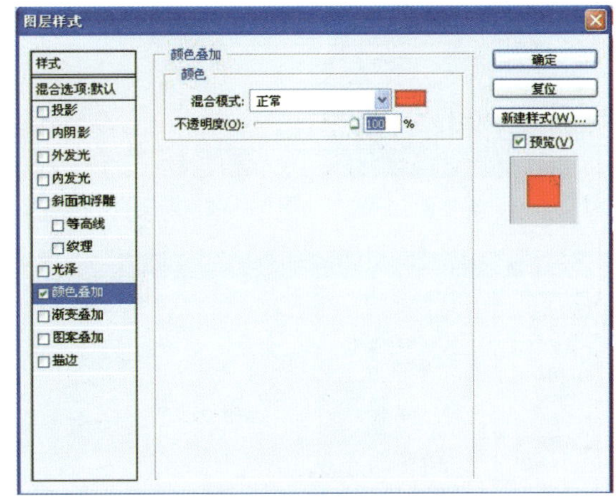

图5-109 颜色叠加面板

图5-110 颜色叠加效果1　图5-111 颜色叠加效果2

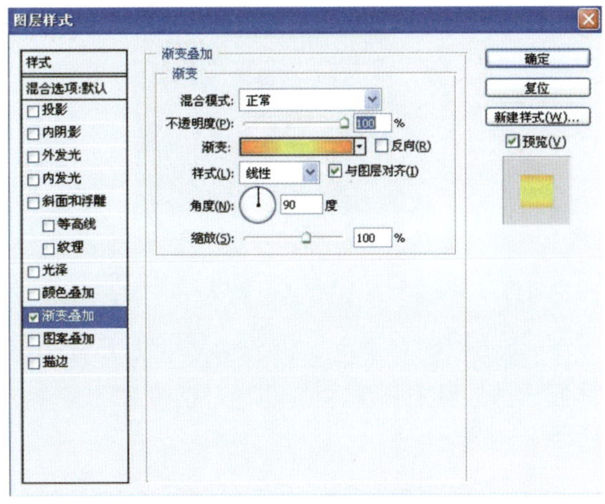

图5-112 渐变叠加面板

图5-113　渐变叠加效果1　图5-114　渐变叠加效果2

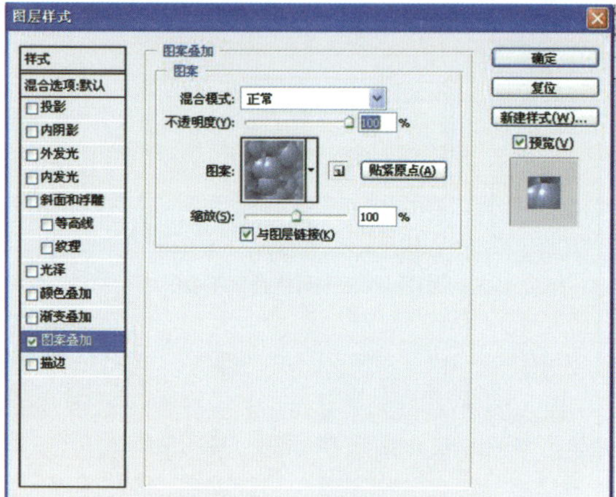


图5-115　图案叠加面板

图5-116　图案叠加效果

## 5.3.10　描边样式的设置

“描边”样式可以在当前图像上为有效像素绘制出边缘线条，其参数设置对话框如图5-117所示。

图5-118和图5-119所示为两种颜色描边和图案描边效果。

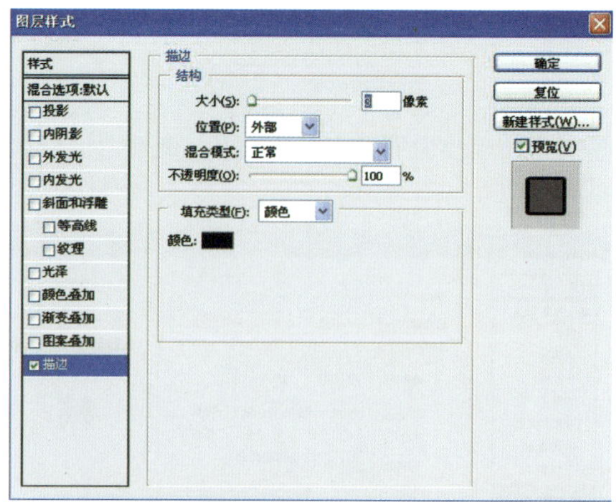


图5-117　描边对话框

图5-118　颜色描边　图5-119　图案描边

# 5.4　填充图层和调整图层

## 5.4.1　填充图层

填充图层有3种：“纯色”、“渐变”和“图案”。新建填充图层的方法是：单击“图层—新建填充图层”下的子命令或单击“图层”调板中的的下拉菜单，在弹出的下拉菜单中可以找到这三种填充图层，如图5-120和图5-121所示。

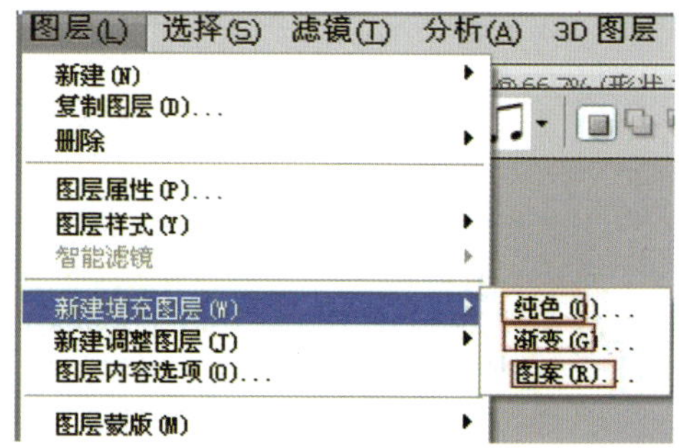


图5-120　新建填充图层方法1

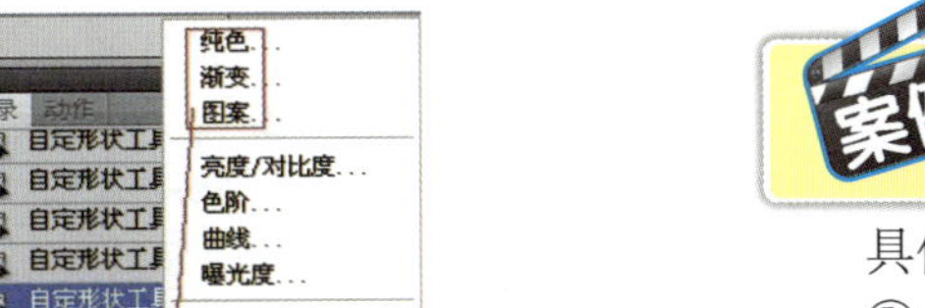

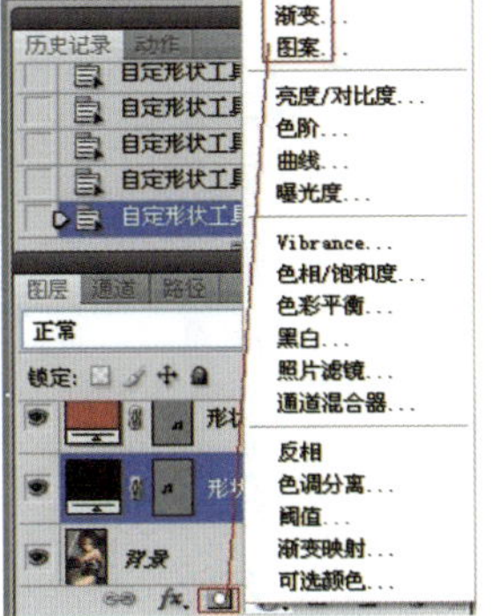


图5-121 新建填充图层方法2

选择新建纯色填充层时，会弹出“拾色器”对话框，如图5-122所示，可以在这里选择为图层填充的颜色。

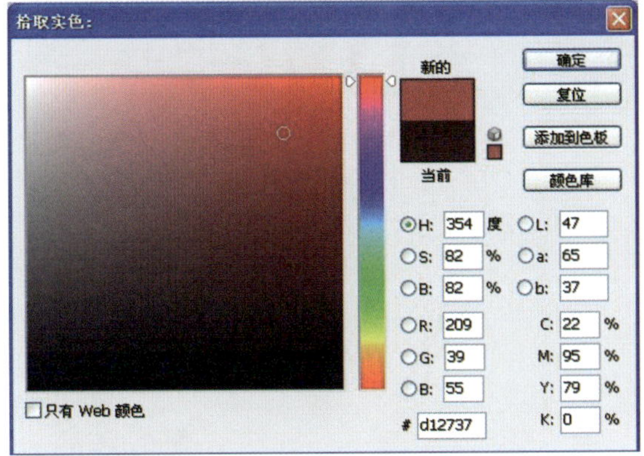


图5-122 拾色器

新建渐变填充图层时，会弹出“渐变填充”对话框，如图5-123所示，可以在这里选择渐变的颜色和参数以及类型。

新建图案填充图层时，会弹出“图案填充”对话框。如图5-124所示，可以为该层选择一个图案、设置它的缩放比例等。

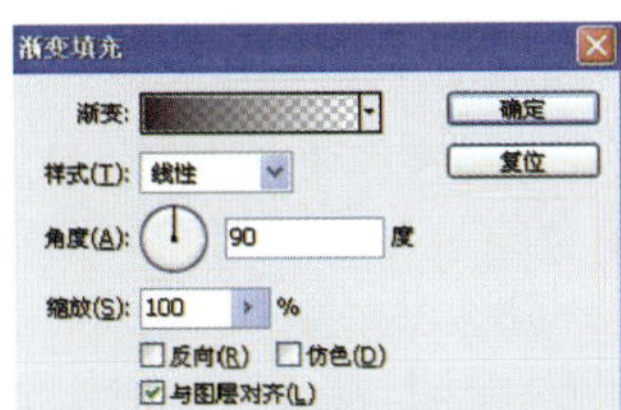


图5-123 “渐变填充”对话框

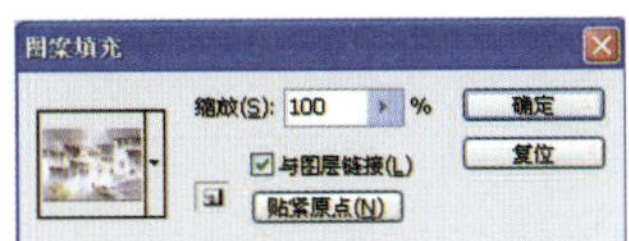


图5-124 “图案填充”对话框

## 案例 填充图层练习

具体步骤如下。

① 打开一文件如图5-125所示。

② 在图层面板中选择“纯色”命令，在拾色对话框中选择颜色“黄色”，将不透明度调整为50%，效果如图5-126所示。

图5-125 原图

图5-126 纯色填充

③ 在上面的原图上，进行渐变填充，如图5-127所示。

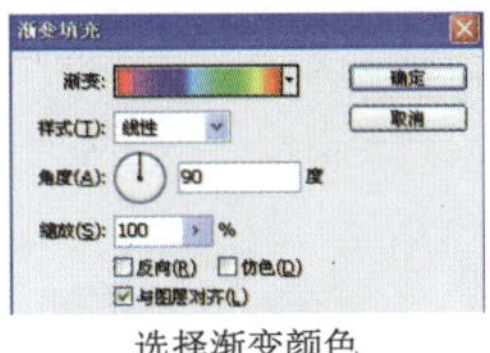

选择渐变颜色

渐变填充

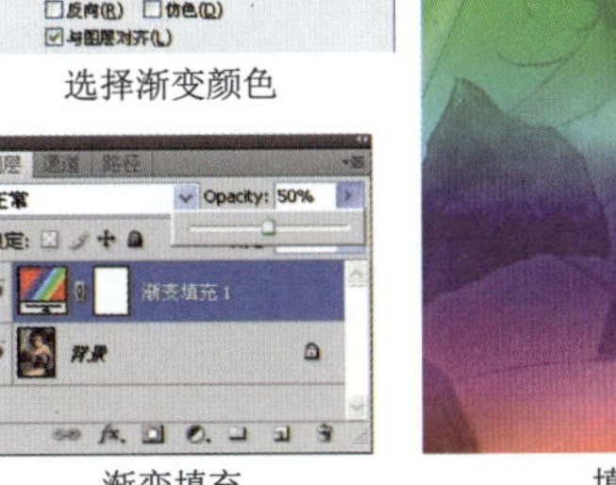

填充效果

图5-127 进行渐变填充

④ 在原图上进行图案填充，如图5-128所示。

选择图案

图案填充

填充效果

图5-128 进行图案填充

### 5.4.2 调整图层

图5-129 人物

使用调整图层，可以将颜色和色调的调整效果应用于多个图层，而不会更改图像中的像素值，调整图层会影响它下面的所有图层，可以通过单一调整来矫正多个图层。

① 打开一个人物文件如图5-129所示。

② 在“图层”调板中单击按钮，在下拉菜单中选择“色相/饱和度”命令，在弹出的对话框中设置调整参数，如图5-130所示，调整效果如图5-131所示。

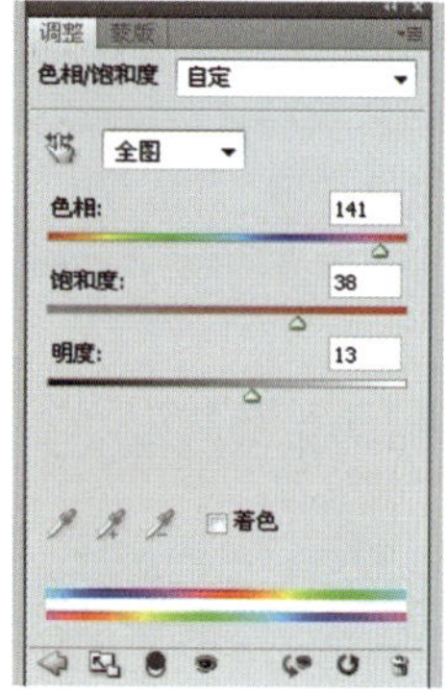


图5-130 色相/饱和度

图5-131 调整效果

## 5.5 图层蒙版

使用蒙版可以显示或隐藏图层的部分图像，用于保护特定的区域以免其被编辑和修改。蒙版分为图层蒙版、矢量蒙版、剪贴蒙版和快速蒙版，使用蒙版的特性可以制作出边缘过渡自然或清晰的图像的遮罩效果。

### 案例 使用蒙版练习

① 打开风景文件和人物文件如图5-132和5-133所示。

② 将人物拖到风景文件窗口中，并调整大小，如图5-134所示。

③ 单击图层调板中的按钮，为图层1添加蒙版，如图5-135所示。

④ 选取工具箱中的画笔工具，设置前景色为黑色，在需要隐藏的地方涂抹。继续涂抹后得到如图5-136所示的最终效果。

图5-132 风景

图5-133 人物

图5-134 调整人物图像大小

图5-135 添加蒙版

图5-136 最终效果

蒙版是合成图像的重要工具，使用蒙版可以在不破坏图像的基础上，完成图像的拼接和融合，蒙版是一种遮罩，使用蒙版可将图像中不需要编辑的图像区域进行保护。

蒙版的类型不同，其基本操作的方法也不同。蒙版可以控制图层区域内部分内容可隐藏或是显示。更改蒙版可以对图层应用各种效果，不会影响该图层上的图像。蒙版具有以下特点：修改方便；可以使灰度图的轮廓作为相框形状；可以运用各种滤镜做出意想不到的特别效果。我们使用蒙版主要用于重构图片，使边缘淡化，图层间融合等。

## 5.5.1 蒙版的类型

① 图层蒙版：是一个8位灰度图像，黑色表示图层的透明部分，白色表示图层的不透明部分，灰色表示图层中的半透明部分，编辑图层蒙版，实际上便是对蒙版中黑、白、灰三个色彩区域进行编辑。图层蒙版可以控制图层中的不同区域被隐藏或显示，可以将大量特殊效果应用到图层，而不会影响该图层上的像素。

② 矢量蒙版：是通过钢笔或外形工具创建的蒙版，与分辨率无关。

③ 剪贴蒙版：可以使用图层的内容来蒙盖它上面的图层。底部或基底图层的透明像素蒙盖其上方的图层的内容，这些图层是剪贴蒙版的一部分。可以在剪贴蒙版中使用多个图层，但它们必须是连续的图层。

④ 快速蒙版：是一种临时蒙版，使用快速蒙版不会对图像进行修改，只创建图像的选区。它可以快速地将选区范围转为蒙版，在快速蒙版编辑模式下，未被蒙版遮住的部分变成选区。

## 5.5.2 创建蒙版

创建蒙版的方式比较多，常用的有如下几种。

① 用选择工具建立一个选区并存储，在对话框中设置相关参数，就可以创建一个蒙版。这种方法很正统，但不算方便。

② 新建一个Alpha通道并作相应的编辑，就得到一个蒙板，白色区域代表选区。

③ 利用工具栏上的模式图标（或按Q键）可以在标准模式与快速蒙版间切换。

④ 在图层面板下部有一个创建蒙版的按钮，单击即可为当前图层创建一个蒙版（直接单击产生的蒙版为白色，按住Ctrl键单击产生的蒙版为黑色。

## 5.5.3 图层蒙版

（1）创建图层蒙版

在添加图层蒙版时，需要确定是要隐藏还是显示所有图层，也可以在创建蒙版之前建立选区，通过选区使创建的图层蒙版自动隐藏部分图层内容。在“图层”面板中选择需要添加蒙版的图层后，单击面板底部的“添加图层蒙版”按钮，或选择“图层—图层蒙版—显示全部”或“隐藏全部”命令即可，创建图层蒙版和蒙版缩览图如图5-137和图5-138所示。

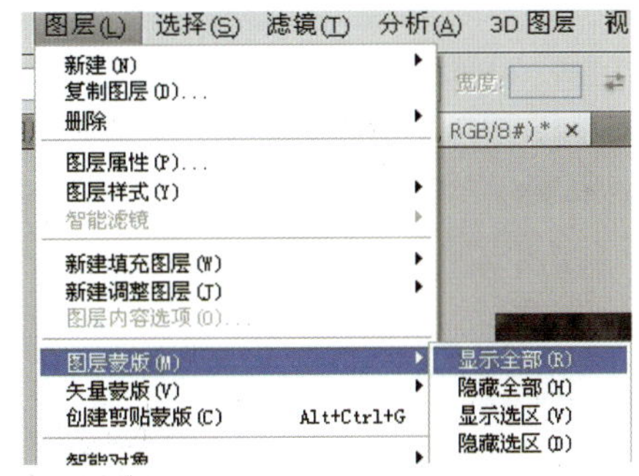


图5-137 创建图层蒙版

图5-138 蒙版缩览图

（2）编辑图层蒙版

单击图层面板中的“图层蒙版缩览图”（如图5-148所示）将它激活，然后选择任一编辑或绘画工具可以在蒙版上进行编辑。将蒙版涂成白色可以从蒙版中减去并显示图层，将蒙版涂成灰色可以看到部分图层，将蒙版涂成黑色可以向蒙版中添加并隐藏图层，见图5-139和图5-140。

图5-139 图片效果

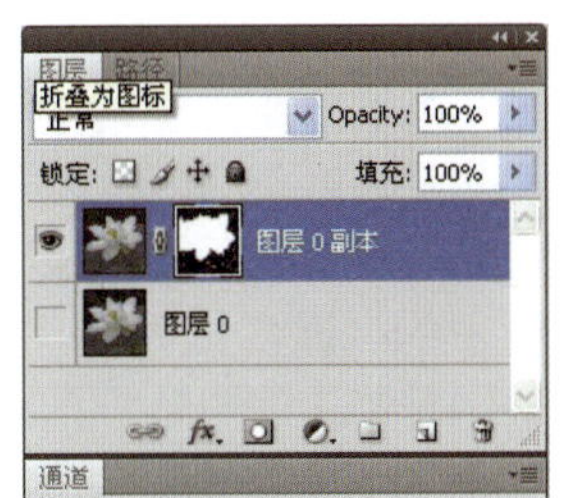


图5-140 蒙版显示效果

蒙版编辑效果与在图层蒙版上填充或使用画笔描绘的颜色有关，并且只能用黑、白、灰3色进行编辑。

（3）矢量蒙版

矢量蒙版是通过钢笔工具或形状工具创建的蒙版，使用矢量蒙版可以创建分辨率较低的图像，并且可以使图层内容与底层图像中间的过渡拥有光滑的形状和清晰的边缘，还可以应用图层样式为蒙版内容添加图层效果。

要创建矢量蒙版，可以在选中图层后，单击“图层—显示全部”，然后使用“钢笔”工具或形状工具在图层中绘制形状。或单击图层面板下方的□按钮，如图5-141和图5-142所示。

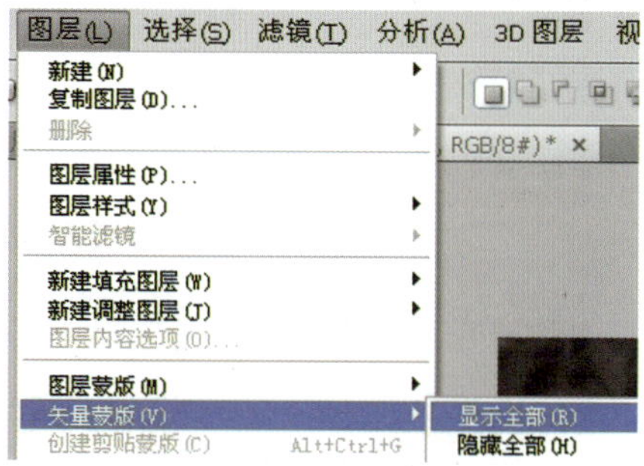

图5-141 创建矢量蒙版

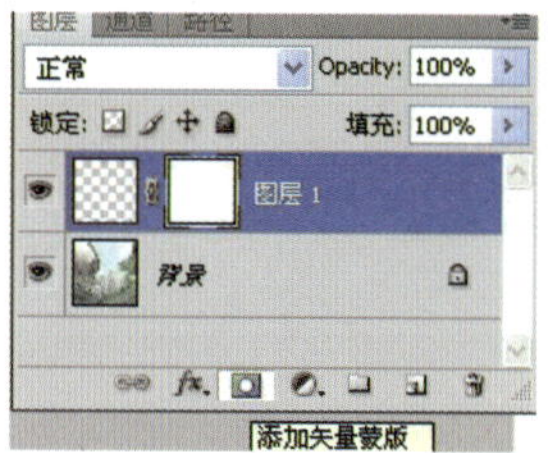

图5-142 添加矢量蒙版

矢量蒙版与分辨率无关，由钢笔或形状工具创建在图层面板中，图层蒙版和矢量蒙版都显示为图层缩览图右边的附加缩览图。

创建了矢量蒙版图层之后，还可以应用一个或多个图层样式。先选中一个需要添加矢量蒙版的图层，使用形状或钢笔工具绘制工作路径，然后选择“图层”菜单下的“添加矢量蒙版”中“当前路径”命令就创建了矢量蒙版，也可以选择“图层”菜单下的命令编辑、删除矢量蒙版。若想将矢量蒙版转换为图层蒙版，可以选择要转换的矢量蒙版所在的图层，然后选择“图层”菜单下的“栅格化”中“矢量蒙版”命令即可转换。需要注意的是一旦栅格化了矢量蒙版，就不能将它改回矢量对象了。

## 利用矢量蒙版制作效果（如图5-143所示效果）

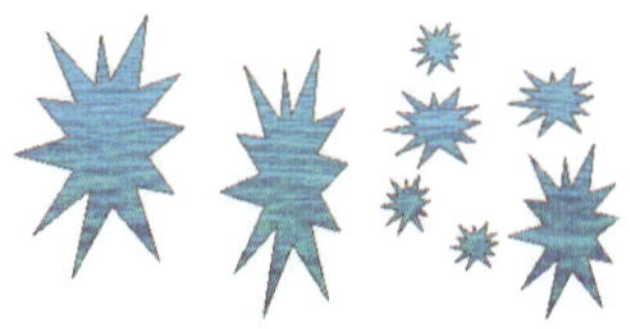
图5-143 效果图

操作步骤如下。

① 选择“自定形状工具”来创建矢量蒙版，将工具调出，如图5-144所示。

图5-144 形状工具

② 打开一幅图像如图5-145所示，按【Ctrl+J】复制一层，并在“图层1”下面新建一层填充白色，如图5-146所示。

图5-145 原始图片　　图5-146 建立新层并填充

③ 在“自定形状工具”的选项栏中选择“路径”，再选择雪花形状，在图像中画出几个形状，如图5-147所示。

图5-147 绘制雪花图形

④ 选择图层1，单击“图层—矢量蒙版—当前路径”，可以得到如图5-143所示效果。

（4）剪贴蒙版

剪贴蒙版是使用某个图层的内容来遮盖其上方的图层。遮盖效果由底部图层和其上方图层的内容决定。剪贴蒙版可以用于多个图层，但它们必须是连续的。在剪贴蒙版中，最下面的图层为基底图层，上面的图层为内容图层。基底图层名称下带有下划线，内容图层的缩览图是缩进的，并且带有剪贴蒙版图标。

在“图层”面板中，选择“图层—创建剪贴蒙版”命令，或在要应用剪贴蒙版的图层上单击右键，在弹出的菜单中选择“创建剪贴蒙版”命令，或按住Alt键，将光标放在图层面板中分隔两组图层的线上（指针会变成两个交叠的圆），然后单击鼠标也可以创建剪贴蒙版，如图5-148和图5-149所示。

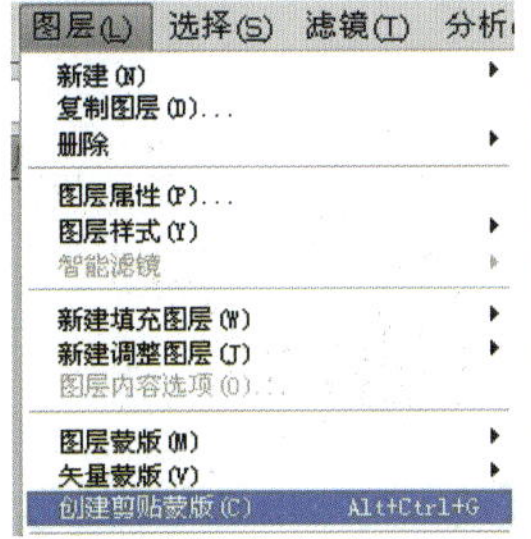


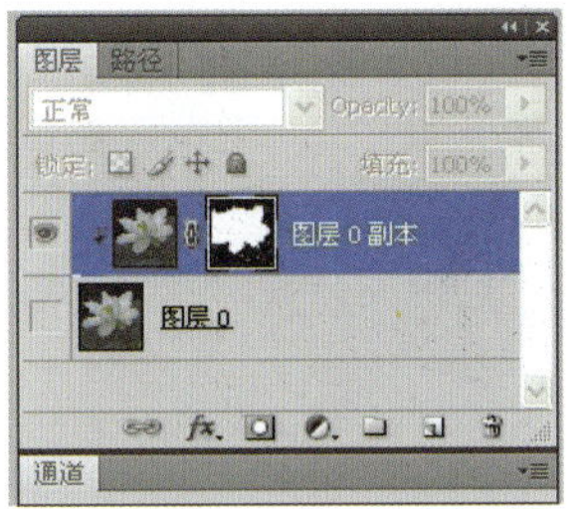


图5-148 创建剪贴蒙版 图5-149 显示剪贴蒙版

再次按住Alt键，将光标放在剪贴蒙版中两个图层之间的分隔线上（光标会变成两个交叠的圆），然后单击鼠标可以释放剪贴蒙版中的图层。或在图层面板中，选择剪贴蒙版中的图层，并选择“图层—释放剪贴蒙版”命令，或直接在要释放的图层上单击右键，在弹出的菜单中选择“释放剪贴蒙版”命令。

## 利用剪贴蒙版制作特殊效果图片（效果如图5-150所示）

图5-150 特殊效果图片

操作步骤如下。

① 打开人物文件，如图5-151所示，复制一背景副本，将背景填充为紫色，新建一个透明

图5-151 人物

图层在背景副本图层下面，如图5-152所示。

图5-152 图层缩览图

② 给背景副本创建剪贴模板，执行“图层—创建剪贴蒙版”，“背景副本”图层和“图层1”在缩览图上都发生了变化，如图5-153所示。

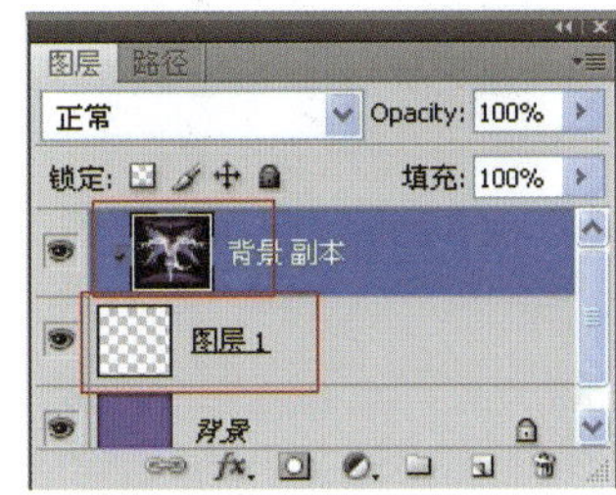


图5-153 图层缩览图变化

③ 用硬画笔工具在图层1上涂抹，写字效果如图5-150所示。

④ 如果选用特殊画笔还可以产生如图5-154所示的效果。

图5-154 其他画笔效果

（5）快速蒙版

单击工具栏中或按“Q”键可以进入快速蒙版。快速蒙版可以用于创建选区，双击，可以弹出快速蒙版选项栏，可以进行颜色和不透明度的设置如图5-155所示。

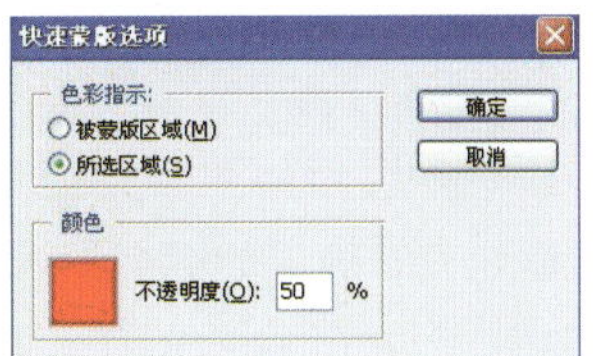


图5-155 快速蒙版选项对话框

下面通过实例来看看蒙版的具体用法。

## 使用快速蒙版给美女头发和衣服换颜色（效果如图5-156所示）

图5-156　美女效果图

操作步骤如下。

① 首先打开原图，接着按快捷键“Q”进入快速蒙板编辑模式，选择合适大小的画笔工具，在照片需要调色的地方进行涂抹，如图5-157和图5-158所示。

图5-157　原图效果

图5-158　使用快速蒙版涂抹后

② 涂抹完后再次按“Q”键，退出快速蒙板模式，这时候会得到头发之外其他区域的选区，如图5-159所示。

③ 使用“选择”菜单中的“反选””命令，将选区变为选择头发，如图5-160所示。

④ 先给头发染色：单击图层菜单，选择新填充图层，再选择纯色，如图5-161所示。

⑤ 打开纯色编辑框，设置如图5-162所示，模式要改为“柔光”，然后选择一种需要的头发颜色。

⑥ 单击确定后，效果如图5-163所示。

⑦ 再用同样的方法给美女的衣服更改颜色，如图5-164 ~图5-166所示。

图5-159　退出快速蒙版后效果

图5-160　将头发变为选择区域

图层(L)　选择(S)　滤镜(T)　分析(A)　3D 图层
新建(N)
复制图层(D)...
删除
图层属性(P)...
图层样式(Y)
智能滤镜
新建填充图层(W)
新建调整图层(J)
图层内容选项(O)...
纯色(O)...
渐变(G)...
图案(R)...
量: 53%

图5-161　填充图层

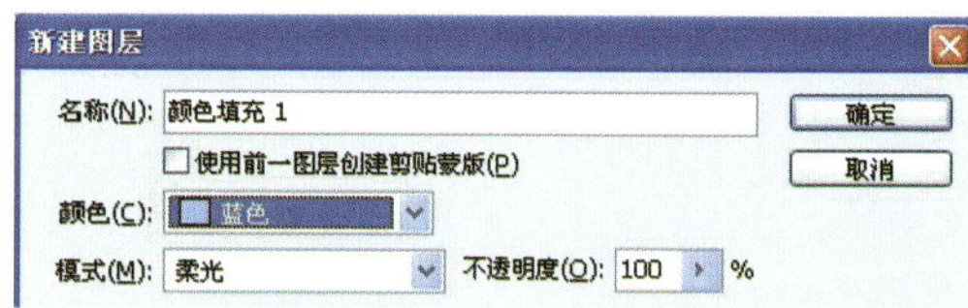


图5-162　设置头发颜色为蓝色

图5-163　换完头发颜色的美女

图5-164　涂抹衣服

图5-165　将衣服转变为选区

图5-166　衣服换色效果

⑧ 利用相同的方法给美女的嘴唇更换颜色。得到最终效果如图5-156所示。

## 习 题

1. 将zysc11.gif和zysc12.gif合成为如图5-167所示的图像。

图5-167 合成图像

2. 利用zysc21.jpg和zysc22.jpg制作如图5-168所示的图像“草地上的猫”。

图5-168 草地上的猫

3. 将zysc31.jpg、zysc32.jpg和zysc33.jpg合成为如图5-169所示的蒙太奇效果。

图5-169 蒙太奇效果

4. 将zysc41.jpg和zysc42.tif合成为如图5-170所示的嵌入图像效果。

图5-170 嵌入图像效果

# 第6章 路径的应用

## 番茄的制作

### 相关知识和技能

本案例利用“钢笔工具”来绘制一个番茄的轮廓。在制作的过程中，运用了填充、描边、加深、减淡等工具。重点在于绘制轮廓时灵活使用“钢笔工具”，能够掌握路径与选区的相互转换。

操作步骤如下。

① 使用【Ctrl+N】快捷键组合，打开“新建”对话框，新建一个500×400，颜色模式为RGB的图像。

② 新建一个图层，使用椭圆工具绘制圆形，添加锚点，用直接选择工具调整节点做出番茄的外形。要达到以上目的，也可以使用钢笔工具直接勾画出来，如图6–1所示。

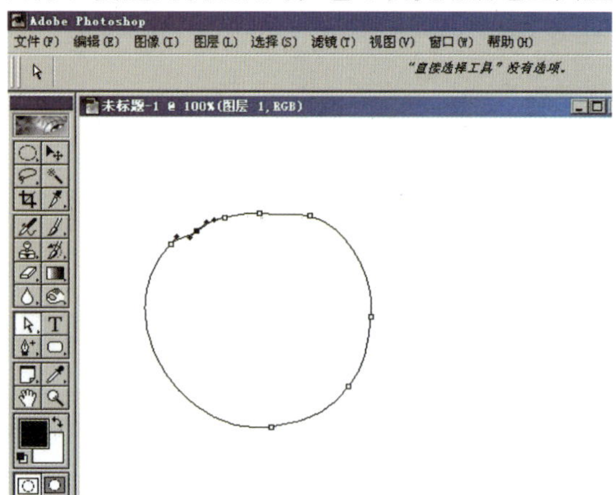


图6–1　画出番茄外形

③ 通过【Ctrl+Enter】快捷键组合，将路径转为选区，将其填充为橘红色RGB（220，69，61），如图6–2所示。

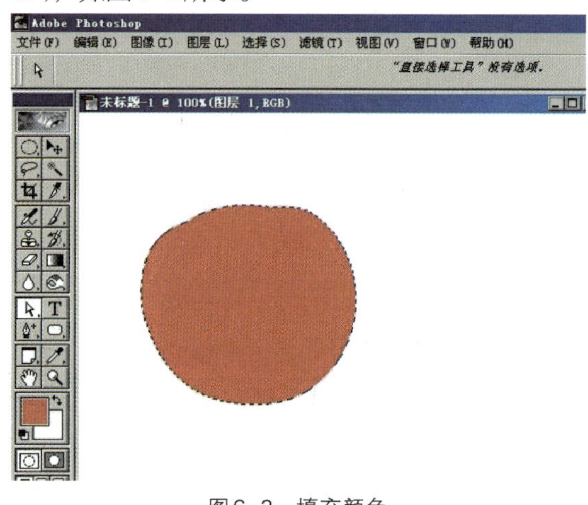


图6–2　填充颜色

④ 首先在番茄的上部绘制一个椭圆选区，使用变换选区工具，“选择— 变换选区”将选区稍微倾斜些，设置羽化值20。然后单击“图像—调整—亮度/对比度”命令，设置亮度55，对比度50，如图6–3所示。

⑤ 在番茄的上方绘制一个大一点的椭圆，设置羽化值为20，并进行反选。通过选择“图像—调整—亮度/对比度”，增加亮度值为30，如图6–4所示。

⑥ 取消选择后，用加深和减淡工具处理周边，上面和两边减淡，底部加深。使用加深和减淡工具的时候，需要不断地尝试，这时最好复制一层来做，这样便于修改，涂抹时次数是很多

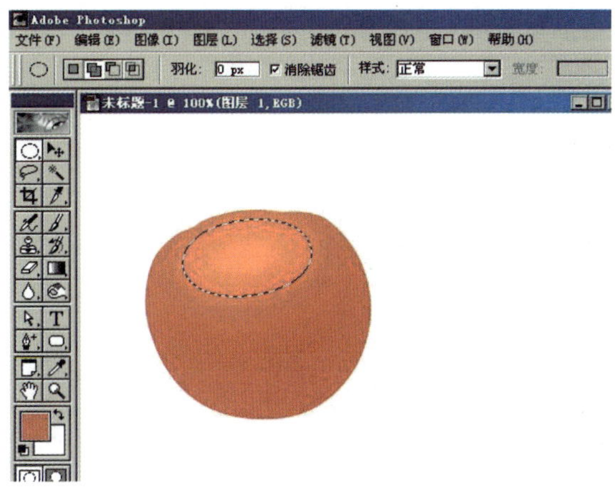

图6-3 在番茄上方绘制椭圆

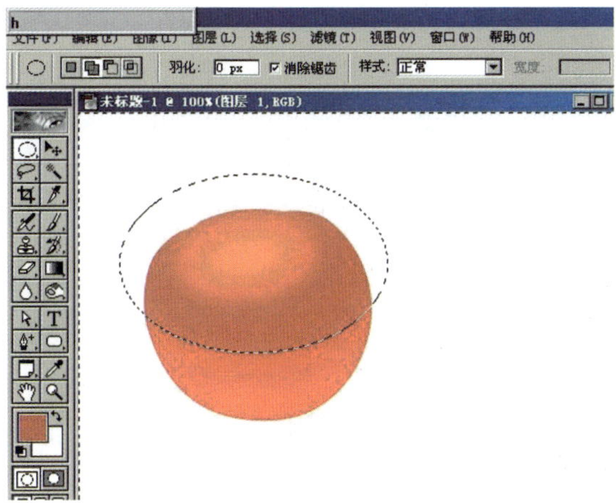

图6-4 在番茄上方绘制大椭圆

的，不一会儿就数十次了，在历史记录中恢复不了，如图6-5所示。

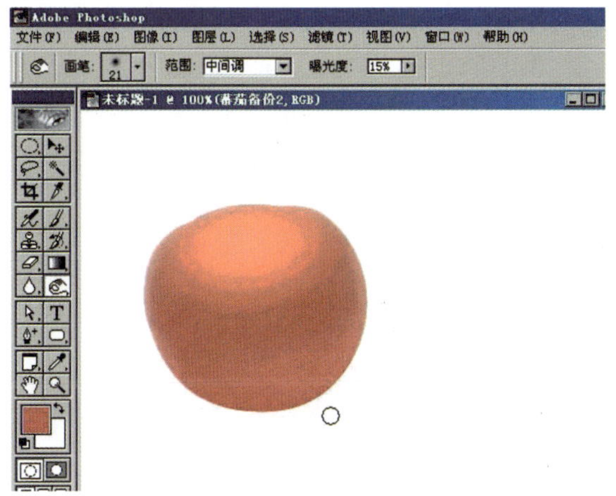

图6-5 使用加深和减淡工具绘制出立体感

⑦ 番茄表面存有若干条纹理，以下的内容就是来做这几条陷下去的纹理。首先，在番茄的右侧绘制一个椭圆，使用“变换选区”命令，“选择—变换选区”旋转和移动到适合的位置，设置羽化值为1，在凹纹的位置用减淡工具擦除，如图6-6所示。

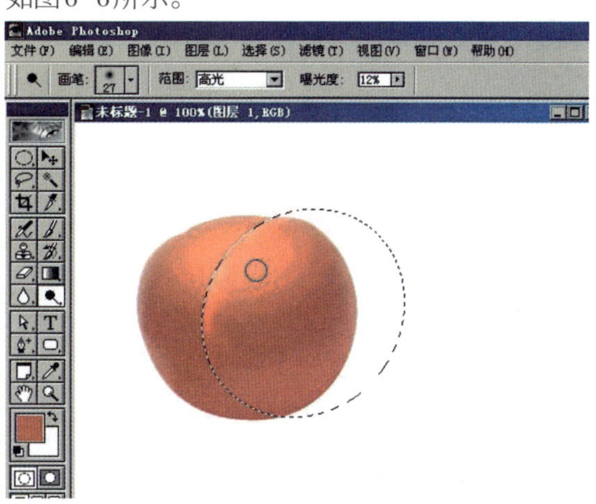

图6-6 绘制番茄纹理

⑧ 然后，通过反选后用加深工具擦，绘制出明暗的对比，制作出立体感，如图6-7所示。

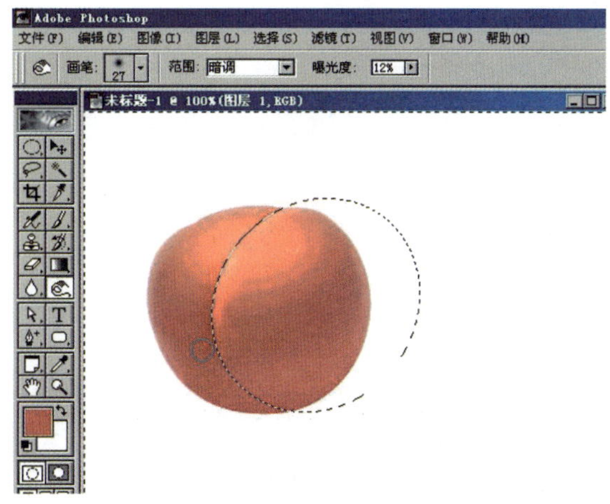

图6-7 使用加深和减淡工具制作出立体感

⑨ 重复以上的方法，可以做出余下的陷纹。通过观察整体，继而对局部做一些加深增强立体感，单击“滤镜—杂色—添加杂色”命令，数量为1，如图6-8所示。

⑩ 双击图层名称，更改图层名称为“番茄”，新建一个图层，在番茄顶部绘制一个小椭圆选区，设置羽化值为3，填充由灰到白的线性渐变，将图层模式设为“颜色加深”，作为茄蒂部位下陷的暗调。单击“图层—向下合并”命令，合并到番茄层，如图6-9所示。

⑪新建一个图层，命名为“茄蒂”，用钢笔工具仔细钩出茄蒂的形状，填充为绿色RGB（46，66，26）（如图6-10）。

⑫处理茄蒂时可用钢笔辅助钩出叶瓣，也需

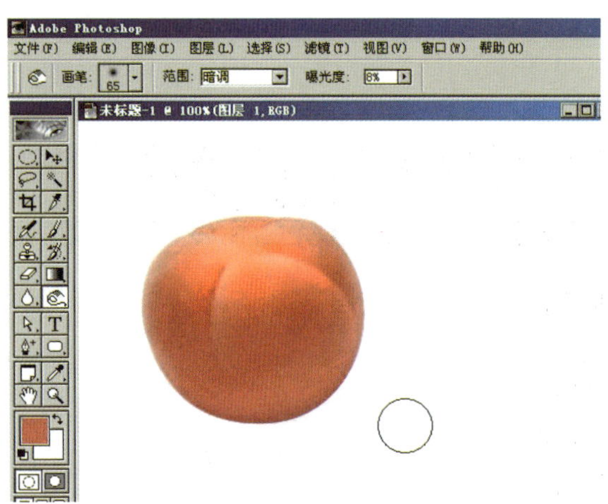
图6-8 使用滤镜添加杂色

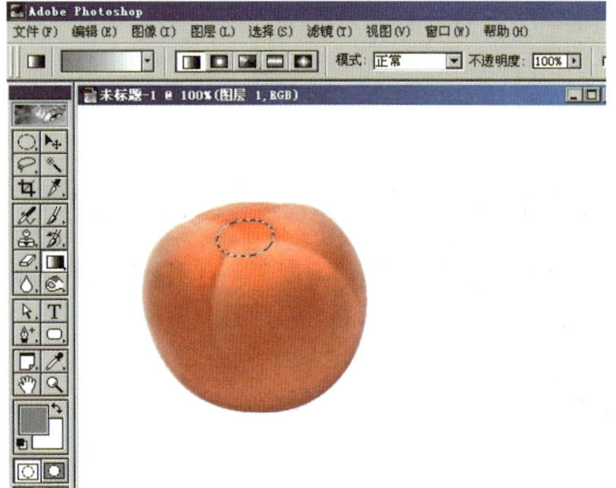
图6-9 在番茄顶部绘制小椭圆

图6-10 使用钢笔工具绘制番茄蒂

要载入茄蒂的选区，用轻移、旋转、羽化、反选等动作来得到我们需要的工作选区。完成后单击"滤镜—杂色—添加杂色"命令，数量为1.5%，如图6-11所示。

图6-11 为茄蒂添加杂色

⑬"番茄"层上新建一个图层，命名为"高光"，用画笔在番茄的上部绘制出一圈白色，作为高光，如图6-12所示。

图6-12 使用画笔为番茄绘制高光

⑭用橡皮擦工具进行修整，局部降低压力擦淡，如图6-13所示。

图6-13 使用橡皮擦调整高光颜色

⑮在"茄蒂"下面新建一个图层，并命名为

"蒂影"，设置前景色为暗红色RGB（189，50，13），用画笔画出阴影的形状，如图6-14所示。

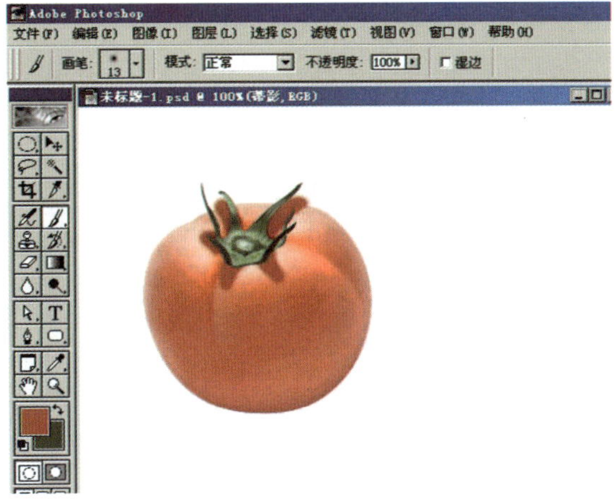

图6-14 使用画笔绘制蒂影

⑯再次使用橡皮擦工具进行修改，局部需要加深和模糊，使"茄蒂"的阴影更形象，如图6-15所示。

图6-15 使用橡皮擦修饰蒂影

⑰使用瓷砖来做背景。在背景层上新建一个图层，使用矩形选框工具按住Alt+Shift键绘制一个正方形选区，将其填充为白色或淡黄色，按【Ctrl+D】键取消选区后双击图层，打开"图层样式"对话框，设置斜面和浮雕，数值如下：大小4，软化4，暗调不透明度50%，其余使用默认，如图6-16所示。

⑱将瓷砖复制多块排列好，单击"图层—合并图层"或按快捷键【Ctrl+E】键，合并图层。按【Ctrl+T】键打开"自由变换"命令，在"自由变换"选区中单击右键，选择"透视"，在选区右下角的关键点上单击鼠标左键不放向外平移。制作出透视效果，如图6-17所示。

图6-16 制作瓷砖

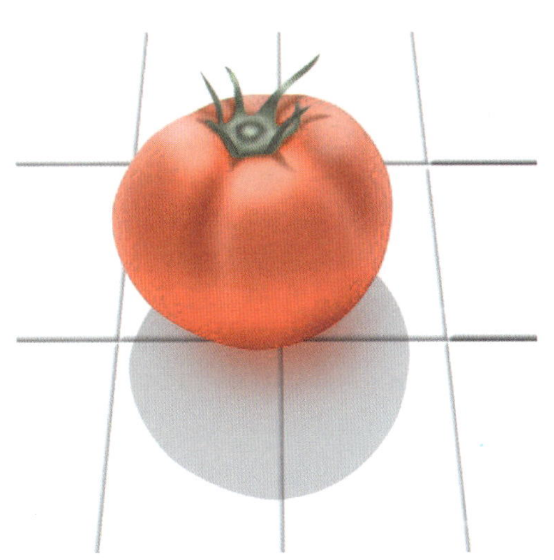

图6-17 完成效果

Notice 注意：

在绘制轮廓时，要注意使用的是路径而不是形状。使用加深减淡工具的时候也要把握好尺度，以免制作不出效果。

## 6.1 路径的概念

① 路径，通常是指存在于多种计算机图形设计软件中的，以贝塞尔曲线为理论基础的区域绘制方式。

绘制时产生的线条通常称为路径。路径由一个或多个直线段或曲线段组合而成。线段的起始点和结束点有锚点标记。如果要改变路径的形状，可以通过编辑路径的锚点的方法进行，同样可以通过拖动方向线末尾类似锚点的方向点来控制曲线。

② 路径锚点，可以分为以下几种：直线锚点、曲线锚点、转折点和半曲线锚点。在直线锚点、转折点上时，路径突然改变方向；在曲线锚点、半曲线锚点上时，路径段连接为连续曲线。绘图者可以利用路径锚点的特点，使用直线锚点、曲线锚点、转折点和半曲线锚点的任意组合绘制路径。

③ 路径的特点：路径是没有颜色的，因此锚点、控制手柄和路径线条均只能在屏幕上显示，而不能被打印出来。但路径是可以填充的，因此得到的矢量图形，事实上是填充了颜色的路径，而不是路径本身。

④ 路径的功能：路径的功能很强大，具有创建选区、绘制图形、编辑选区、剪贴的功能。利用以上罗列的这些功能，绘图者可以依自己意图制作任意形状的路径，然后再将路径转换为选区，从而最终实现对图像更加精确的编辑和操作；其次，可以使用路径工具建立路径后，再利用描边或填充命令，制作任意形状的矢量图形；再次，可以将Photoshop其他工具创建的选区转换为路径，使用路径的编辑功能对选区进行编辑和调整，从而达到修改选区的目的。当然，利用路径的剪贴功能，还可以将在Photoshop制作的图像插入到其他图像软件或排版软件里，并去除其路径之外的图像背景，使之透明，而路径之内的图像则可以被贴入。

⑤ 路径的组成：路径是由定位点、控制手柄以及两点之间的连线组成。

## 6.2 路径工具

### 6.2.1 钢笔工具类

钢笔工具组是Photoshop中绘制和调整路径最常用的工具，它包括钢笔、自由钢笔、添加锚点、删除锚点和转换点5种工具。

① 钢笔工具

a. 在使用“钢笔”工具绘制路径时，根据工作状态的不同，“钢笔”工具将会出现不同的显示图标，如表6-1所示。

表6-1 “钢笔”工具在不同工作状态下的显示

| 图标 | 工作状态 |
|---|---|
| ✒x | 绘制路径起点时的显示符号 |
| ✒/ | 表示连接锚点继续绘制路径 |
| ✒^ | 按下Alt键，改变锚点类型时的显示符号 |
| ✒○ | 表示连接两条开放式路径 |
| ✒○ | 终点与起点重合时的显示符号，表示已绘制成封闭式路径 |

b. 使用钢笔工具组中的路径工具可以放置直线锚点、曲线锚点，并且可以根据需要转换节点的类型。

c. 在使用钢笔工具绘制路径时，按下Alt键，钢笔工具将变为转换点工具，此时单击路径锚点，可以转换直线锚点和曲线锚点的类型；单击并拖动控制手柄，可以将曲线锚点转换为转折锚点。

② 自由钢笔工具

a. “自由钢笔”不是通过设置锚点来建立路径，而是通过自由手绘曲线来建立路径的。该工具主要用于绘制比较随意的图形，就好像使用者使用铅笔在纸上绘图一样。而且在绘制时，不需要确定锚点的位置，将根据设置自动添加锚点。

b. “自由钢笔工具”的特点：

磁性的——激活此按钮后，“自由钢笔”工具具有了磁性。此工具的使用方法类似于“磁性套索”工具的使用方法。

曲线拟合——控制最终路径对鼠标或光笔移动的灵敏度。

宽度——定义磁性钢笔探测的距离，数值越大，磁性钢笔探测的距离越大。

对比——指定像素之间被看作边缘所需的对比度。数值越高，图像对比度越低。

频率——定义绘制路径时节点的密度，数值越大，得到路径上节点数量越多。

钢笔压力——使用绘图板压力改变钢笔宽度。

### 6.2.2 路径选择工具类

（1）路径选择工具

使用“路径选择”工具，在已绘制的路径区域内的任意位置单击，即可选中该路径，此时路径上所有锚点都以实心方块显示。在路径区域中拖移鼠标，则可以移动整个路径。

（2）直接选择工具

使用“直接选择”工具，可以用来调整路径和锚点的位置，同时具有以下两种功能：

a. 在路径上单击并拖移可以直接调整路径。

b. 在路径锚点上单击并拖移可以直接移动锚点的位置，拖移锚点的控制手柄，可以调整路径。

### 6.2.3 几何形状工具类

形状工具组包括以下六种形状路径工具，即矩形工具、圆角矩形工具、椭圆工具、多边形工具、直线工具和自定义形状工具。利用这些工具可以直接绘制如正方形、圆形、六边形、五角星、动物、人物等路径，形状工具组工具如表6-2所示。

表6-2 形状工具组工具

| | 工具 | 用途 |
|---|---|---|
| 形状工具组 | 【矩形】工具 | 创建矩形路径 |
| | 【圆角矩形】工具 | 创建圆角矩形路径 |
| | 【椭圆】工具 | 创建椭圆形路径 |
| | 【多边形】工具 | 创建多边形或星形路径 |
| | 【直线】工具 | 创建直线或箭头路径 |
| | 【自定形状】工具 | 利用Photoshop自带形状绘制路径 |

（1）矩形路径工具的用途

使用该工具，绘图者可以绘制出如矩形、正方形的形状或路径。

（2）矩形路径工具的属性

① 不受限制。选中该单选按钮，绘制的图形长宽比例和大小将不受限制。

② 方形。选中该单选按钮，能够绘制出正方形。

③ 固定大小。选中该单选按钮，可以约束矩形的宽度和高度值。

④ 比例。选中该单选按钮，对矩形宽度和高度的比例进行约束。

⑤ 从中心。选择此复选框，将以中心点为起点绘制矩形。

⑥ 对齐像素。选择此复选框，可以将矩形路径边缘对齐像素边界。

（3）自定形状工具

① “自定形状”工具的用途。通过使用“自定形状”工具，可以绘制Photoshop中预设的形状，如心形、动物等形状或路径。

② 当单击“形状”面板右上角的三角形按钮时，可以弹出下拉菜单。选择其中的命令，可以载入、保存、替换和重置面板预设的形状，以及改变面板中形状的显示方式。

## 6.3 如何创建路径

### 6.3.1 用钢笔工具组创建路径

（1）用钢笔工具绘制直线路径

① 首先将钢笔指针定位在需要绘制的直线的起点并单击鼠标左键，即可新建第一个锚点。

② 将钢笔指针移动到直线终点，再次单击鼠标左键即可完成。当要创建45° 角、水平或垂直方向的路径线段时，可以在单击鼠标的同时按下Shift键。

③ 当指针回到开始点，其旁边会出现一个小圆圈，代表路径的终点与起点重合，此时单击鼠标左键可以创建一个闭合的路径。

需要特别注意的是，用钢笔工具绘制路径时，最后一个锚点总是实心方形，表示处于选中状态。当继续添加锚点时，以前定义的锚点会变成空心方形。

（2）用钢笔工具绘制曲线路径

① 通过沿曲线伸展的方向拖移钢笔工具可以创建曲线。指针定位在曲线的起点，并按住鼠标左键。此时会出现第一个锚点。

② 向绘制曲线段的方向拖移指针。按住Shift键，将工具限制为45° 角的倍数，完成第一个方向点的定位后，释放鼠标。方向线的长度和斜率决定了曲线段的形状。之后可以调整方向线的一端或两端。

③ 将指针定位在曲线的第二个锚点或者终点，按住鼠标左键不松，拖动鼠标即可出现曲线及其方向线。

在绘制曲线时注意如下问题。

① 在创建曲线时，总是向曲线的凸起方向拖移第一个方向点，并向相反的方向拖移第二个方向点。同时向一个方向拖移两个方向点将创建S形曲线。

② 绘制一系列平滑曲线时，一次绘制一条曲线，并将锚点置于每条曲线的起点和终点，而不是曲线的顶点。

③ 减小文件大小并减少可能出现的打印错误，请尽可能使用较少的锚点，并尽可能将它们分开放置。

（3）用自由钢笔工具绘制路径

① 选择自由钢笔工具。

② 要控制最终路径对鼠标或光标移动的灵

敏度，请单击选项栏中形状按钮旁边的反向箭头，然后为“曲线拟合”输入介于0.5 ~ 10.0像素之间的值。在此区间所选择的像素值越高，则创建的路径锚点越少，路经将越简单。

③ 在图像中按住鼠标左键并拖动。在拖动时，会有一条路径尾随指针。释放鼠标，工作路径即创建完毕。

④ 要继续创建已有的手绘路径，将钢笔指针定位在路径的一个端点，然后拖移。

⑤ 要完成路径，则释放鼠标。要创建闭合路径，请将直线拖移到路径的初始点（当它对齐时会在指针旁边出现一个圆圈）。

（4）用磁性钢笔工具绘制路径

① 要将自由钢笔工具转换成磁性钢笔工具，请在选项栏中选择“磁性的”复选框，或单击选项栏中形状按钮旁边的反向箭头，选择“磁性”选项并进行下列设置：

为“宽度”输入介于1 ~ 256之间的像素值，磁性钢笔只检测距离指针指定距离内的边缘。

为“对比”输入介于1 ~ 100之间的百分比值，指定将该区域看作边缘所需的像素对比度。此值越高，图像的对比度越低。

为“频率”输入介于0 ~ 100之间的值，指定钢笔设置锚点的密度。在此区间所选择的像素值越高，路经锚点的密度越大。

如果使用的是手绘板，请选择或取消选择“钢笔压力”选项。当选择该选项时，钢笔压力的增加将导致宽度减小。

② 在图像中单击，设置第一个锚点。

③ 要手绘路径段，请移动指针或沿要描的边拖移（刚绘制的边框段保持为现用状态。当移动指针时，现用段会与图像中对比度最强烈的边缘对齐，并使指针与上一个锚点连接。磁性钢笔定期向边框加锚点，以固定前面的各段）。

④ 如果边框没有与所需的边缘对齐，则单击一次以手动添加一个锚点，并使边框保持不动。继续沿边缘操作，根据需要添加锚点。如果出现错误，按Delete键删除上一个锚点。

⑤ 要动态修改磁性钢笔的属性，请执行下列操作之一：

a. 按住Alt键并拖移，可绘制手绘路径。

b. 按住Alt键并单击，可绘制直线段。

c. 按左方括号键，可将磁性钢笔的宽度减小1个像素；按右括号键可将钢笔宽度增加1个像素。

⑥ 完成路径

a. 按回车键结束开放路径。

b. 单击两次，闭合包含磁性段的路径。

c. 按住Alt键并单击两次，闭合包含直线的路径。

### 6.3.2　用几何形状工具组创建形状

① 选择一个形状工具，这里选择“矩形工具”，确保在选项栏中选中了“形状图层”按钮。

② 设置好需要创建的形状颜色，在工具箱里更改前景色即可，这里选择默认前景色，黑色。

③ 在选项栏中设置工具选项，在Photoshop中，单击形状按钮旁边的下三角箭头以查看每个工具的其他选项。“矩形工具”的工具选项栏如图6-18所示。这里选择不受约束。

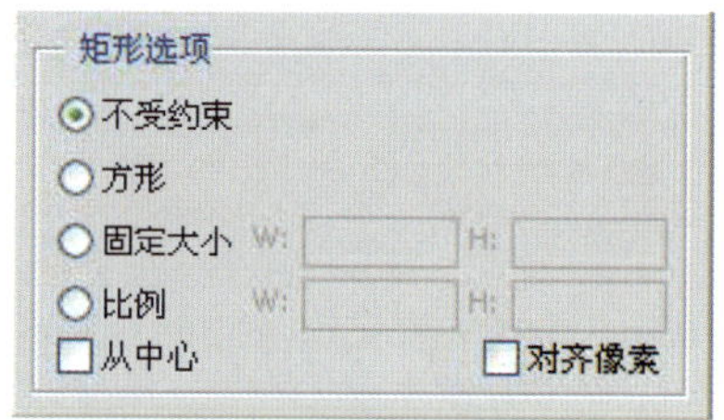


图6-18　矩形工具选项栏

④ 要为形状应用样式，从选项栏的“样式”弹出式菜单中选择预设样式即可，这里选择如图6-19所示的样式。

图6-19　样式面板

⑤ 在图像中按住鼠标左键不动并拖动鼠标即可绘制矩形形状（按住Shift键，将矩形或圆角矩形绘制成方形，将椭圆绘制成圆）。

## 6.4　编辑路径

### 6.4.1　编辑工具的基本使用方法

（1）选择路径

选择路径组件或路径段将显示选中部分的所

有锚点，包括全部的方向线和方向点（如果选中的是曲线段）。方向点显示为实心圆，选中的锚点显示为实心方形，而未选中的锚点显示为空心方形。选择路径组件或路径段的具体步骤如下。

① 要选择路径组件（包括形状图层中的形状），先选择路径选择工具，然后单击路径组件中的任何位置。如果路径由几个路径组件组成，则只有指针所指的路径组件被选中。要同时显示定界框和选中的路径，则要在选项栏中选择“显示定界框”选项。

② 要选择路径段，选择直接选择工具，并单击段上的某个锚点，或在段的一部分上拖动选框。

③ 要选择其他的路径组件或段，选择路径选择工具或直接选择工具，然后按住Shift键并选择其他的路径或段。

④ 当选中直接选择工具时，按住Alt键并在路径内单击，可以选择整条路径或路径组件。要在选中大多数其他工具的情况下启动直接选择工具，请将指针定位在锚点上，并按Ctrl键。

（2）移动路径直线段

① 选择直接选择工具，然后选择要调整的段。

② 要调整角度或长度，则选择锚点。将所选段拖移到它的新位置即可。

（3）移动路径曲线段

① 选择直接选择工具，然后选择要移动的点或段。这里确保选择定位段的两个锚点，将所选锚点或段拖移到新位置。

② 拖移时按住Shift键可按45°角的倍数移动。

（4）删除路径段

选择直接选择工具，然后选择要删除的段，按Backspace键，删除所选段。再次按Backspace键可删除其余的路径组件。

（5）添加锚点

选择添加锚点工具，并将指针放在要添加锚点的路径上（指针旁会出现加号），接着执行以下操作：

① 要添加锚点但不更改线段的形状，则单击路径。

② 要添加锚点并改变线段的形状，则拖动以定义锚点的方向线。

（6）删除锚点

选择删除锚点工具，并将指针放在要删除的锚点上（指针旁会出现减号），接着执行以下操作：

① 单击锚点将其删除，路径的形状重新调整以适合其余的锚点。

② 拖移锚点将其删除，线段的形状随之改变。

③ 如果已在钢笔工具或自由钢笔工具的选项栏中执行了“自动添加—删除”选项，则在单击直线段时，将会添加锚点，而在单击现有锚点时，则会将该锚点删除。

## 6.4.2 将路径转换为选区

如果在要选取的图像形状不规则、颜色差异又大，并且用前面的几种选择方法都不能得到希望的选区时，则可以选择借助工具箱中的路径工具来描绘出路径，然后再将其转换成选区。

单击“路径”面板下方的“将路径作为选区载入”按钮，单击该按钮可以将当前工作路径转换为选取范围即选区。

## 6.4.3 对路径进行填充

填充路径命令可以用于使用指定的颜色、图像状态、图案或填充图层来填充包含像素的路径。如果所填充的路径是开放路径，则执行填充命令时系统会自动将开放路径的起点与终点连成一直线进行填充。

当开始填充路径时，颜色值会出现在当前图层中。填充之前，所需图层一定要处于激活状态，当图层蒙版或文本图层处于激活状态时，无法填充或描边路径。具体步骤如下：

① 首先创建工作路径，然后在“路径”面板菜单中选择“填充路径”命令。

② 按住Alt键的同时，单击“用前景色填充路径”按钮。

## 6.4.4 如何对路径进行描边

① 在使用“描边路径”命令前，需要先对描边的工具进行各项设定。如选择“画笔”工具进行描边操作时，首先在工具箱中选择画笔工具，然后在画笔面板中选择画笔的大小，若需要加一个柔软的边缘就使用边缘较柔和的画笔。

② 在路径面板右上角的弹出菜单中选择“描边路径”命令，或按Alt键的同时单击路径面板中的图标，都会弹出“描边路径”对话框，如图6-20所示。

图6-20 “描边路径”对话框

选择描边工具，单击“确定”即可。

### 6.4.5 路径的删除

当路径不需要使用时可以对其进行删除。删除路径可以选择以下任意一种方法：

① 选择需要删除的路径，在路径面板右上角的弹出菜单中选择“删除路径”命令，即可将该路径删除；

② 选定需要删除的路径，直接将该路径拖曳到路径面板下方的垃圾桶中即可。

### 6.4.6 路径的复制

复制路径的具体操作方法为：

① 在路径面板中选中要复制的路径，然后单击面板右上角的三角按钮，在弹出的菜单中选择“复制路径”命令，打开复制路径对话框，在“名称”文本框中输入保存的路径名称，单击“确定”按钮。

② 在路径面板中，将需要复制的路径缩览图拖至“创建新路径”按钮上，即可得到该路径的副本。

## 6.5 路径绘画

### 利用路径制作太极图

本案例利用了路径的运算功能来制作太极图。重点在于理解裁切运算的原理以及组合方式。掌握如何能够巧妙地使用路径的运算工具。

操作步骤如下。

① 新建文件，大小为800×600，分辨率为300ppi，RGB颜色模式。

② 新建图层1，单击“渐变”工具，打开“渐变编辑器”，调节颜色如图6-21所示，使用径向渐变进行填充。

③ 建立如图6-22所示辅助线，单击椭圆形状工具，此时光标变成“+”字，对准画布中心，同时按下Alt+Shift键，向外拉出正圆形路径，注意和辅助线的4个切点对齐，如图6-22所示。

图6-21 使用渐变填充

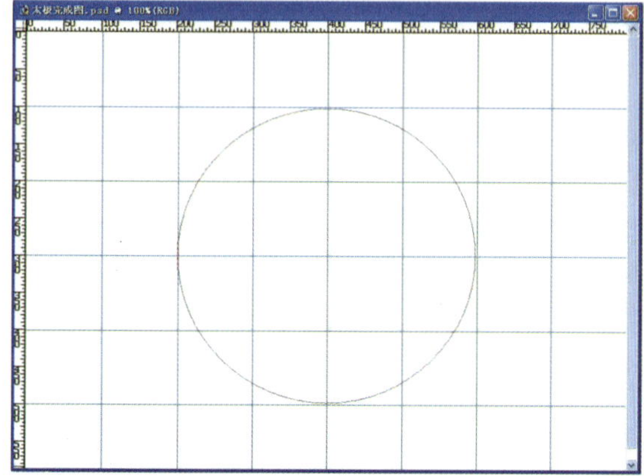

图6-22 建立辅助线并绘制正圆形

④ 选择矩形路径工具，单击选项栏中的“裁切运算”按钮，绘制出一个矩形路径。与正圆形的一半处对齐，如图6-23所示。

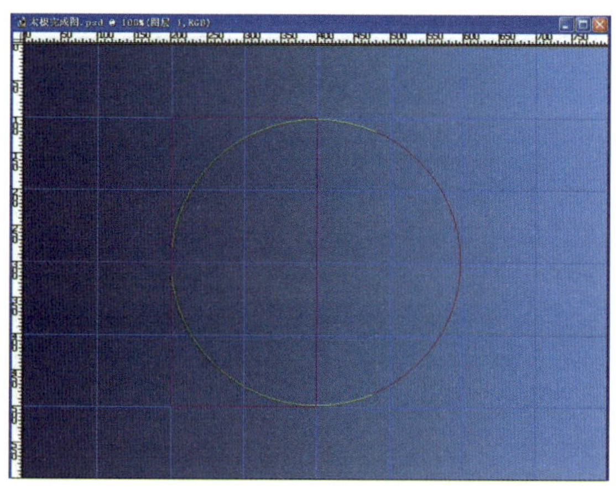

图6-23 绘制正圆形

⑤ 选择路径选择工具，选择方圆两个路径的外框，此时出现图示节点，表示两条路径都已被选中。单击“组合” 组合 按钮，进行路径运算，如图6-24所示。

⑥ 选择椭圆工具，单击选项栏中的“联合运算”按钮，按住Alt+Shift键拖曳鼠标左键绘制出如图6-25所示的正圆形，并使其直径正好为半圆直径的一半。

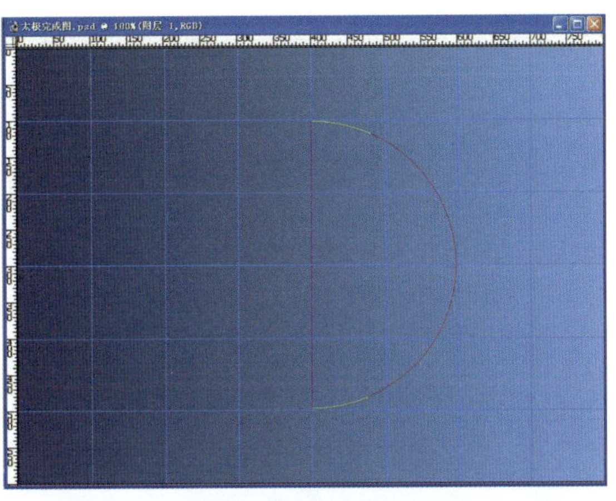
图6-24 路径运算

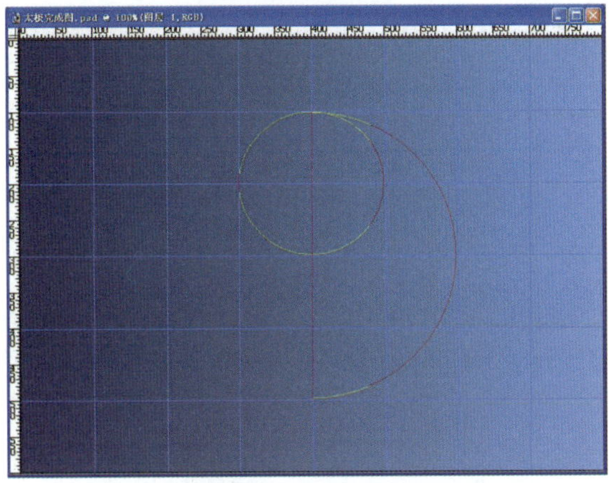
图6-25 绘制正圆形直径为半圆的一半

⑦ 选择路径选择工具，单击半圆和正圆两个路径外框，使两条路径都被选中，再次单击“组合”[组合]命令按钮，如图6-26所示。

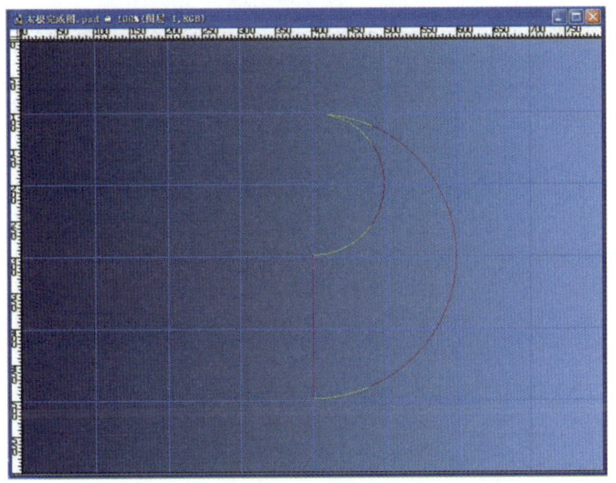
图6-26 使用联合运算得到月牙形状

⑧ 选择椭圆工具，单击选项栏中的“裁切运算”按钮，按住Alt+Shift键拖曳鼠标左键绘制出如图6-27所示的正圆形，与月牙形的一半处对齐，并使其直径正好为半圆直径的一半。

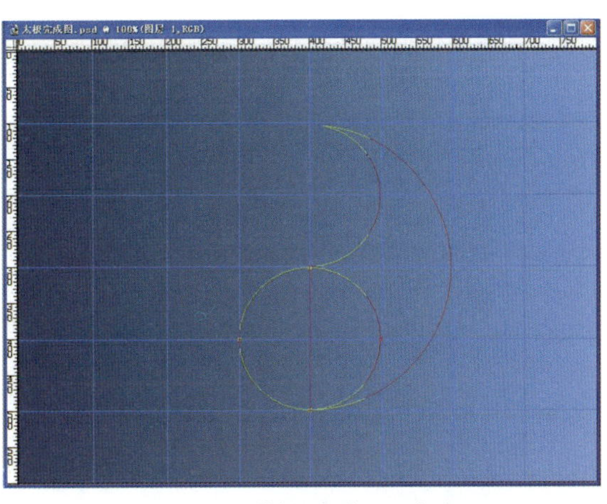
图6-27 绘制正圆与月牙相切

⑨ 选择路径选择工具，单击月牙和正圆两个路径外框，使两条路径都被选中，再次单击“组合”[组合]命令按钮，如图6-28所示。

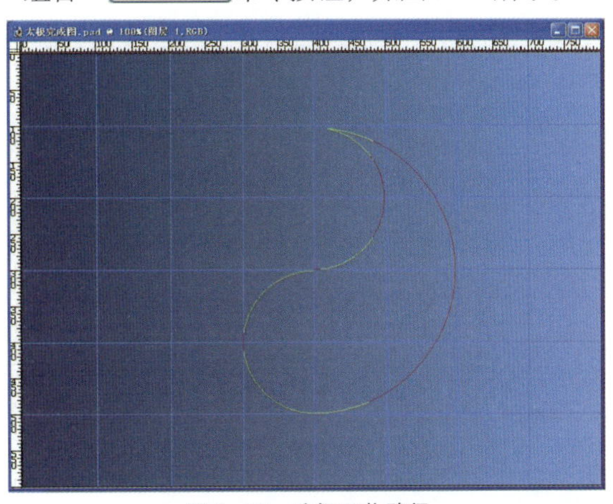
图6-28 选择工作路径

⑩ 选择椭圆工具，单击选项栏中的“打孔运算”按钮，按住Alt+Shift键拖曳鼠标左键绘制出如图6-29所示的正圆形，单击“组合”[组合]命令按钮。

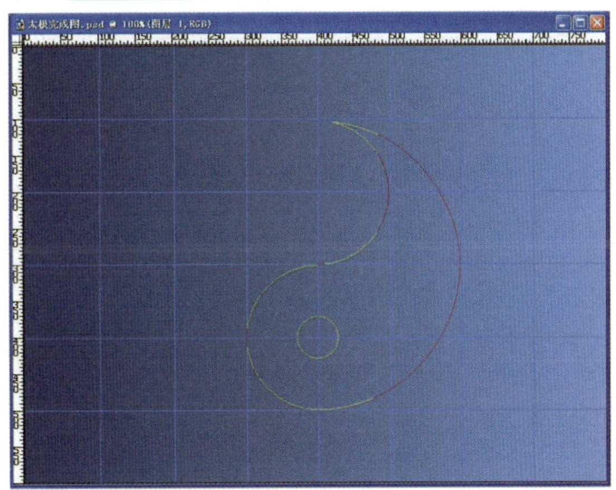
图6-29 打孔运算绘制出圆点

⑪ 选择“路径面板”，双击“工作路径”将“工作路径”存储为“路径1”，如图6-30所示。

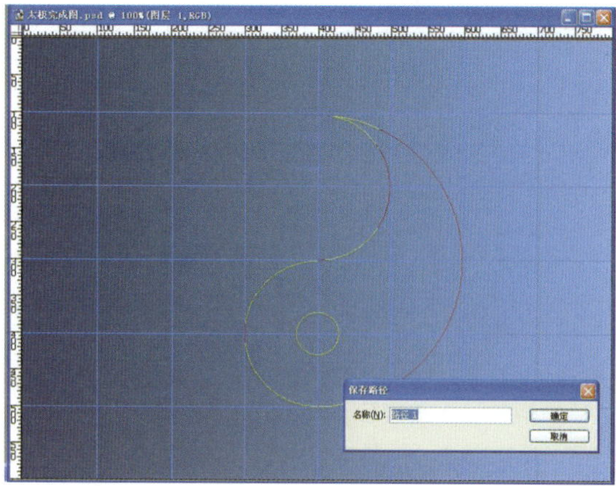

图6-30 存储工作路径

⑫ 在“路径1”上使用右键单击，选择“复制路径”命令，复制出“路径1副本”，如图6-31所示。

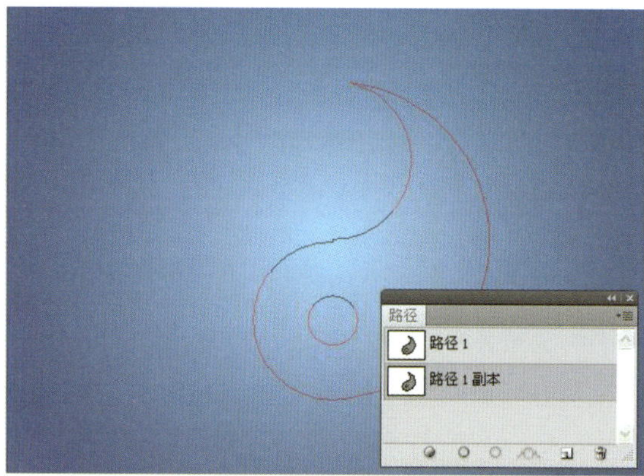


图6-31 复制路径1副本

⑬ 选中“路径1副本”，选择“编辑—自由变换路径”（快捷键Ctrl+T键）命令，执行“自由变换路径”，如图6-32所示。

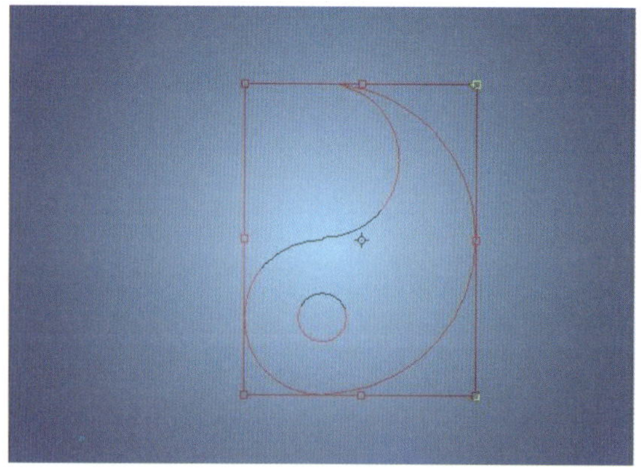

图6-32 自由变换路径

⑭ 右键在路径内单击，先执行“水平翻转”命令，再执行“垂直翻转”命令，得到如图6-33所示的路径。

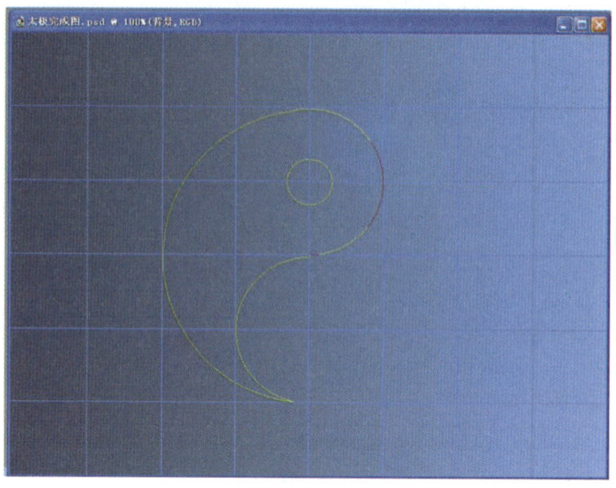

图6-33 执行翻转后的路径

⑮ 新建“图层2”，按Ctrl+Enter键将路径转换为选区。按D键将前景色调成黑色，按Alt+Delete键填充前景色，如图6-34所示。

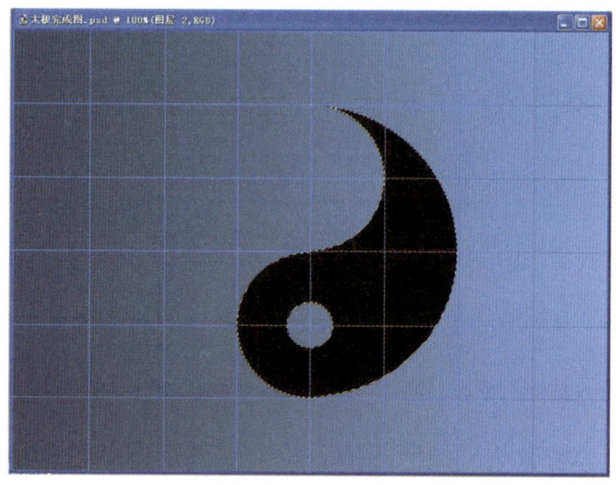

图6-34 填充黑色

⑯ 按Ctrl+D键，取消选区，选择“魔棒工具”，单击中间的小正圆，按Ctrl+Delete键，填充背景色白色，如图6-35所示。

⑰ 新建“图层3”，按Ctrl+Enter键将路径转换为选区。按D键将前景色调回黑色，按Ctrl+Delete键填充背景白色。如图6-36所示。

⑱ 按Ctrl+D键，取消选区，选择“魔棒工具”，单击中间的小正圆，按Alt+Delete键，填充前景色黑色，如图6-37所示。

⑲ 按Ctrl+E键，将“图层2”和“图层3”合并。双击“图层2”，打开“图层样式”，调节属性如图6-38、图6-39所示，完成效果如图6-40所示。

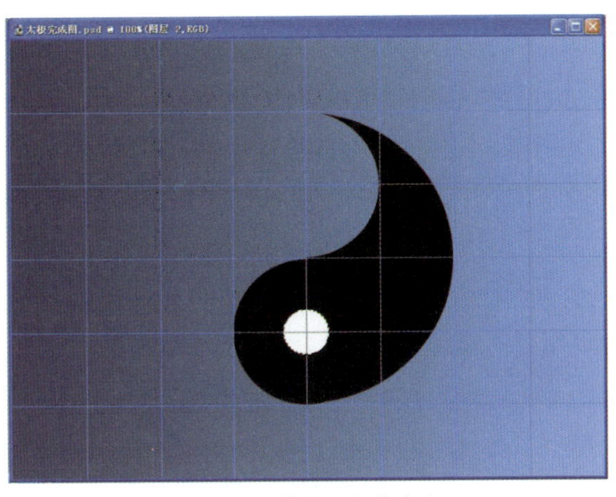

图6-35 填充圆点为白色

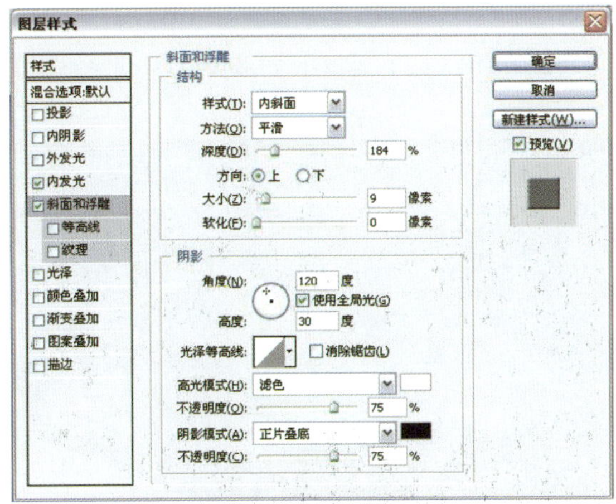


图6-38 图层样式面板（一）

图6-36 填充白色

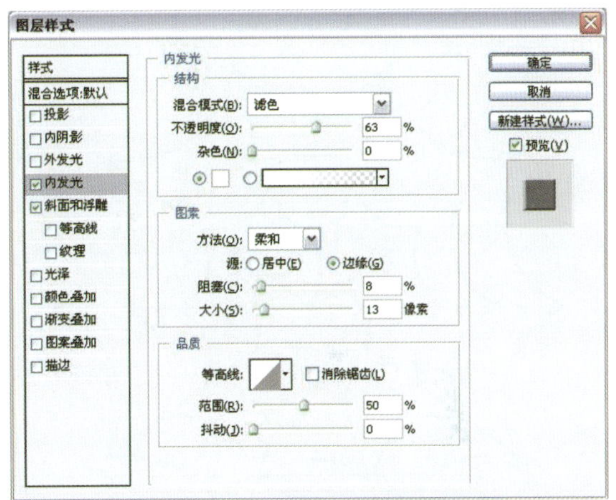


图6-39 图层样式面板（二）

图6-37 填充圆点为黑色

图6-40 完成图

## 习　题

1. 利用路径工具抠取如图6-41所示图像中的跑车。

图6-41　跑车

2. 利用钢笔工具绘制如图6-42所示的蜘蛛网。

图6-42　蜘蛛网

3. 使用路径制作如图6-43所示的电视机。

图6-43　电视机

4. 利用路径和图层样式制作如图6-44所示的项链。

图6-44　项链

# 第7章 通道

## 应用通道制作水晶苹果（如图7–1所示效果）

图7–1　应用通道制作的水晶苹果

## 相关知识与技能

本例主要通过应用【选区】,【通道】,【滤镜】等命令来完成效果的制作。本案例的重点在于了解选区在通道中的作用，掌握利用通道编辑选区的方法。

操作步骤如下。

① 新建文件，大小为500×500，分辨率为300ppi，颜色模式为RGB。

② 执行“滤镜—渲染—光照”命令。更改属性为下列数值：

样式——蓝色全光源；光照类型为——点光；强度——100；聚焦——32；光泽——100；材料——35；曝光度——47；环境——-37。

并调整蓝光源中心到图像底边以下偏左，调整光照范围，如图7–2所示。

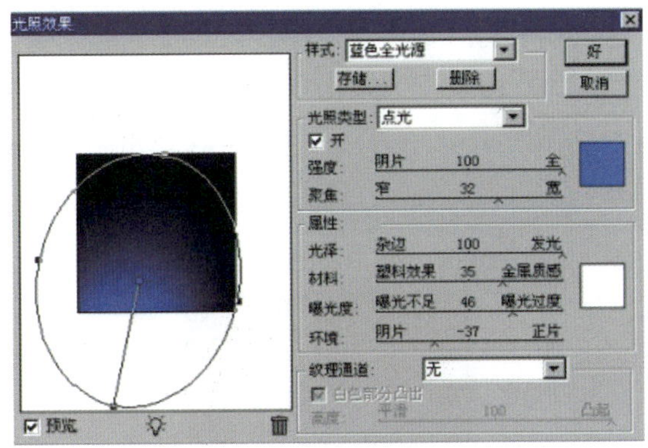


图7–2　光照效果对话框

光照效果如图7–3所示。

图7–3　光照效果

③ 用钢笔工具勾画出苹果的轮廓，在路径面板中选择“工作路径”，并将路径存储，命名为“苹果”，如图7–4所示。按Alt键单击“将路径作为选区载入”按钮，在对话框中设置羽化值为：0。将路径转换为选区，如图7–5所示。

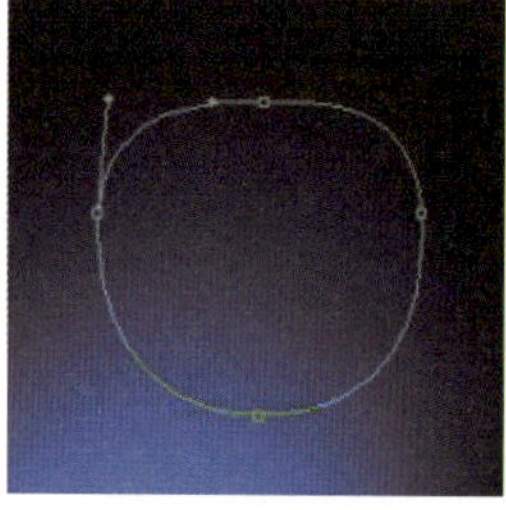
图7-4　绘制路径

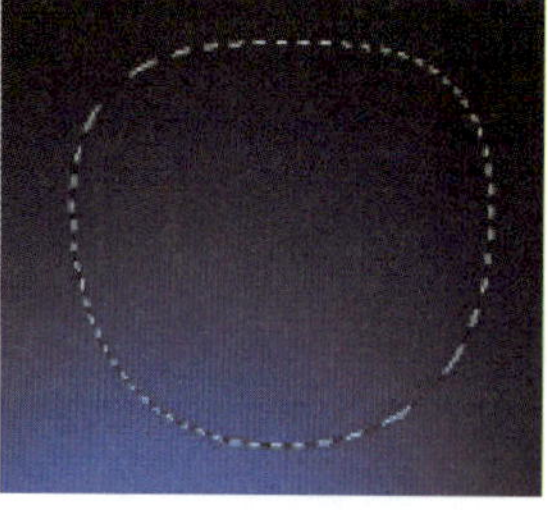
图7-5　将路径转换为选区

④ 保持选区不变。在背景层上按【Ctrl+U】调出色相/饱和度对话框，将背景的色相和饱和度与亮度提高一点，如图7-6所示。这样可以为完成后的苹果增加通透的感觉，同时也方便在做以后的步骤时看清楚苹果的轮廓，如图7-7所示。

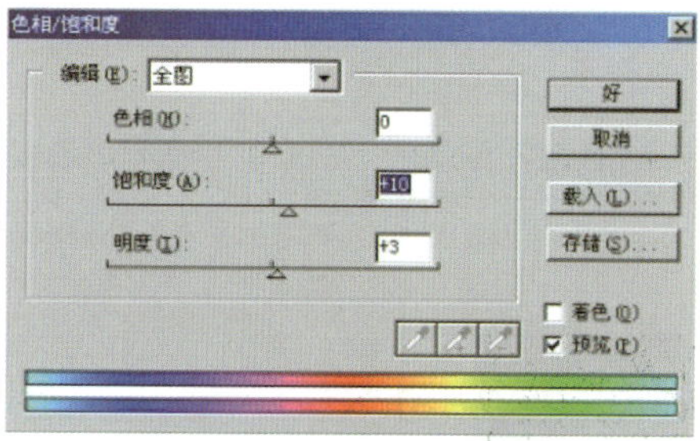

图7-6　“色相/饱和度”对话框

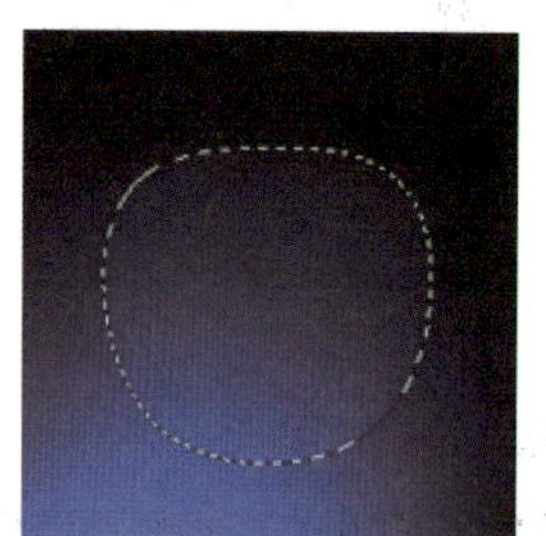
图7-7　调整色相/饱和度后的苹果

⑤ 新建图层。按Ctrl键并单击“苹果”路径，选择套索工具，在选项栏中设置羽化为10，单击“从选区减去”按钮，如图7-8所示。沿苹果轮廓的边缘做出选区。保留右侧一个高光的边缘，如图7-9所示。

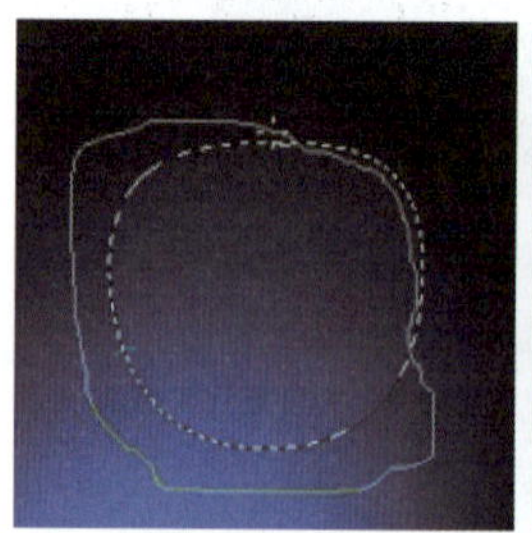
图7-8　使用套索工具从选区中减去

图7-9　减选区后的效果图

⑥ 设置前景为选区附近颜色，背景为白色。选择渐变工具，设置从前景色到背景色渐变，选择“径向渐变”方式，如图7-10所示。编辑渐变，将左边色标向右拉到右边附近，如图7-11所示。从苹果中心向选区拉渐变，如图7-12所示。

图7-10　编辑渐变方式

图7-11　设置渐变颜色

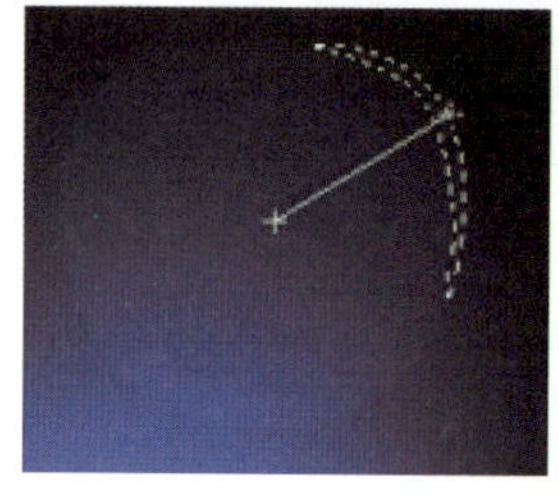

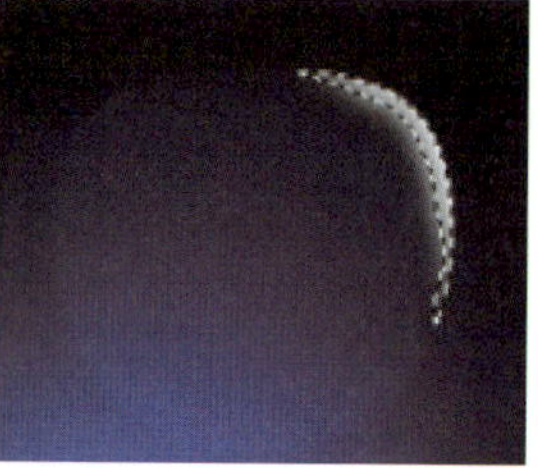
图7-12　从苹果中心向选区拉渐变

⑦ 用同样的方法做出其他的反光。假设左侧为受光面，亮一点，如图7-13所示。

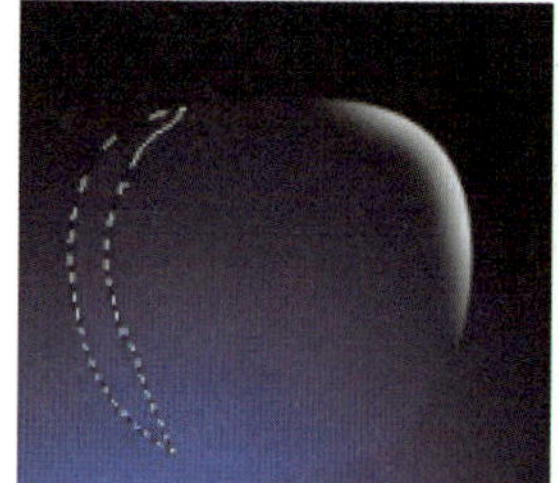

图7-13　制作左侧反光

⑧ 新建通道Alpha 1，用圆形选取工具取一个椭圆，选择画笔工具，设置画笔硬度27像素，在选区中左可各画白点，然后执行“滤镜—扭曲—水波”，数量为10，起伏为5左右，样式为：水池波纹，如图7-14所示，效果如图7-15所示。

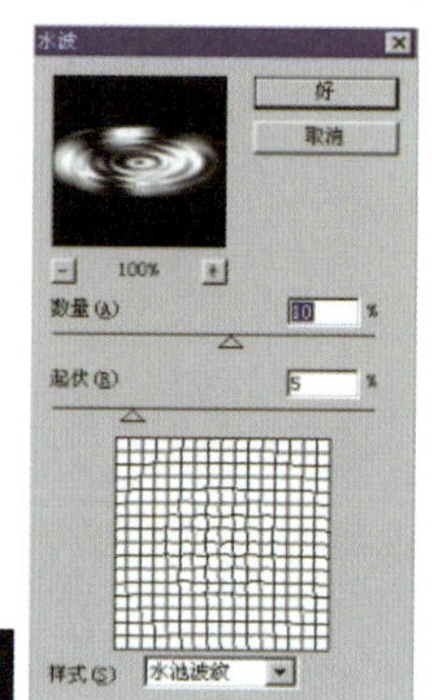


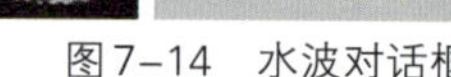
图7-14　水波对话框

图7-15　执行滤镜水波后的效果

⑨ 按ctrl键单击Alpha 1通道，载入选区。返回图层面板。新建图层，用白色填充选区，设置图层的不透明度为75%，如图7-16所示。

⑩ 用钢笔工具勾出苹果柄的轮廓，如图7-17所示。

图7-16 填充选区

图7-17 钢笔工具勾出苹果柄的轮廓

⑪ 将路径转为选区。把前景色设为白色，新建图层，执行“编辑—描边”命令，参数如下：

a. 位置：居内。用毛笔画上几条白线，按【Ctrl+D】键。

b. 高斯模糊，半径：2，如图7-18和图7-19所示。

⑫ 用钢笔工具勾出高光的轮廓，如图7-20所示。

⑬ 使路径成为选区，设置羽化值：5。选择渐变工具，编辑渐变，选“前景色到透明”，新建图层，在选区内从左向右拉渐变，按【Ctrl+D】键，如图7-21和图7-22所示。

⑭ 最后再修饰一下细节。增加几个反光，提高底部的色相和饱和度的值。苹果就制作好了。最后效果如图7-1所示。

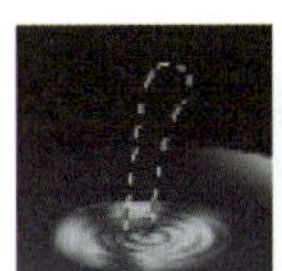
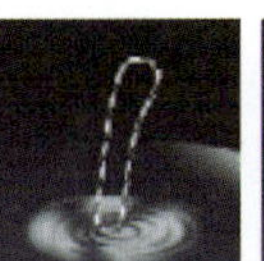

图7-18 描边

图7-19 描边处理后效果

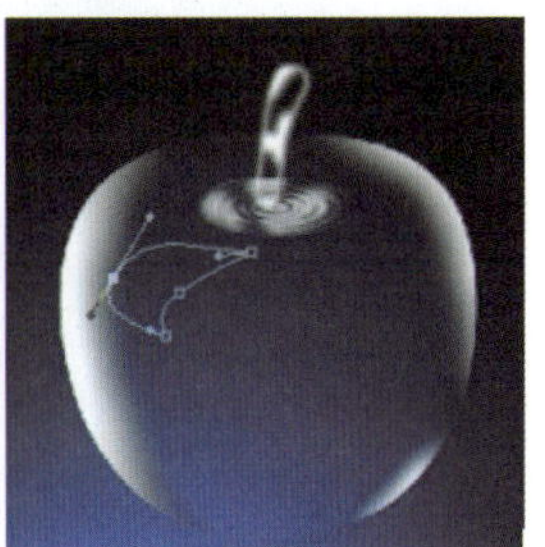

图7-20 使用钢笔工具勾勒出高光

图7-21 编辑渐变工具

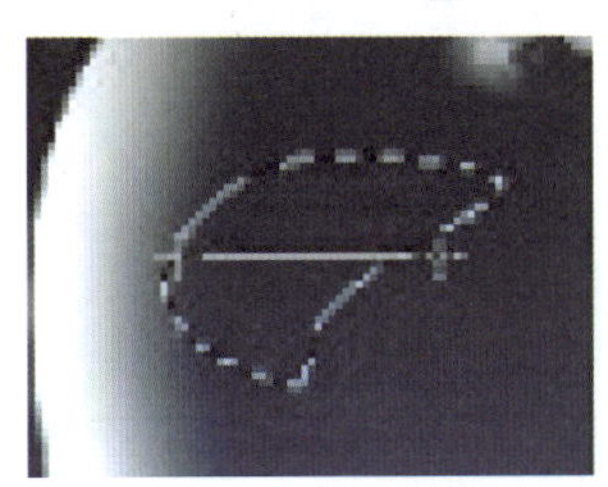
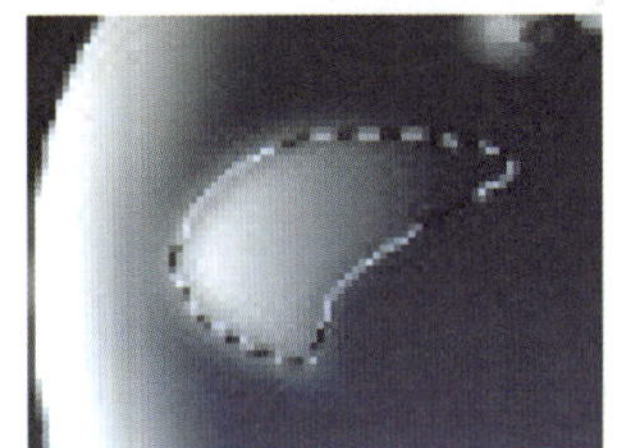

图7-22 填充渐变颜色

## 7.1 通道的概念

### 7.1.1 通道的概念

通道是存储不同类型信息的灰度图像，主要用于存放图像的颜色分量和选区信息。

打开一幅新图像时，Photoshop会自动创建图像的颜色信息通道，根据颜色模式的不同，将图像划分为由基色和其他颜色组成的通道，同时也允许创建新通道。不同颜色模式的图像会有不同数目的颜色通道，如一幅RGB图像有4个默认的颜色通道：红色通道用于存储红色信息，绿色通道用于存储绿色信息，蓝色通道用于存储蓝色信息，RGB复合通道用于显示所有单色通道的复合颜色信息。

通道是Photoshop中非常重要的概念之一，它不但记录了图像的大量信息，而且这些信息从始至终与用户的操作密切相关。通道与普通的选区不同，通道记录了图像大部分的信息，通道作为图像的组成部分，与图像的格式是分不开的，图像颜色模式的不同决定了通道的数量和模式。

一般情况下，为了提高Photoshop的运行速度，默认状态下“通道”面板中的各个单色通道都是以灰度模式显示的。要看到真实的彩色通道，可以执行“编辑—首选项—界面”命令，弹出“首选项”对话框，在“界面”选项中选择“通道用原色显示”复选框，这样通道中的各彩色通道将以原色来显示。

## 7.1.2 通道面板

使用通道面板可以创建、管理通道，并可直观地查看图像的编辑效果。

选择“窗口—通道”命令，弹出如图7-23所示的“通道”面板。

图7-23 通道面板

① 通道面板中可以同时显示出图像中的颜色通道、专色通道及Alpha通道，每个通道以一个小图标的形式出现，以方便控制。

② 通道面板最左边的一排眼睛图标，标示着各通道的观察状态。打开则在图像窗口中显示这个通道的内容；否则只能看到其他通道组合的结果。

③ 同时打开图像中所有的颜色通道与任何一个Alpha通道前的眼睛图标，便会看到一种类似于快速蒙版的状态：选择区域保持透明，而没有选中的区域则被一种具有透明度的蒙版色所遮盖，可以直接区分出Alpha通道所表示的选择区域的选取范围。

④ 可以通过改变Alpha通道使用的蒙版色颜色，或将Alpha通道转化为专色通道，它们都会影响这个通道的观察状态。直接在通道面板上双击任何一个Alpha通道的图标，或选中一个Alpha通道后使用面板菜单中的“通道选项”命令，可以调出Alpha通道“通道选项”对话框如图7-24所示，其中可以确定Alpha通道使用的蒙版色、蒙版色所标示的位置或选择将Alpha通道转化为专色通道。

⑤ 通常，都会选择“色彩指示”为“被蒙版区域”，以下内容都是以此作为默认设置。在对话框中选择“专色”按钮时，蒙版色的不透明度会变为专色通道的“密度”，以确定专色颜色的遮盖度。

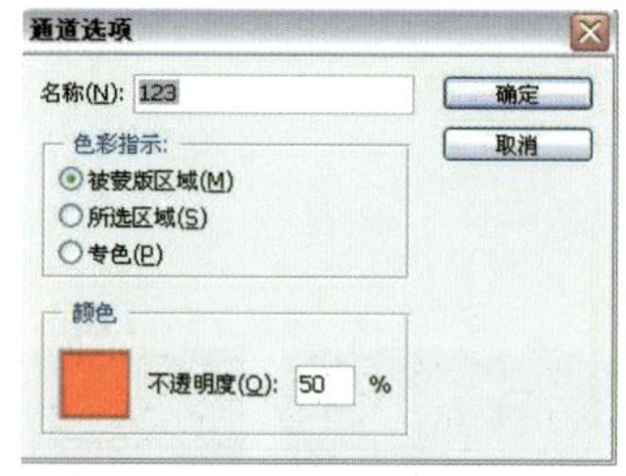


图7-24 “通道选项”对话框

⑥ 双击任何一个专色通道图标，或在面板中选择一个专色通道并使用“通道选项”命令时，则可以调出“专色通道选项”对话框。

可见的通道并不一定都是可以操作的通道。如果需要对某一个通道进行操作，必须选中这一通道，即在通道面板中单击某一通道，使该通道处于被选中的状态。如果要同时针对几个通道进行操作，可按着Shift键依次单击各通道的图标。

⑦ 通过通道面板可以完成所有的通道操作，例如建立新通道，删除、复制、合并以及拆分通道等。在通道面板中，每一个通道都有一个不同的通道名称以便区分，主通道（如RGB模式中的红、黄、蓝）的名称均不能更改。在通道名称的左侧有一个缩览图，其中显示该通道中的内容。在任一图像通道中进行编辑修改以后，该缩览图中的内容也会随即改变。通道面板中的图标及按钮功能如表7-1所示。

表7-1 通道面板中的图标及按钮功能

| 图标 | 名称 | 功能 |
| --- | --- | --- |
| | 眼睛图标 | 控制当前通道颜色在图像窗口中的显示或者隐藏效果 |
| | 删除当前通道 | 单击此按钮可以删除当前通道，但不能删除主通道 |
| | 创建新通道 | 单击此按钮可以快速建立一个新通道 |
| | 将通道作为选区载入 | 单击此按钮可将当前作用通道中的内容转换为选区 |
| | 将选区保存为通道 | 单击此按钮可以将当前图像中的选区转变成一个蒙版保存到一个新增的Alpha通道中 |

⑧ 单击通道面板右上角的三角按钮，在打开的快捷菜单中包含了所有用于通道操作的命令，如新建、复制和删除通道等。在菜单中单击“调板选项”命令，可以打开“通道调板选项”

对话框，从中设置通道缩览图的大小。

## 7.2 通道的分类

通道分为三种：颜色通道、专色通道和Alpha通道。

### 7.2.1 颜色通道

位于通道面板上面的通道称作颜色通道。这些通道把图像分解成一个或多个色彩成分，颜色模式决定了颜色通道的数量（RGB图像包含红、绿、蓝通道）。所有在绘制、编辑图像，以及对图像应用滤镜时，实际上就是在编辑颜色通道，改变颜色通道中的信息。

### 7.2.2 Alpha通道

Alpha的英文意思是“最初的”、“ 第一个”、“ 开始” 或者“ 开端”。在这里，可以引申为“最初的版本”。Alpha通道其实质是指一张图片的透明和半透明度。Alpha通道是一个8位的灰度通道，该通道用256级灰度来记录图像中的透明度信息，定义透明、不透明和半透明区域，其中黑表示全透明，白表示不透明，灰表示半透明。

Alpha通道是一种特殊的通道，特殊性体现在它所保存的不是颜色信息，而是创建的选区和蒙版信息。在通道中，可以将选区作为8位灰度图像保存。在通道面板中单击“创建新通道”按钮，所创建的就是Alpha通道。

此外，Alpha通道的名称由用户自定义，如果创建通道时没有命名，那么Photoshop就会使用Alpha1这样的名称，则Alpha通道就是存储选区。不同颜色模式的默认通道属性不同，并且保存的色彩信息也不同。

彩色深度标准通常有以下几种。

① 8位色。每个像素所能显示的彩色数为2的8次方，即256种颜色。

② 16位增强色。16位彩色，每个像素所能显示的彩色数为2的16次方，即65536种颜色。

③ 24位真彩色。每个像素所能显示的彩色数为24位，即2的24次方，约1680万种颜色。

④ 32位真彩色。即在24位真彩色图像的基础上再增加一个表示图像透明度信息的Alpha通道。

下面为不同颜色模式的默认通道数：

① 灰度模式——在这种颜色模式的通道面板中只有一个灰度通道，该通道表现的是由黑到白共256级灰度色阶的变化色调。

② RGB模式——此模式的图像由4个通道组成，第一个为复合通道，另3个是根据RGB的三原色来划分的3个通道，分别用于红、绿、蓝颜色。

③ CMYK模式——该模式由5个通道组成，第一个为复合通道，另4个分别对应于CMYK 4种分色，即分别为青色、洋红、黄色和黑色的通道，如图7-25所示。

图7-25 CMYK模式的颜色通道

④ Lab模式——有4个通道，一个为复合通道，一个反映图像的亮度值，一个对应绿色渐变至红色的颜色分量，还有一个应由蓝色渐变至黄色的颜色分量。

### 7.2.3 专色通道

专色通道可以保存专色信息，它不但具有Alpha通道的特点，而且还具有保存选区等作用。每个专色通道只可以存储一种专色信息，而且是以灰度形式来存储的。

专色的准确性不但非常高，而且色域很宽，它的作用就是用来替代或补充印刷色，如烫金色、荧光色等。专色中的大部分颜色是CMYK颜色模式无法呈现的。

除了位图模式以外，其余所有的色彩模式下都可以建立专色通道。也就是说，即使是灰度模式的图片，也可以使之呈现出彩色图像效果——只要加上专色。

建立专色通道的方式有很多种，下面介绍几种建立专色通道的方法。

第一种，也是最直接的一种——单击通道面板旁边的三角，就会弹出一个菜单。

首先，选中“新专色通道”后，会出现一个对话框。其次，输入专色通道的名称，然后设置颜色与实色数值即可（实色表示专色的透明度也称为硬度）。在通道中，白色位置表示没有颜色，黑色即专色油墨。

第二种，双击Alpha通道会出现一个对话框。在色彩指示中选择专色，并选择相应的颜色即可（这其实就是把Alpha通道转变成了专色通道）。

在通道调板中选中专色通道后，从调板菜单中选取“合并专色通道”则专色合并为颜色通道。但是CMYK油墨无法重现专色通道的色彩范围，因此色彩信息会有所损失。

在专色的设置过程中会有关于陷印的问题。在建立专色的同时为了把重要信息显露出来，要把专色的某部分挖空。但由于印刷精度的问题，专色板和四色板并不能很好地重合在一起，在挖空部分的边缘有可能会出现白边，因此在挖空时把理论范围的选区缩小1 ~ 2个像素，使专色部分与印刷色部分有1 ~ 2个像素左右的重合。存储为PSD 、TIFF、DCS2.0 、EPS格式时，都可保留专色通道。

专色通道是用于保存专色信息的通道，可以作为一个专色版应用到图像和印刷当中，这是它区别于Alpha通道的明显之处。同时，专色通道又具有Alpha通道所具有的一切特点：保存选区信息、透明度信息。每个专色通道以灰度图形存储相应专色信息，与其在屏幕上的彩色显示无关。专色使用的专色油墨是一种预先混合好的特定彩色油墨，用来替代或补充印刷色（CMYK）油墨，如明亮的橙色、绿色、荧光色、金属金银色油墨等，它不是靠CMYK四色混合出来的。每种专色在复印时要求专用的印版，专色意味着准确的颜色。

专色有以下几个特点：

① 每一种都有其本身固定的色相，所以它解决了印刷中颜色传递准确性的问题。

② 专色一般用实色定义颜色，而无论这种颜色有多浅。当然，也可以给专色加网，以呈现专色的任意深浅色调。

③ 不透明性和透明性：蜡笔色（含有不透明的白色）、黑色阴影（含有黑色）和金属色是相对不透明的，纯色和漆色是相对透明的。

④ 专色色域很宽，超过了RGB、CMYK的表现色域，所以，大部分颜色是用CMYK四色印刷油墨无法呈现的。

## 7.3 通道的管理与编辑

### 7.3.1 创建通道

① 新创建的通道只能是Alpha通道或专色通道，单击通道面板右上角的三角符号，选择“新建通道”命令，会弹出“新建通道”对话框，如图7-26所示。按照需要修改各选项后单击“确定”按钮即可创建一个新通道。

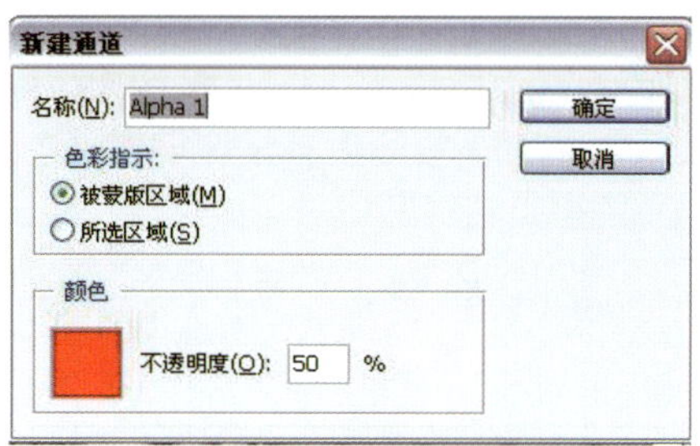


图7-26 “新建通道”对话框

② 如果直接单击按钮，则不会出现“新建通道”对话框，而是按照系统默认的色彩指示方式直接创建一个Alpha通道。

### 7.3.2 隐藏/显示通道

通过以下步骤可以完成隐藏/显示通道：

① 在一个图像中创建多个通道后，如何在众多的通道之间进行选择，使之成为当前可编辑的作用通道。

在通道面板中单击该通道的名称，使通道的底色由灰色变为蓝色。

② 显示和隐藏图标：如果要改变通道的显示或隐藏状态，单击通道缩览图左侧的眼睛图标，可以隐藏该通道中的内容。再次单击，则重新显示其内容。

### 7.3.3 复制通道

复制通道可以通过以下步骤完成：

① 可以直接将某一个通道拖到通道面板下方的图标上进行复制。

② 使用通道面板右上角的弹出菜单中的“复制通道”命令。在通道面板中选择需要复制的通道，然后单击通道面板菜单中的“复制通道”命令，打开如图7-27所示的“复制通道”对话框。

在“复制通道”对话框中可以设置如下选项。

图7-27 “复制通道”对话框

① 为：设置复制后通道的名称。

② 文档：在该选项的下拉列表框中可以选择要复制的目标图像文件。选择“新建”选项，则表示复制到一个新建的文件中，此时“名称”文本框会被激活，在文本框中输入新建文件的名称。

③ 反相：选择该复选框，就等于执行了“图像—调整—反相”命令。复制后的通道颜色会以反相显示，例如黑色将会变为白色。

## 7.3.4 重新排列和重命名通道

① 重新排列通道：在通道面板中，单击要重新排列的“通道”，按住左键向上（下）进行拖曳即可对“通道”进行重新排列。

② 重命名通道：通过通道面板可以为通道重命名，双击通道面板中的通道名称，当通道名称变为蓝底白字可以编辑状态时，直接输入通道的新名字。

## 7.3.5 删除通道

对于在处理过程中已不再需要的通道，可以将其删除，以节省磁盘空间，提高系统运行速度。删除通道可以通过以下几种方法：

① 选择确定要删除的通道，单击通道面板菜单中的“删除通道”命令。

② 在通道面板中直接将要删除的通道拖至删除按钮。

③ 在通道面板中选择要删除的通道，单击删除按钮，在打开的对话框中单击“确定”按钮。

## 7.3.6 将通道作为选区载入

① 任何时候都可以调用通道中存储的区域。将Alpha通道直接拖到通道面板底部的图标上即可。使用“选择—载入选区”命令，可以调出“载入选区”对话框，如图7-28所示。

② 使用“载入选区”命令时，还可以选择载入当前Photoshop打开的另一幅同样尺寸（大小、分辨率必须完全相同）的图像中的Alpha通道所表示的选择区域；或选定“反相”开关，使载入的选区与通道标示的选区正好相反。

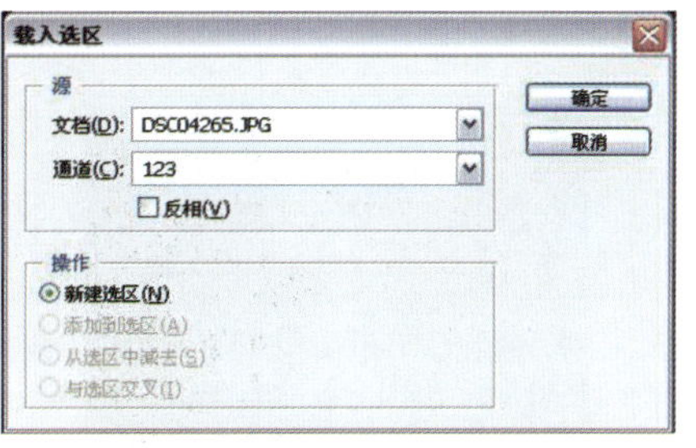


图7-28 “载入选区”对话框

## 7.3.7 编辑通道

利用通道抠取透明婚纱效果

抠取透明物体在工作中时常会用到，考虑到婚纱的透明特性，直接在背景上使用钢笔工具、套索工具等都很难达到预期效果，而利用通道却能很容易地办到，这里重点了解通道抠图的基本功能，难点就是操作过程中对通道的各种修饰和调整。

操作步骤如下。

① 执行“文件—打开”命令，或者按【Ctrl+O】快捷键，打开如图7-29所示的婚纱图片。

图7-29 婚纱原图

② 切换到通道面板，选择一个黑白对比较好的通道，这里选择绿色通道，按【Ctrl+J】得

到绿色通道副本，如图7−30所示。

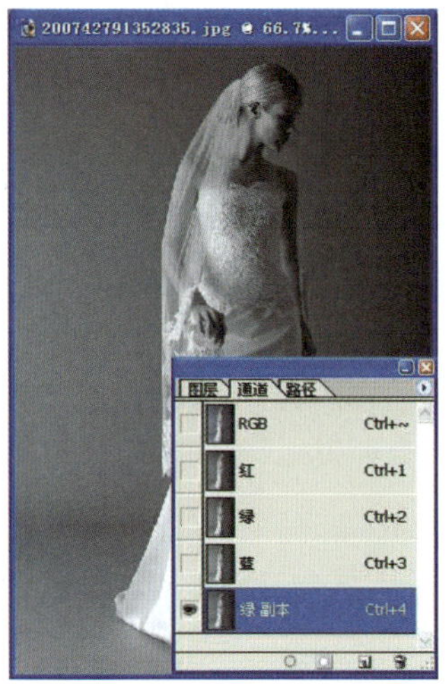


图7−30　复制出的绿色通道副本

③ 对于绿色通道副本执行“图像—调整—反相”命令或按快捷键【Ctrl+I】，接着执行“图像—调整—色阶”命令或按快捷键【Ctrl+L】，打开“色阶”对话框，参数设置以及效果如图7−31所示。

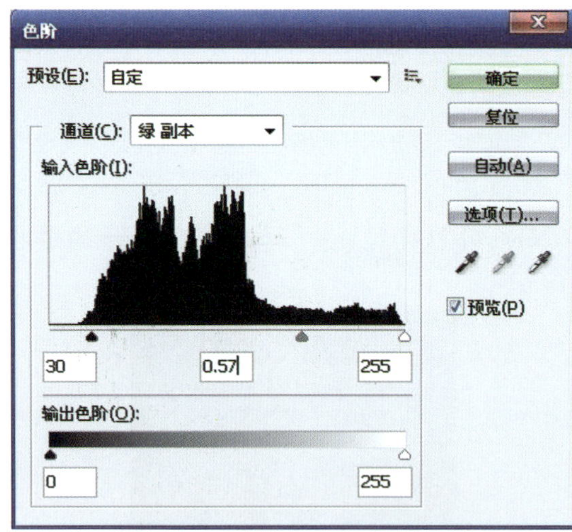


图7−31　“色阶”对话框设置参数

④ 选择工具箱中的“钢笔工具”，选择出人物区域，如图7−32所示。

⑤ 按【Ctrl+Enter】快捷键将路径转换为选区，按【Ctrl+Shift+I】反选，按D键将背景色设置为白色，按【Ctrl+Delete】键填充选区，然后按【Ctrl+D】取消选区，如图7−33所示。

⑥ 选择工具箱中的“画笔工具”，设置前景色为黑色，调整其硬度为80%，如图7−34所示，在人体不透明的区域上涂抹。

图7−32　使用钢笔工具选择轮廓

图7−33　将背景填充为白色

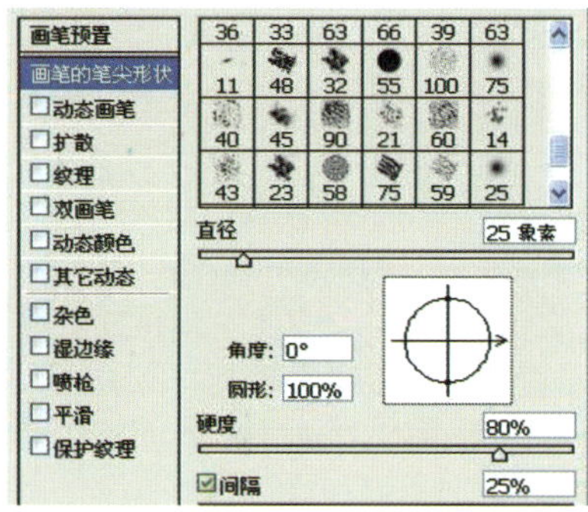


图7−34　画笔工具面板

⑦ 选择工具箱中的“仿制图章工具”，将边缘过于透明的区域用邻近颜色盖住，然后选择“模糊工具”在显示马赛克的地方涂抹，如图7−35所示。

⑧ 按Ctrl键单击绿色副本通道载入选区，如图7−36所示。

图7−35　使用“仿制图章工具”及“模糊工具”涂抹后效果

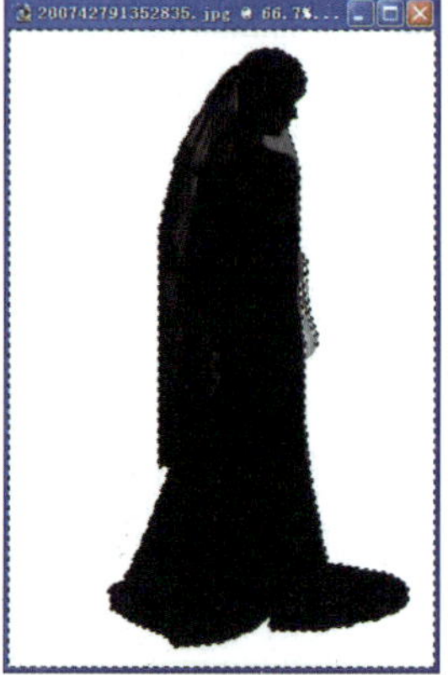

图7−36　载入绿色通道

⑨ 回到图层面板，按【Ctrl+I】执行反相命

令，执行“图层—新建—通过拷贝的图层”命令或快捷键【Ctrl+J】，得到图层1，这样就把婚纱的透明效果抠出来了，如图7-37所示。

⑩ 打开一张风景图，将图层1拖入，调整人物大小及位置，更改图层不透明度，如图7-38所示。

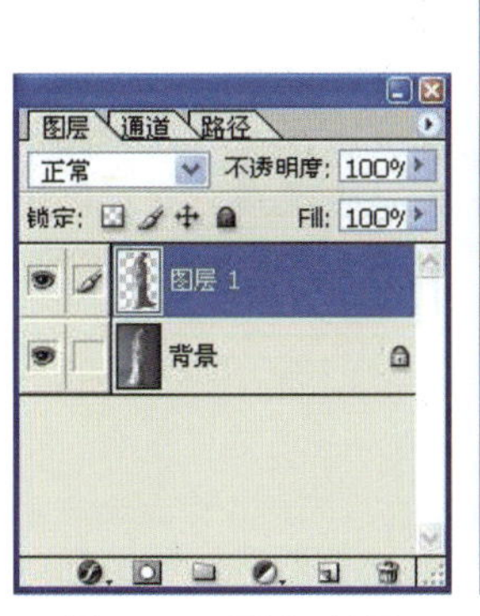


图7-37 图层1效果

图7-38 结果图

本案例掌握在通道中创建特殊选区的操作方法，通道抠图的功能。注意画笔工具的使用，以及钢笔工具的使用方法。

### 7.3.8 分离通道

①“分离通道”命令可以将一幅图像中的通道分离成为灰度图像，以保留单个通道信息，可以独立进行编辑和存储。分离后，原文件被关闭，每一个通道均以灰度模式成为一个独立的图像文件，并在其标题栏上显示文件名。

② 文件名是以原文件的名称再加上当前通道的英文缩写，例如“红色”通道，即表示为“原文件名_R.扩展名”。

### 7.3.9 合并通道

① 利用“合并通道”命令可以将若干个灰度图像合并成一个图像，甚至可以合并不同的图像，但它们必须是宽度和高度的像素一致的灰度图像。

② 当合并通道时，当前桌面上灰度图像的数量决定了合并通道时生成的颜色模式。

注意：

① 不能将RGB图像分离的通道合并成CMYK图像，也不能将只包含两个通道的Lab图像合并成其他颜色模式的图像。在合并通道时，必须存在分离出来的通道，或者是有其他单色通道存在。

a. 单击通道面板菜单中的“合并通道”命令，打开“合并通道”对话框，如图7-39所示。

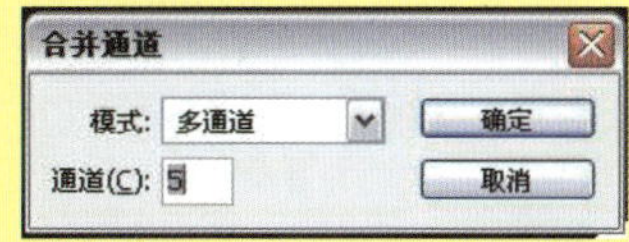


图7-39 “合并通道”对话框

b. 如果删除了通道面板中的某个原色通道，则当前图像的颜色模式将自动转换成多通道模式。

c. 在“模式”下拉列表框中可以指定合并后图像的颜色模式。在“通道”文本框中输入合并通道的数目，如RGB图像设置为3，而CMYK图像设置为4。因此，该数字需要与当前选定的模式相符合。完成上述设置后，单击“确定”按钮即可。

d. 这时打开合并RGB通道对话框，在该对话框中可以分别为红、绿、蓝三原色通道选定各自的源文件。在三者之间不能有相同的选择，并且三原色选定的源文件的不同，会直接关系到合并后图像的效果，最后，单击“确定”按钮即可得到最终效果。

② 执行“合并通道”命令时，各源文件的分辨率和尺寸大小必须一致，否则将不能进行合并操作。

## 习 题

1. 将图7-40中背景换为图7-41中的背景。

图7-40 原图

图7-41 合成图

2. 利用通道将zysc21.jpg、zysc22.jpg和 zysc23.psd合成为如图7-42所示的图像。

图7-42　合成图

3. 利用通道将如图7-43所示的原图制作非主流图片如图7-44所示。

图7-43　原图

图7-44　效果图

# 第8章 图像颜色和色调的调整

## 案例 黑白照片上色

### 相关知识和技能

本例主要使用“色阶”和“色相/饱和度”命令对黑白照片上色。在对象的选择上，利用了快速蒙版工具对选区进行编辑修改。

操作步骤如下。

① 打开素材“黑白照片.jpg”。选择“图像—模式—RGB 颜色”命令，将灰度图像转换为RGB 模式。

② 使用套索工具（羽化值为0）大致圈选人物的皮肤部分，不必太准确，如图8-1所示。以下步骤③~⑧利用快速蒙版修补该选区，目的是精确选取人物的皮肤部分。

③ 单击选择工具箱底部的【以快速蒙版模式编辑】按钮（位于选色按钮下面），进入快速蒙版编辑模式。此时选区消失，选区外被红色蒙版覆盖。

④ 将前景色设为黑色。选择画笔工具，设置大小为10px 左右，硬度为100%。将皮肤之外的未被红色覆盖的区域涂抹成红色（为操作方便和精确起见，可放大图像操作）。

⑤ 对于比较细微之处（如指间等处），可改用小画笔并进一步放大图像进行涂抹。

⑥ 与皮肤相邻的头发处应改用硬度为0%的软边画笔涂抹，以体现颜色的渐变。

⑦ 若不小心将皮肤涂成了红色，可改用白色画笔涂抹，将其恢复。整个涂抹操作完成后的图像如图8-2所示。

图8-1 粗略选择皮肤

图8-2 修补选区

⑧ 单击工具箱底部的【以标准模式编辑】按钮（位于选色按钮下面），返回标准编辑模式，皮肤部分被精确选择，如图8-3所示。

⑨ 选择“选择—存储选区”命令，在弹出的“存储选区”对话框的“名称”文本框内输入选区名称“皮肤”，如图8-4所示。单击“确定”

图8-3 返回标准编辑模式

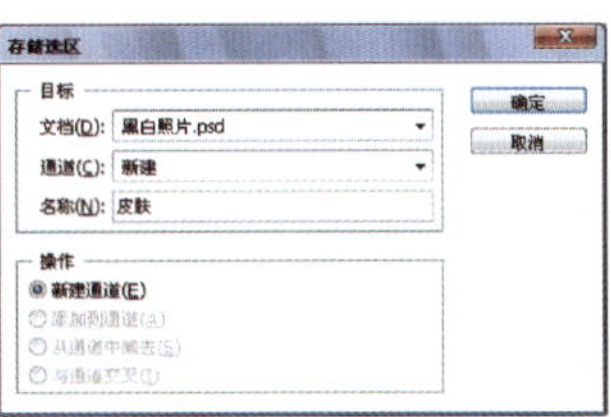


图8-4 保存选区

按钮将当前选区保存起来，以备后用。

⑩ 选择“图像—调整—色阶”命令，打开“色阶”对话框。首先选择红色通道，参数设置及图像变化，如图8-5所示。

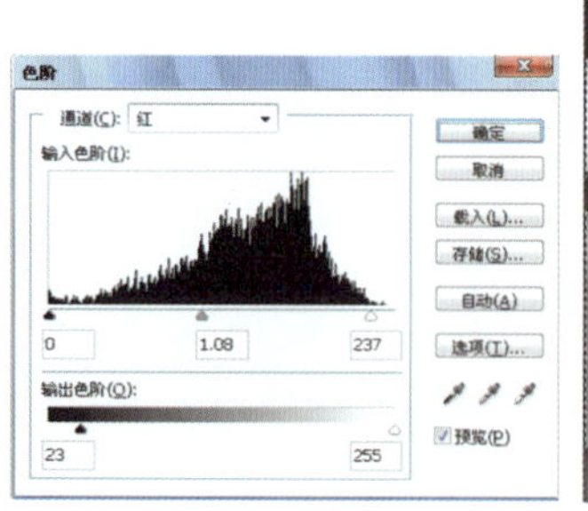

图8-5　皮肤中加入适量红色

⑪ 接着选择蓝色通道，参数设置及图像变化如图8-6所示。

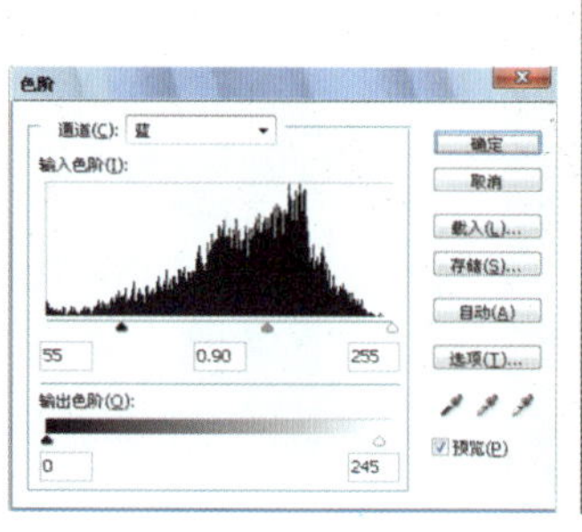

图8-6　皮肤中加入适量蓝色

⑫ 最后选择绿色通道，参数设置及图像变化如图8-7所示。

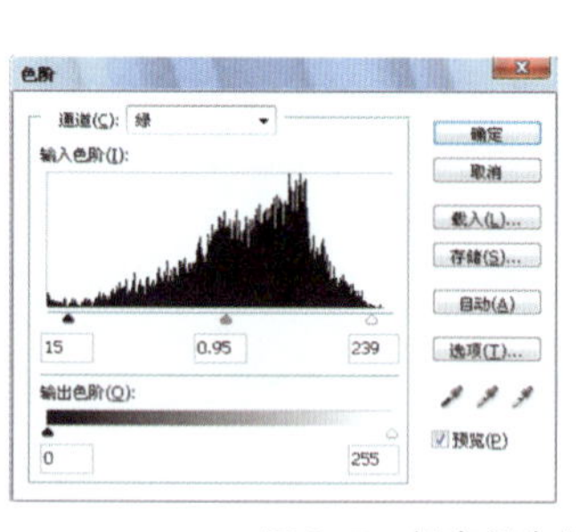

图8-7　提高绿色的对比度

⑬ 单击“确定”按钮，关闭“色阶”对话框，并取消选区。

⑭ 使用套索工具圈选人物衣服，与皮肤搭界的选区边缘可比较随意，如图8-8所示。

⑮ 选择“选择—载入选区”命令。设置“载入选区”对话框参数如图8-9所示。单击“确定”按钮，得到衣服的精确选区，如图8-10所示。

图8-8　粗略选择衣服

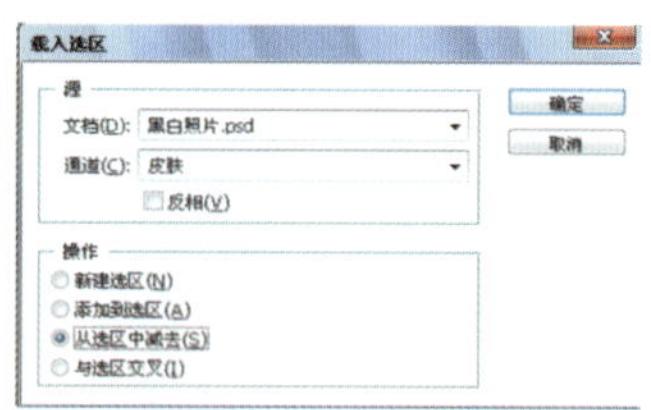


图8-9　载入“皮肤”选区

图8-10　获得衣服精确选区

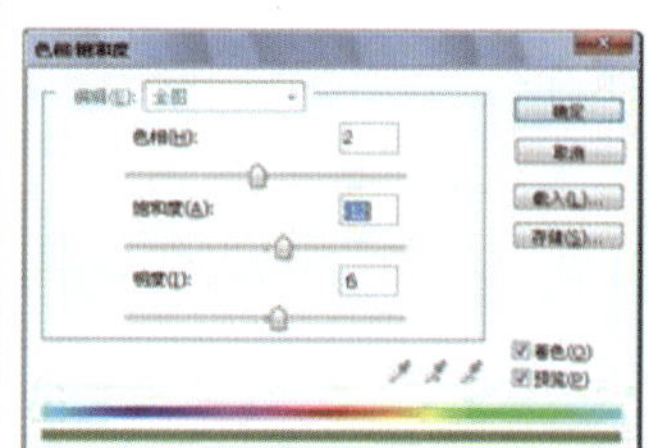


图8-11　“色相/饱和度”对话框参数设置

⑯ 选择“图像—调整—色相/饱和度”命令，参数设置如图8-11所示。单击“确定”按钮，为衣服上色。

⑰ 选择“选择—存储选区”命令，将衣服选区保存起来，命名为“衣服”。

⑱ 取消选区，图像效果如图8-12所示。

⑲ 使用套索工具粗略选择头发，如图8-13所示。

⑳ 使用快速蒙版修补选区，得到如图8-14所示的选区（与皮肤搭界处不用修补）。

图8-12　衣服上色

图8-13　粗略选择头发

图8-14　修补选区

㉑ 选择“选择—载入选区”命令。在“通道”下拉列表中选择“皮肤”，在“操作”栏中选择“从选区中减去”单选按钮。单击“确定”按钮，得到头发的精确选区，如图8-15所示。

㉒ 使用“色相/饱和度”命令调整头发颜

色，参数设置如图8-16所示。

图8-15　获得头发精确选区

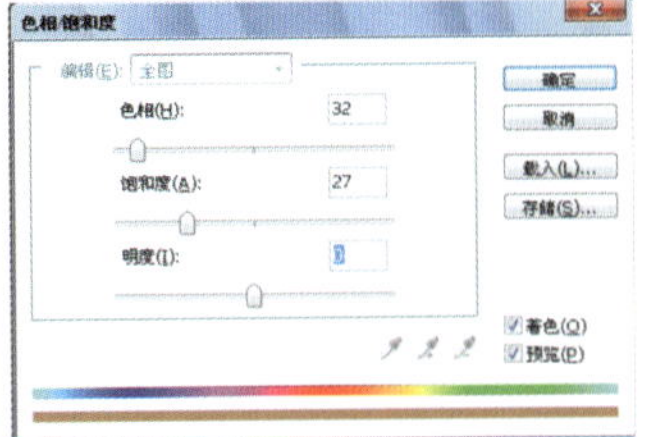

图8-16　头发调色参数

㉓ 选择“选择—存储选区”命令，将头发选区保存起来，命名为“头发”，取消选区，图像效果如图8-17所示。

㉔ 选择“选择—载入选区”命令，依次载入“皮肤”、“衣服”和“头发”的选区（载入“衣服”和“头发”选区时，采用“添加到选区”单选按钮），得到整个人物选区，如图8-18所示。

图8-17　头发调色效果

图8-18　获取人物选区

㉕ 选择“选择—反向”命令，反转选区。并用套索工具圈选减去“石头”部分的选区。

㉖ 使用“色相/饱和度”命令调整背景颜色，参数设置如图8-19所示。

㉗ 类似地，使用“色相/饱和度”命令将“石头”调成青色，将人物的“嘴”调成红色。图像最终上色效果如图8-20所示。

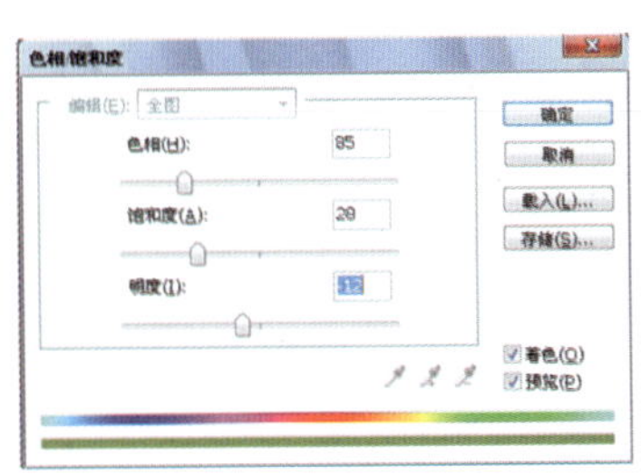

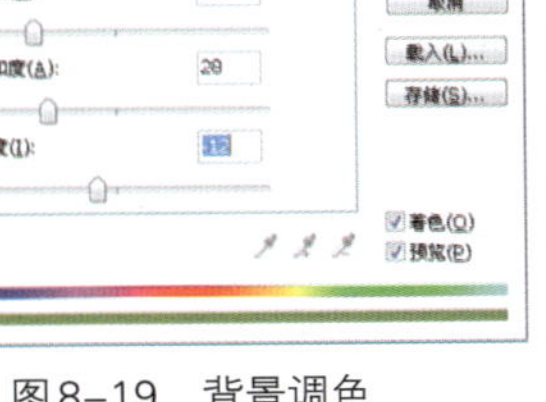

图8-19　背景调色

图8-20　图像最终上色效果

## 拓展知识

**1. 三原色**

所谓原色，就是不能使用其他颜色混合而得到的颜色。原色分为两类：一类是从光学角度讲的光的三原色，即红、绿、蓝；另一类是从颜料角度讲的色料的三原色，即红、黄、蓝。将光的三原色以不同比例混合可以形成自然界中的其他任何一种色光；将颜料的三原色以不同比例混合可以形成其他绝大多数颜料的颜色。

**2. 色彩三要素**

（1）色相　色相指色彩的外貌。通常所说的红、橙、黄、绿、青、蓝、紫就是指自然界中各种不同的色相，它们之间的差别属于色相的差别。其实质是根据不同波长的光给人的色彩感受不同，人们把各种波长的光分别给予不同的名称。

（2）饱和度　饱和度指色彩的鲜艳程度、纯净程度，又称彩度、纯度、浓度、强度等。饱和度表示色相中灰色分量所占的比例，它使用从0（灰色）至100%（完全饱和）的百分比来度量。饱和度为0%的颜色即无彩色（黑、白、灰），饱和度为100%的颜色则为纯色。

从光学角度讲，在一束可见光中光线的波长越单一，色光的饱和度越高；波长越混杂，色光的饱和度越低。在光谱中，红、橙、黄、绿、青、蓝、紫等色光是最纯的高纯度色光。无彩色的饱和度最低（即饱和度属性丧失），任何一种颜色加入白、黑、灰等无彩色都会降低其饱和度。

（3）亮度　亮度指色彩的相对明暗程度，又称明度，通常用百分比来度量。任何一种颜色，当亮度为0时即为黑色；当亮度为100%时即为白色。在绘画中，亮度最能够表现物体的立体感和空间感。自然界中的颜色可分为无彩色和有彩色两大类。其中无彩色（黑、白、灰）只有亮度属性，其他任何一种有彩色都具有特定的色相、饱和度和亮度属性。

**3. 色彩的对比度**

色彩的对比是指从两种或两种以上的色彩中比较出明显的差别来。这种差别主要表现在亮度差别、色相差别、饱和度差别、面积差别和冷暖差别等方面。差别的程度用对比度表示。提示人们把红、橙、黄等色系称为暖色系，而把蓝、蓝紫、蓝绿等色系称为冷色系，原因是当人们看到红、橙、黄等颜色时就会感觉到温暖，当看到蓝、蓝紫、蓝绿等颜色时就感到凉爽，这是由视觉引起的触觉反应。

**4. 颜色模式（见第1章1.2.4）**

**5. 颜色模式的转换**

为了在不同的场合下正确地输出图像，或者为了方便图像的编辑修改，常常需要转换图像的颜色模式。

当图像由一种颜色模式转换为另一种颜色模式时，图像中每个像素点的颜色值将被永久性地更改，这可能对图像的色彩表现造成一定的影响。因此，在转换图像的颜色模式时，应注意以下几点。

① 尽可能在图像原有的颜色模式下完成对图像的编辑，最后再做模式转换。

② 在转换模式之前务必保存包含所有图层的原图像的副本，以便日后必要时还能够根据图像的原始数据进行编辑。

③ 当模式更改后，不同混合模式的图层间的颜色相互作用也将更改。因此，模式转换前应拼合图像的所有图层。

转换图像颜色模式的一般方法是：在“图像—模式，子菜单中直接选择所需的颜色模式命令，完成转换。

## 8.1 直方图

在Photoshop中，直方图是用于评估、分析图像的工具，它实际上是图像中像素按亮度变化的分布图，直方图中的横坐标代表亮度，亮度值由0至255，纵坐标代表像素数。

## 8.2 快速调整图像颜色

### 8.2.1 自动色阶

单击“图像—调整—自动色阶”菜单命令与在“色阶”对话框单击“自动”按钮的结果是一样的。

“自动色阶”命令自动移动“色阶”滑块以设置高光和暗调。它将每个颜色通道中的最亮和最暗像素定义为白色和黑色，然后按比例重新分布中间像素值。因为“自动色阶”单独调整每个颜色通道，所以可能会消除或引入色偏。

在像素值平均分布的图像需要简单的对比度调整时或在图像有总体色偏时，“自动色阶”会得到较好的效果。

### 8.2.2 自动对比度

“自动对比度”命令自动调整RGB图像中颜色的总体对比度和混合。因为“自动对比度”不会个别调整通道，所以不会引入或消除色偏。它将图像中的最亮和最暗像素映射为白色和黑色，使高光显得更亮而暗调显得更暗。

“自动对比度”命令可以改进许多摄影或连续色调图像的外观。但不能改进单色图像。

单击“图像—调整—自动对比度”菜单项可执行自动对比度命令。

### 8.2.3 自动颜色

“自动颜色”命令通过搜索实际图像（而不是通道的用于暗调、中间调和高光的直方图）来调整图像的对比度和颜色。它根据在“自动校正选项”对话框中设置的值来中和中间调并剪切白色和黑色像素。

单击“图像—调整—自动颜色”菜单项可执行自动颜色命令。

### 8.2.4 色调均化

“色调均化”命令重新分布图像中像素的亮度值，以便它们更均匀地呈现所有范围的亮度级。在应用此命令时，Photoshop 查找复合图像中最亮和最暗的值并重新映射这些值，以使最亮的值表示白色，最暗的值表示黑色。之后，Photoshop 尝试对亮度进行色调均化处理，即在整个灰度范围内均匀分布中间像素值。

单击“图像—调整—反相”菜单项可执行色调均化命令。

如果在执行色调均化命令之前先在图像中选取范围，则会打开如图8-21所示的“色调均化”对话框。

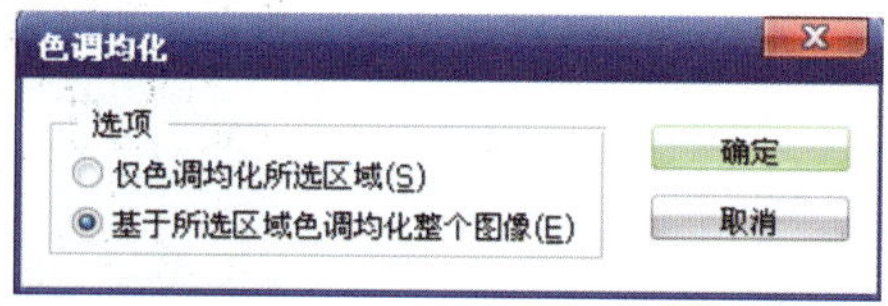


图8-21 “色调均化”对话框

各选项功能如下。

- “仅色调均化所选区域”：选择此项时，对所选区域进行色调均化。

- "基于所选区域色调均化整个图像"：以选取范围中的图像的最亮和最暗的像素为基准将整幅图像的色调平均化。

## 8.3 使用色阶、曲线、曝光度调整图像

### 8.3.1 色阶

"色阶"是 Photoshop 最为重要的颜色调整命令之一，用于调整图像的暗调、中间调和高光等区域的强度级别，校正图像的色调范围和色彩平衡。尽管使用"色阶"命令调色不如使用"曲线"命令那样精确，但这种方法通常会产生更好的视觉效果。

打开文件"公园.jpg"，如图8–22所示，选择"图像—调整—色阶"命令，打开"色阶"对话框，如图8–23所示。该对话框的中间显示的是当前图像的直方图（如果有选区存在，则对话框中显示的是选区内图像的直方图）。

图8–22 原图

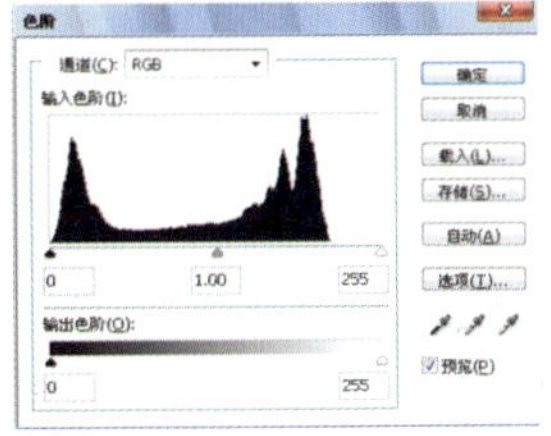

图8–23 "色阶"对话框

提示：

直方图即色阶分布图，可以此了解图像中暗调、中间调和高光等色调像素的分布情况。其中横轴表示像素的色调值，从左向右取值范围为0（黑色）~ 255（白色）。纵轴表示像素的数目。

首先通过"通道"下拉列表框确定要调整的是混合通道还是单色通道（本例图像为RGB图像，下拉列表中包括RGB 混合通道和红、绿、蓝3 个单色通道）。

"色阶"对话框的操作要点如下：

选中对话框中的"预览"复选框，当前图像窗口将实时反馈对色阶调整的最新结果，以便对不当的色阶调整做出及时的更正。沿"输入色阶"栏的滑动条向左拖动右侧的白色三角滑块，图像变亮。其中，高光区域的变化比较明显，这使得比较亮的像素变得更亮，如图8–24所示。向右拖动左侧的黑色三角滑块，图像变暗。其中，暗调区域的变化比较明显，使得比较暗的像素变得更暗，如图8–25所示。

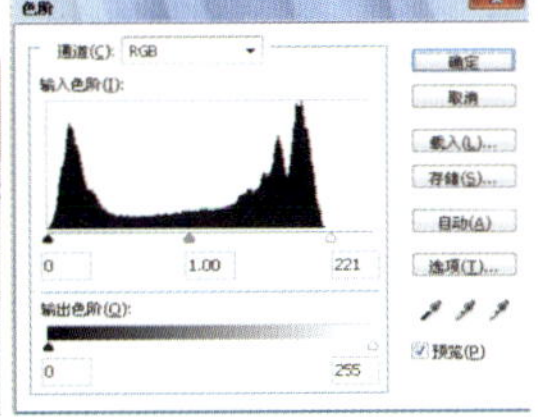

图8–24 调整图像的高光区域

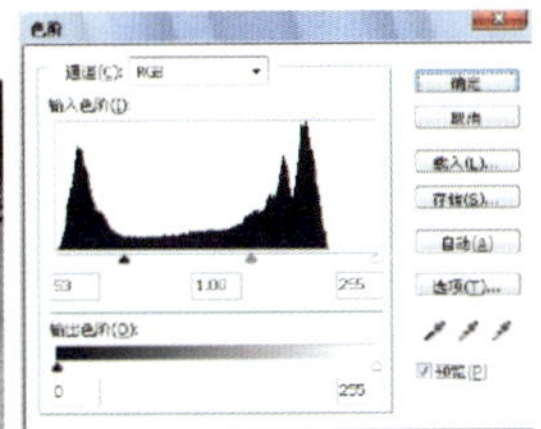

图8–25 调整图像的暗调区域

- 在"输入色阶"栏中，拖动滑动条中间的灰色三角滑块，可以调整图像的中间色调区域。向左拖动中间调变亮，向右拖动使中间调变暗，如图8–26所示。

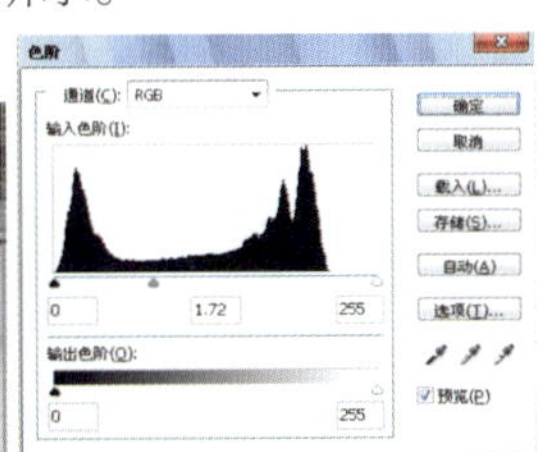

图8–26 调整图像的中间调区域

- 在"输入色阶"栏中，通过向左、中、右 3 个数值框中输入数值，可分别精确地调整图像的暗调、中间调和高光区域的色调平衡。三者的取值范围从左向右依次为0 ~ 253、0.1 ~ 9.99 和2 ~ 255。沿"输出色阶"栏的滑动条向右拖动左端的黑色三角滑块，将提高图像的整体亮度，向左拖动右端的白色三角滑块，将降低图像的整体亮度。也可以通过在左、右两个数值框内输入数值，调整图像的亮度，两个数值框的取值范围都是0 ~ 255。实际上，在使用"色阶"命令时，往往"输入色阶"与"输出色阶"同时调整，才能得到更满意的色调效果，如图8–27所示。

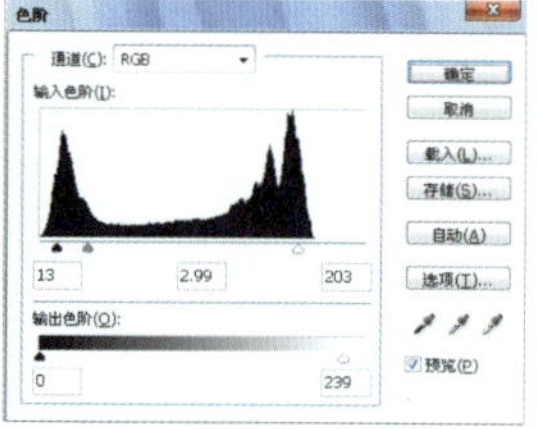

图8–27　同时调整输入色阶与输出色阶

使用对话框中的吸管工具调整图像的色调平衡。从左向右依次是设置黑场吸管工具（ ）、设置灰场吸管工具（ ）和设置白场吸管工具（ ）。

选择设置黑场吸管工具（该工具按钮反白显示），在当前图像中某点单击，则图像中所有低于该点亮度值的像素全都变成黑色，图像变暗。

选择设置白场吸管工具，在当前图像中某点单击，则图像中所有高于该点亮度值的像素全都变成白色，图像变亮。

选择设置灰场吸管工具，在当前图像中某点单击，Photoshop 将用单击点像素的亮度值调整整个图像的色调。

若想重新设置对话框的参数，可按住Alt 键不放，此时对话框的“取消”按钮变成“复位”按钮，单击该按钮即可。

## 8.3.2　曲线

“曲线”命令是Photoshop 最强大的色彩调整命令。它不仅可以像“色阶”命令那样对图像的高光、暗调和中间调进行调整，而且可以调整0 ~ 255 色调范围内的任意点。同时，使用“曲线”命令还可以对图像中的单个颜色通道进行精确的调整。

打开文件“学校.jpg”，选择“图像—调整—曲线”命令，弹出“曲线”对话框，如图8–28所示。

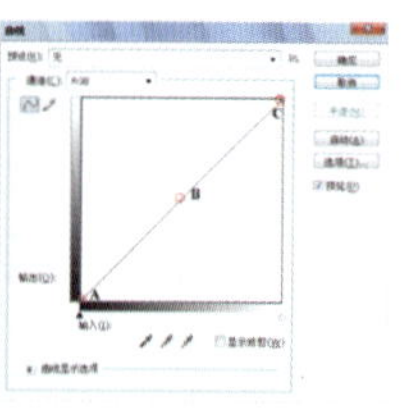

图8–28　原素材图像及“曲线”对话框初始设置

通过“通道”下拉列表框确定要调整的通道（混合通道或单色通道）。

在对话框中的曲线图表中，水平轴表示输入色阶（像素原来的亮度值），竖直轴表示输出色阶（新的亮度值）。初始状态下，曲线为一条45° 的对角线，表示曲线调整前当前图像上所有像素点的“输入”值和“输出”值相等。

提示：对于RGB图像，默认设置下曲线水平轴从左向右显示0（暗调）~ 255（高光）之间的亮度值。但对于CMYK图像，曲线水平轴从左向右显示0（高光）~ 100（暗调）之间的百分数。单击对话框左下角的“曲线显示选项”按钮，可扩展对话框参数，对曲线图表做更细致的设置。

“曲线”对话框的操作要点如下：

在图像窗口中拖动，“曲线”对话框中将显示当前指针位置像素点的亮度值及其在曲线上的对应位置。使用这种方法能够确定图像中的高光、暗调和中间色调区域。

按住 Alt 键，在对话框的网格区域内单击，可使网格变得更精细。再次按住 Alt键单击网格区域，可以恢复大的网格。

默认设置下，对话框采用曲线工具调整曲线形状。在曲线上单击，添加控制点，确定要调整的色调范围。曲线上最多可添加14 个控制点。

向上拖动控制点，使曲线上扬，对应色调区域的图像亮度增加，如图 8–29所示。向下弯曲，亮度降低，如图8–30所示。

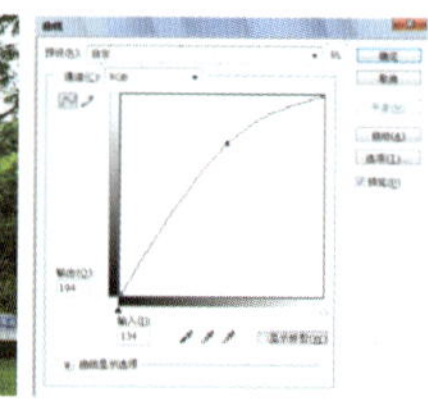

图8–29　图像亮度增加

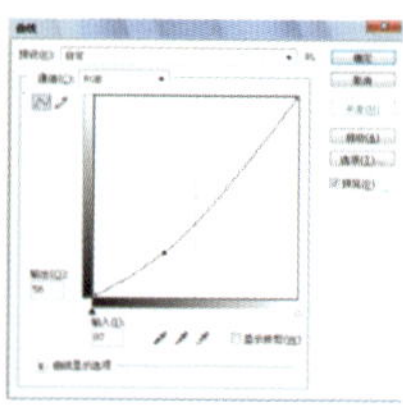

图8–30　图像亮度降低

选中一个控制点后，在对话框左下角的“输入”和“输出”文本框内输入适当的数值，可精确改变图像指定色调区域的亮度值。

要删除一个控制点，可将其拖出图表区域，或选中控制点后按 Delete 键。在“曲线”对话框中，还可以通过选择铅笔工具绘制随意曲线，调整图像的色调。

### 8.3.3 曝光度

曝光度，用于对曝光不足或曝光过度的照片进行修正，是对图片整体进行加亮或调暗。

- 曝光度：可调整图像区域高光。
- 位移：调整阴影或中间调，对高光影响小。

打开文件“风景.jpg”，如图8-31所示，执行“图像—调整—曝光度”打开如图8-32所示的“曝光度”对话框，设置曝光度和位移，调整结果如图8-33。

图8-31 “风景”原图

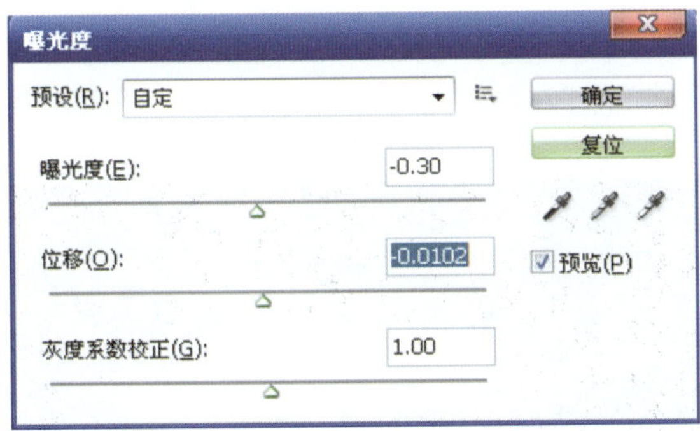


图8-32 “曝光度”对话框

图8-33 调整结果图

## 8.4 校正图像的颜色/饱和度和色彩平衡

### 8.4.1 色相/饱和度

“色相/饱和度”命令用于调整整个图像或图像中单个颜色成分的色相、饱和度和亮度。此外，使用其中的“着色”复选框还可以将RGB图像处理成双色调图像。

（1）在RGB图像上创建双色调效果

打开文件“风景.jpg”，如图8-34所示。

选择“图像—调整—色相/饱和度”命令，打开“色相/饱和度”对话框，如图8-35所示。

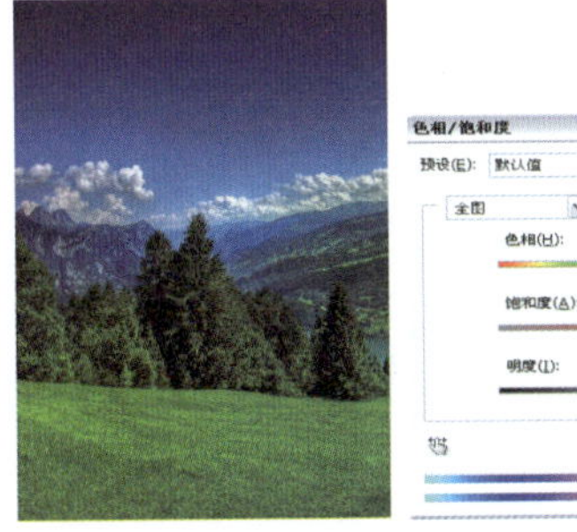

图8-34 “风景”文件

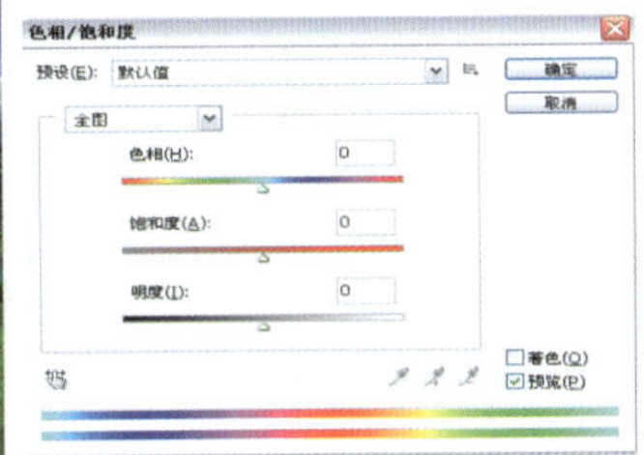

图8-35 “色相/饱和度”对话框

勾选对话框中的“着色”复选框，此时，对话框最底部的颜色条变为单色。同时，“编辑”下拉列表框默认选择“全图”选项。

沿“色相”滑动条左右拖动滑块修改图像的色相（取值范围为-180 ~ +180）。沿“饱和度”滑动条向右拖动滑块增加饱和度，向左拖动降低饱和度（取值范围为-100 ~ +100）。沿“明度”滑动条向右拖动滑块增加亮度，向左拖动降低亮度（取值范围为-100 ~ +100）。将“色相/饱和度”对话框的参数设置为如图8-36所示，图像调整结果如图8-37所示。

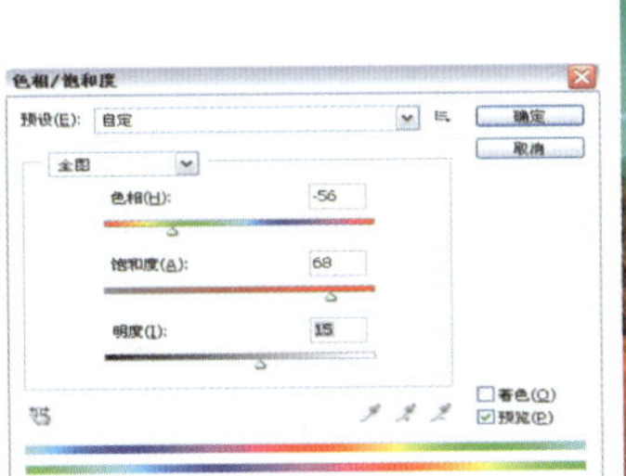

图8-36 “色相/饱和度”对话框参数设置图

图8-37 图像调整结果

提示：

图中风景的绿草地调整为橘黄色，同时天空也变了色调。因此，上述方法适用于为单色对象着色。在为“黑白”照片上色时，首先应将图像的颜色模式转换为RGB或CMYK等彩色模式，再使用“色相/饱和度”命令进行着色。

（2）调整图像中的单个颜色成分

重新打开文件“风景.jpg”，并建立选区。打开“色相/饱和度”对话框（不选择“着色”复选框）。在“编辑”下拉列表框中选择“黄色”选项，这样只能对选区内图像中的黄色成分进行调整。

将对话框参数设置为如图 8-38所示，图像调整前后结果如图8-39所示。

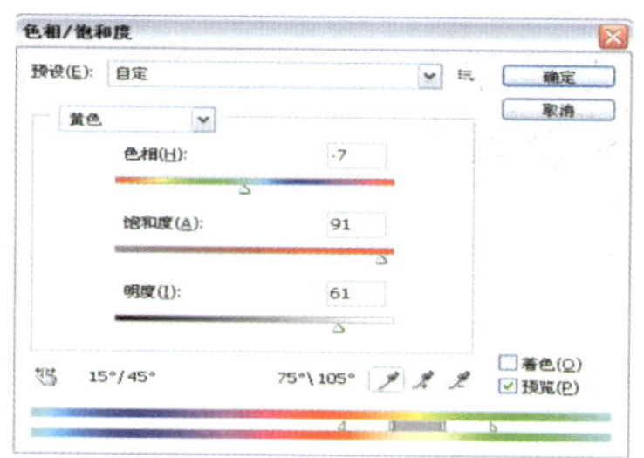

图8-38　调整图像的特定单色成分图

图8-39　图像调整前后结果

提示：

图中绿草地的颜色变黄变亮调，但天空基本上保持了原来的颜色。

（3）“色相/饱和度”对话框中的吸管工具简介

使用该工具在图像中单击，可将颜色调整限定在与单击点颜色相关的特定区域。

使用该工具在图像中单击，可扩展颜色调整范围（在原来颜色调整区域的基础上，加上与单击点颜色相关的区域）。

使用该工具在图像中单击，可缩小颜色调整范围（从原来颜色调整区域中减去与单击点颜色相关的区域）。

## 8.4.2　亮度/对比度

“亮度/对比度”命令是Photoshop 调整图像色调范围的最快速而简单的方法。它只能对图像中的每个像素进行同样的调整，在总体上改变图像的颜色或色调值。该命令也不能像“色阶”和“曲线”命令那样对图像的单个颜色通道进行调整，而只能对混合颜色通道进行总体调整。利用“亮度/对比度”命令调整图像容易引起图像细节的丢失，所以尽量不要用于高端输出。

打开文件“晚霞.jpg”，如图8-40所示。选择“图像—调整—亮度/对比度”命令，弹出“亮度/对比度”对话框。沿“亮度”滑动条向右拖动滑块增加亮度，向左拖动降低亮度。沿“对比度”滑动条向右拖动滑块增加对比度，向左拖动降低对比度。过度调整亮度和对比度的值都会造成图像细节的丢失。也可以直接在“亮度”或“对比度”数值框内输入数值（范围都是-100 ～ +100）调整图像的亮度和对比度。

图8-40　原图

如图 8-41所示为“亮度/对比度”对话框的参数设置及图像调整结果。

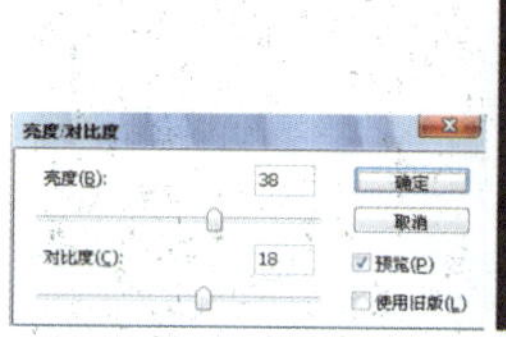

图8-41　“亮度/对比度”对话框设置及调整结果

### 8.4.3 色彩平衡

在图像中，增加一种颜色等同于减少该颜色的补色。“色彩平衡”命令就是根据该原则，通过在图像中增减红、绿、蓝三原色和它们的补色青、洋红、黄，从而改变图像中各原色的含量，达到调整色彩平衡的目的。

打开文件“茶花.jpg”，如图8-42所示。选择“图像—调整—色彩平衡”命令，弹出“色彩平衡”对话框，如图8-43所示。

图8-42 原图

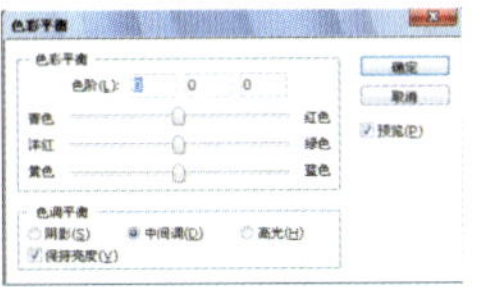

图8-43 “色彩平衡”对话框

“色彩平衡”对话框的操作要点如下。

选择“阴影”、“中间调”和“高光”选项中的一个，以确定要着重更改的色调范围。默认选项为“中间调”。

选择“保持亮度”复选框，可以防止图像的亮度值随色彩平衡的调整而改变。该选项可以保持图像的色调平衡。

沿“青色”—“红色”滑动条向右拖动滑块，以增加红色的影响范围，减小青色的影响范围。向左拖动滑块则情况相反。

“洋红”—“绿色”滑块及“黄色”—“蓝色”滑块的调整类似。上述调整的结果数值将实时显示在“色阶”后面的3个数值框内。也可以直接在数值框内输入数值（取值范围都是-100 ~ +100）调整图像的色彩平衡。

如图 8-44所示为“色彩平衡”对话框的参数设置及图像调整结果。

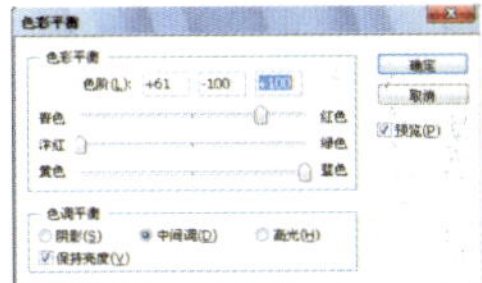

图8-44 调整图像的色彩平衡

### 8.4.4 照片滤镜

将带颜色的滤镜放置在照相机的镜头前，能够调整穿过镜头使胶卷曝光的光线的色温与颜色平衡。“照片滤镜”命令就是Photoshop 对这一技术的模拟。

打开文件“服饰.jpg”，如图8-45所示。选择“图像—调整—照片滤镜”命令，打开“照片滤镜”对话框，参数设置如图8-46所示，图像效果如图8-47所示。

图8-45 原图

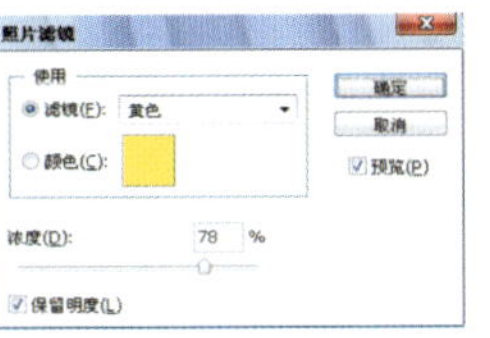

图8-46 “照片滤镜”对话框

图8-47 图像调整效果

在“照片滤镜”对话框中，可以通过“滤镜”下拉列表选用预置的颜色滤镜，也可以通过“颜色”选项自定义颜色滤镜。通过“浓度”滑块可以调整滤镜的影响程度。通过勾选“保留明度”复选框，可以保证调整后图像的亮度不变。

## 8.5 调整图像的阴影/高光

“阴影/高光”命令主要用于调整图像的阴影和高光区域，可分别对曝光不足和曝光过度的局部区域进行增亮或变暗处理，以保持图像亮度的整体平衡。“阴影/高光”命令最适合调整强光或背光条件下拍摄的图像。

打开文件“梅花.jpg”，如图8-48所示。选择“图像—调整—阴影/高光”命令，打开“阴影/高光”对话框，选择“显示其他选项”复选框，使对话框显示更多的参数。

图8-48 原图

设置对话框参数如图 8-49所示，图像调整结果如图8-50所示（白梅的花形更清晰，且彩度增加）。

“阴影/高光”对话框中各项参数的作用如下。

“数量”：拖动“阴影”或“高光”栏中的“数量”滑块，或直接在数值框内输入数值可改变光线的校正量。数值越大，阴影越亮而高光越

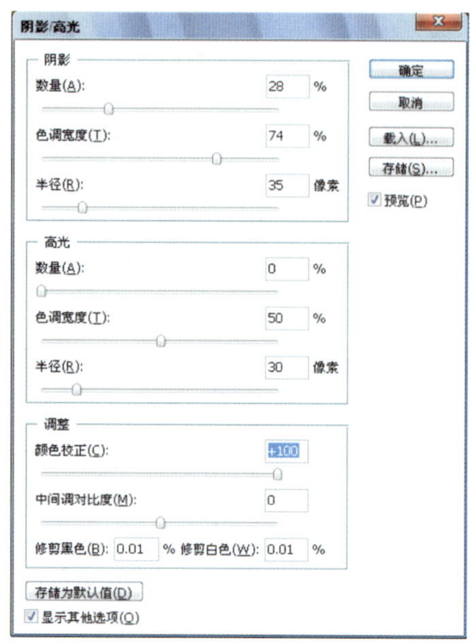


图8-49　对话框参数设置

图8-50　图像调整结果

暗；反之，阴影越暗而高光越亮。

“色调宽度”：控制阴影或高光的色调调整范围。调整阴影时，数值越小，调整将限定在较暗的区域。调整高光时，数值越小，调整将限定在较亮的区域。

“半径”：控制应用阴影或高光的效果范围。实际上用来确定某一像素属于阴影区域还是高光区域。数值越大，将会在较大的区域内调整；反之，将会在较小的区域内调整。若数值足够大，所做调整将用于整个图像。

“颜色校正”：微调彩色图像中被改变区域的颜色。例如，向右拖动“阴影”栏中的“数量”滑块时，将在原图像比较暗的区域中显示出颜色，此时，调整“颜色校正”的值，可以改变这些颜色的饱和度。一般而言，增加“颜色校正”的值，可以产生更饱和的颜色；降低“颜色校正”的值，将产生饱和度更低的颜色。

“中间调对比度”：调整中间调区域的对比度。向左拖动滑块，降低对比度；向右拖动滑块，增加对比度。也可以在右端的数值框内输入数值，负值用于降低原图像中间调区域的对比度，正值将增加原图像中间调区域的对比度。

“修剪黑色”与“修剪白色”：确定有多少阴影和高光区域将被剪辑到图像中新的极端阴影（色阶为0）和极端高光（色阶为255）中去。数值越大，图像的对比度越高。若剪辑值过大，将导致阴影和高光区域细节的明显丢失。

## 8.6　匹配、替换和混合颜色

### 8.6.1　匹配颜色

“匹配颜色”命令用于在多个图像、图层或色彩选区之间匹配颜色。例如，它既可以将其他图像（源）的颜色匹配到当前图像（目标），也可以将当前图像其他层的颜色匹配到工作图层。“匹配颜色”命令仅对RGB模式的图像有效。

打开文件“山峰.jpg”和“落日.psd”，如图8-51所示。选择“山峰.jpg”为当前图像。选择“图像—调整—匹配颜色”命令，打开“匹配颜色”对话框。

图8-51　原素材图像

从“源”下拉列表中选择“落日.psd”，从“图层”下拉列表中选择“落日”。这样可将“落日.psd”的“落日”层图像匹配到“山峰.jpg”图像中。其他参数设置如图8-52所示，颜色匹配结果如图8-53所示。

“匹配颜色”对话框中其他主要参数的作用如下。

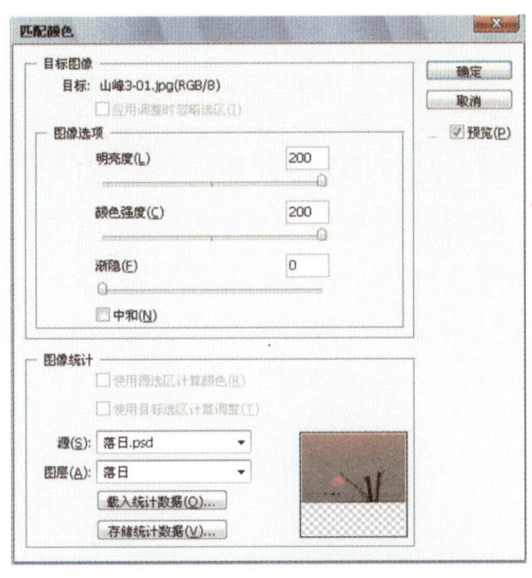


图8-52 对话框参数设置

图8-53 颜色匹配结果

“明亮度”：用于调整图像的亮度。向右拖动提高亮度，向左拖动降低亮度。

“颜色强度”：用于调整图像中色彩的饱和度。向右拖动增加饱和度，向左拖动降低饱和度。

“渐隐”：用于调整颜色匹配的程度。向右拖动降低匹配程度，向左拖动提高匹配程度。

“中和”：勾选该复选框，可以自动消除目标图像的色彩偏差。

提示：

“匹配颜色”对话框中其他选项的作用如下。

若目标图像中存在选区，不选择“应用调整时忽略选区”复选框时，源图像的颜色仅匹配到当前图像的选区内。否则，颜色匹配到当前图像的整个图层。

若源图像中存在选区，选择“使用源选区计算颜色”复选框时，仅使用源图像选区内的颜色匹配目标图像的颜色。否则，使用整个源图像的颜色匹配目标图像。

若目标图像中存在选区，选择“使用目标选区计算调整”复选框时，将使用目标图层选区内的颜色调整颜色匹配。否则，使用整个目标图层的颜色调整颜色匹配。

## 8.6.2 替换颜色

“替换颜色”命令通过调整色相、饱和度和亮度参数将图像中指定的颜色替换为其他颜色。实际上相当于“色彩范围”命令与“色相/饱和度”命令的结合使用。

打开“公园雪.jpg”，如图8-54所示。选择“图像—调整—替换颜色”命令，打开“替换颜色”对话框，如图8-55所示。

图8-54 原图

图8-55 “替换颜色”对话框

在“选区”选项栏中单击选中吸管工具，将光标移至图像窗口中，在雪中梅花的绿色花蕾上单击，选取要替换的颜色。此时，在对话框的图像预览区，白色表示被选择的区域，黑色表示未被选择的区域，灰色表示部分被选择的区域。

拖动“颜色容差”滑块或在滑动条右侧的文本框内输入数值（取值范围为0 ~ 200），可调整被选择区域的大小。向右拖动滑块扩大选区，向左拖动则减小选区。

选择添加到取样工具，在图像中未被选中的其他绿色调区域单击，可以把这部分区域添加到所选区域中去。同样，使用从取样中减去工具可以把不要替换的颜色所在的区域从当前选区中减掉。

勾选对话框中的“预览”复选框。在“替换”栏中调整色相、饱和度和亮度值，将颜色设置为红色，如图8-55所示。此时图像中绿色的花蕾变成了红色的花蕾，如图8-56所示。

图8-56 图像调整结果

在对话框中若选择“图像”单选按钮，则图像预览框中可以预览到原始图像，将它和图像窗口中预览到的图像进行比较，可明显看出两者的区别。

为了防止将不希望替换的区域中的颜色替换掉，在“替换颜色”命令执行前可首先建立一个选区，将不希望进行颜色调整的部分排除在选区之外。一般情况下，选区应适当地羽化，这样最后的调整效果会更好些。

## 8.6.3 通道混合器

“通道混合器”命令可以改变某一通道的颜色，并混合到主通道中产生图像合成的效果。该命令只能用于RGB模式和CMYK模式的图像。

使用“通道混合器”命令可以达到特殊的效果。例如通过从每个颜色通道中选取它所占的百分比来创建色彩、创建高品质的深棕色调或其他色调的图像等。

要在图像中混合通道，首先在通道面板中选择混合通道，然后选择“通道混合器”，打开“通道混合器”对话框，如图8-57所示。

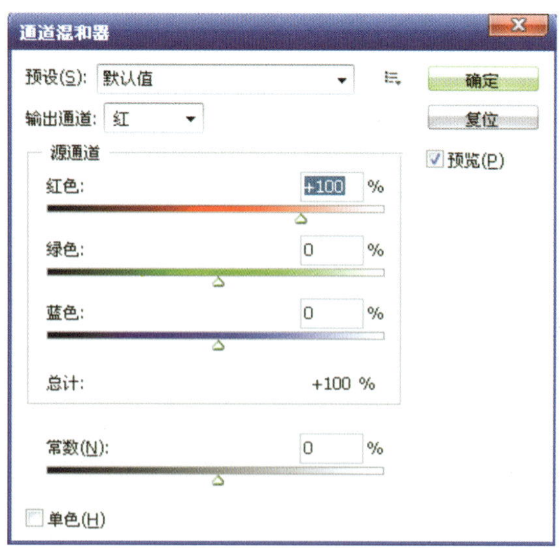

图8-57 “通道混合器”对话框

各选项含义如下。

① 输出通道：选取要在其中混合一个或多个现有通道的通道。若为RGB模式的图像，该选项的下拉式菜单中显示红、绿和蓝通道；如为CMYK模式的图像，则该菜单中显示青、洋红、黄和黑四色通道。

② 源通道：滑块向左拖减少该源通道在输出通道中所占的百分比，向右拖增加该源通道在输出通道中所占的百分比。

使用负值会使源通道反相，再将其加入到输出通道。

③ 常数：该选项可以调节通道的不透明度，调节范围为-200 ~ +200。

④ 单色：选择该选项可以对所有输出通道应用相同的设置，这会创建仅包含灰色值的彩色图像。如果要将彩色图像转换为灰度图像，选择“单色”非常有用。

## 8.6.4 可选颜色

“可选颜色”命令用于调整图像中红色、黄色、绿色、青色、蓝色、白色、中灰色和黑色各主要颜色中四色油墨的含量，使图像的颜色达到平衡。因此比较适合CMYK图像的色彩调整，但同样也适用于RGB图像等的颜色校正。

“可选颜色”命令在改变某种主要颜色中四色油墨的含量时，不会影响到其他主要颜色的表现。例如，可以改变红色像素中四色油墨的含量，而同时保持黄色、绿色、白色、黑色等像素中四色油墨的含量不变。

打开文件“花.jpg”，如图8-58所示。选择“图像—调整—可选颜色”命令，打开“可选颜色”对话框，如图8-59所示。

从“颜色”下拉列表中选择要调整的颜色（选项包括红色、黄色、绿色、青色、蓝色、洋红、白色、中性色和黑色等）。

沿各滑动条拖动滑块，改变所选颜色中四色油墨的含量，直到满意为止。

图8-58 原图

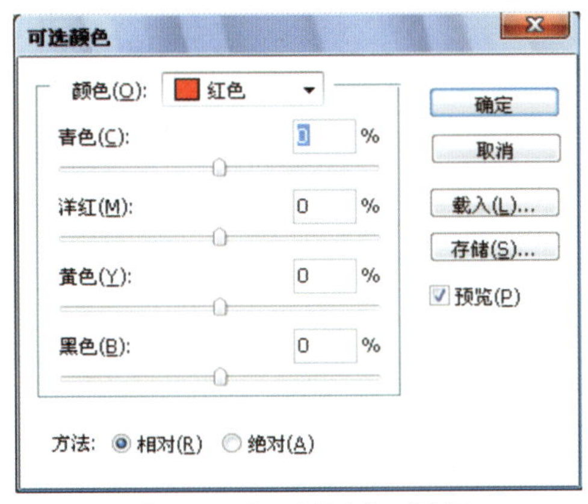


图8-59 “可选颜色”对话框

本例中将对话框参数设置成如图 8-60所示，图像调整结果如图8-61所示（图像中白色区域得到调整——如白色花瓣上的黄色成分有所减弱，更显得晶莹剔透）。

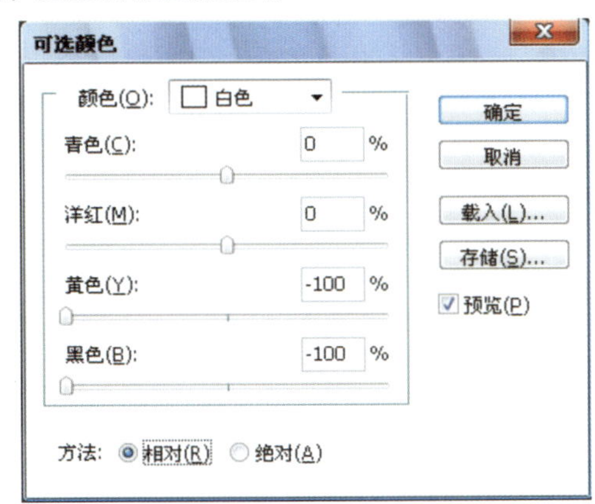


图8-60 对话框参数设置

图8-61 图像调整结果

提示：

在“可选颜色”对话框的底部，有两种油墨含量的增减方法。

“相对”：按照总量的百分比增减所选颜色中青色、洋红、黄色或黑色的含量。

“绝对”：按绝对数值增减所选颜色中青色、洋红、黄色或黑色的含量。

## 8.7 对图像进行特殊颜色处理

### 8.7.1 去色

“去色”命令将彩色图像中每个像素的饱和度值设置为0，仅保持亮度值不变。实际上是在不改变颜色模式的情况下将彩色图像转变成灰度图像。

在平面设计中，为了突出某个人物或事物，往往将其背景部分处理为灰度图像效果，而仅仅保留主题对象的彩度。使用Photoshop 选择工具和“去色”命令即能胜任此项工作。

### 8.7.2 反相

“反相”命令可以反转图像中每个像素点的颜色，使图像由正片变成负片，或从负片变成正片。例如，对于RGB 图像，若图像中某个像素点的RGB 颜色值为（r，g，b），则反相后该点的RGB 颜色值变成（255-r，255-g，255-b）。对于CMYK 图像，若某个像素点的CMYK 颜色值为（c%，m%，y%，k%），则反相后该点的CMYK 颜色值变成（1-c%，1-m%，1-y%，1-k%）。所以，“反相”命令对图像的调整是可逆的。

### 8.7.3 阈值

“阈值”命令可将灰度图像或彩色图像转换为高对比度的黑白图像，是为报刊杂志制作黑白插画的有效方法。

打开文件“大树.jpg”，如图8-62所示。选择“图像—调整—阈值”命令，打开“阈值”对话框。对话框中显示的是当前图像像素亮度等级的直方图。通过拖动三角滑块将“阈值色阶”设置为115，如图8-63所示，图像效果如图8-64所示。

图8-62 原图

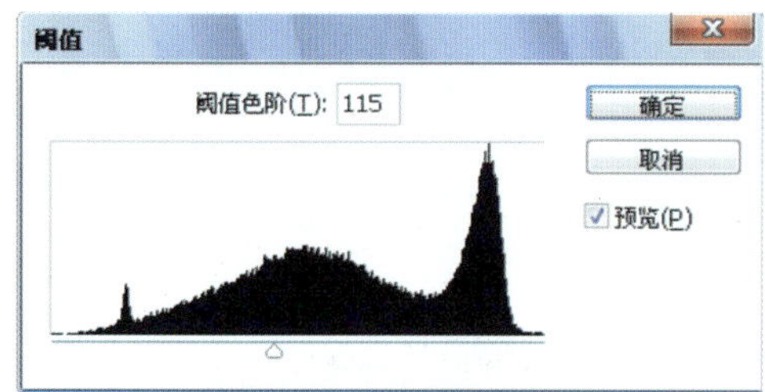


图8-63 “阈值”对话框

图8-64 转换结果

“阈值”命令转换图像颜色的原理是：通过指定某个特定的阈值色阶（取值范围为1 ~ 255），使图像中亮度值大于该指定值的像素转换为白色，其余像素转换为黑色。

## 8.7.4 色调分离

“色调分离”命令用于指定图像中每个通道的色调级（或亮度值）的数目，然后将像素映射为最接近的匹配色调。例如，在 RGB 图像中选取两个色调级可以产生六种颜色：两种红色、两种绿色、两种蓝色。

在照片中创建特殊效果，如创建大的单调区域时，此命令非常有用。在减少灰度图像中的灰色色阶数时，它的效果最为明显。但它也可以在彩色图像中产生一些特殊效果。如果想在图像中使用特定数量的颜色，则将图像转换为灰度并指定需要的色阶数。然后将图像转换回以前的颜色模式，并使用想要的颜色替换不同的灰色调。

使用“色调分离”命令的方法如下。

① 单击“图像—调整—色调分离”菜单命令，打开“色调分离”对话框，如图8-65所示。

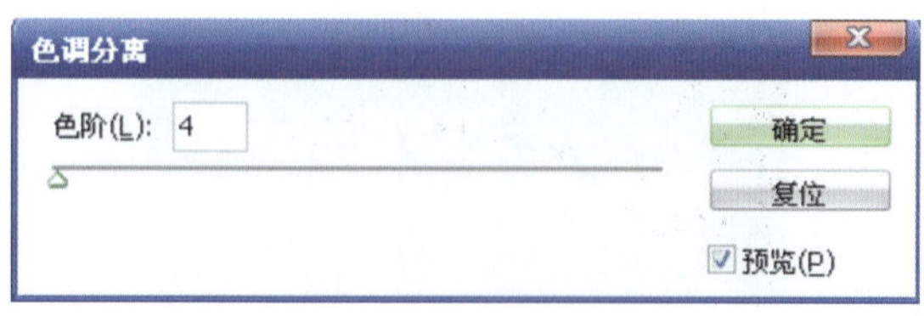


图8-65 “色调分离”对话框

② 输入想要的色调色阶数，然后单击“确定”。

## 8.7.5 渐变映射

“渐变映射”命令将相等的图像灰度范围映射到指定的渐变填充色。

使用“渐变映射”命令的方法如下。

① 单击“图像—调整—渐变映射”菜单命令，打开“渐变映射”对话框，如图8-66所示。

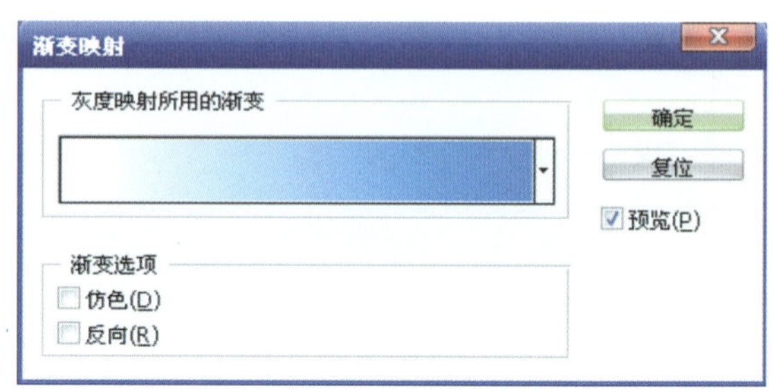


图8-66 “渐变映射”对话框

② 指定要使用的渐变填充。若要从渐变填充列表中选取，请单击显示在“渐变映射”对话框中的渐变填充右边的三角形。单击选择所需的渐变填充，然后在对话框的空白区域中单击以取消该列表。

若要编辑当前显示在“渐变映射”对话框中的渐变填充，请单击该渐变填充。然后修改现有的渐变填充或创建新的渐变填充。

默认情况下，图像的暗调、中间调和高光分别映射到渐变填充的起始（左端）颜色、中点和结束（右端）颜色。

③ 选择“渐变选项”中的一个、两个或不选择。

“仿色”：添加随机杂色以平滑渐变填充的外观并减少带宽效果。

“反向”：切换渐变填充的方向以反向渐变映射。

## 习 题

1. 将一幅色彩单一的灰色图像zysc11.tif运用图像模式转换、色相和饱和度、图像的亮度和对比度及变化等调整为对比强烈、色彩鲜艳的彩色图像，如图8-67所示。

2. 运用色彩均化、替换颜色、色相等命令将zysc22.tif中的黄色花蕊替换成紫红色的花蕊，并使图像的亮度均衡，如图8-68所示。

3. 利用通道混合器将zysc31.jpg调整为如图8-69所示的蓝绿色图像。

图8-67 彩色图像

图8-68 紫红色花蕊图像

图8-69 调整结果图

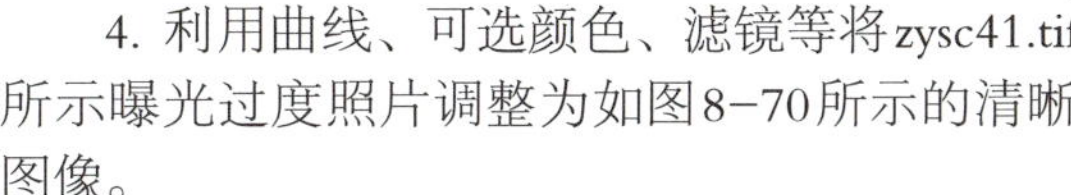

4. 利用曲线、可选颜色、滤镜等将zysc41.tif所示曝光过度照片调整为如图8-70所示的清晰图像。

5. 利用色相、色阶等调整使zysc51.jpg的柿子变红的效果图如图8-71所示。

图8-70 清晰图像

图8-71 柿子变红

# 第9章 文字

## 案例 火焰字效果的制作

### 相关知识和技能

本案例主要运用文字工具、滤镜、模式变换等制作火焰字，效果如图9-1所示。

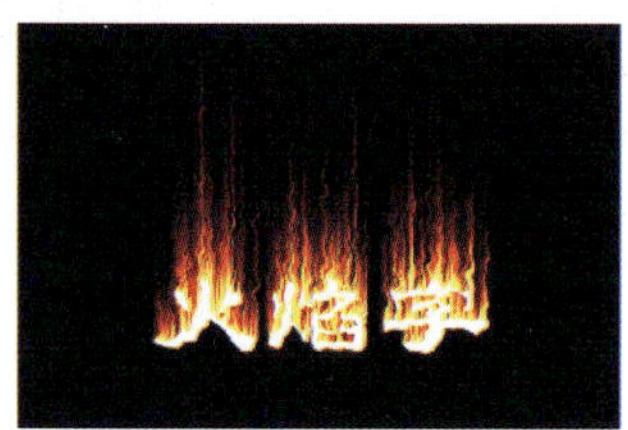

图9-1 效果图

操作步骤如下。

① 新建画布，大小10cm×15cm，分辨率72ppi，设置背景为黑色；

② 添加文字，白色，隶书，72号，如图9-2所示；

图9-2 输入文字

③ 执行"图像—旋转画布—90度（顺时针）"命令，如图9-3所示；

④ 执行"滤镜—风格化—风"命令（首先在出现的对话框中单击确定栅格化文字），如图9-4所示；

图9-3 旋转画布

图9-4 "风"效果图

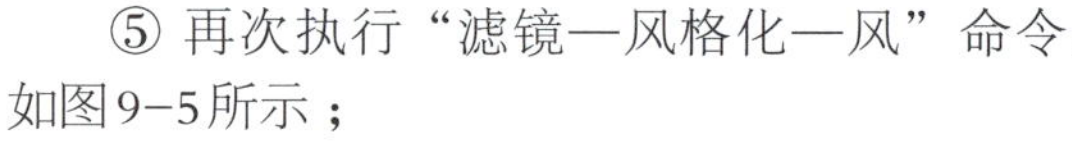

⑤ 再次执行"滤镜—风格化—风"命令，如图9-5所示；

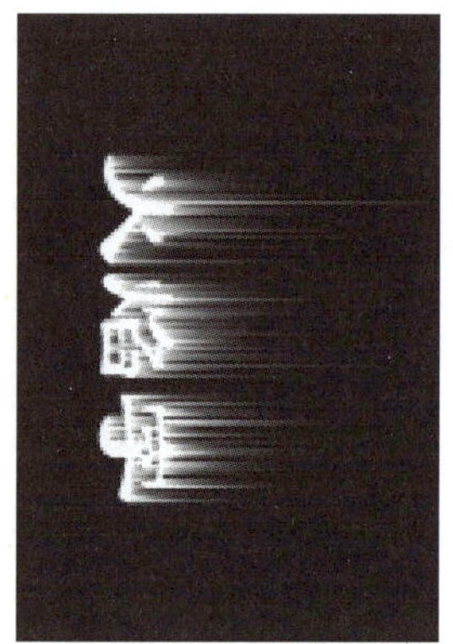

图9-5 再次执行的"风"效果

⑥ 执行"图像—旋转画布—90度（逆时针）"命令，如图9-6所示；

图9–6 旋转画布

⑦ 执行“滤镜—扭曲—波纹”命令，如图9–7所示；

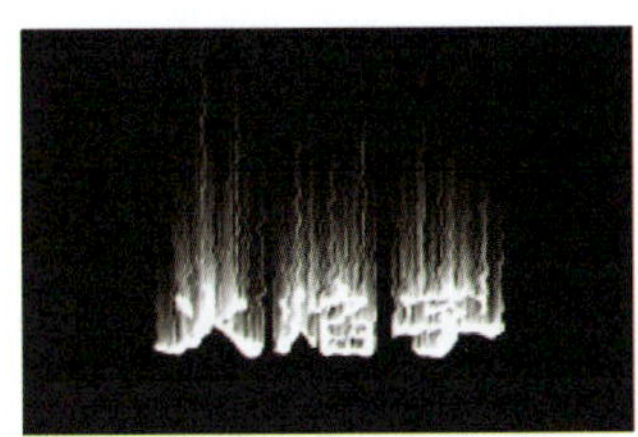

图9–7 “波纹”效果

⑧ 执行“图像—模式—灰度”命令，拼合图层；

⑨ 执行“图像—模式—索引颜色”命令；

⑩ 执行“图像—模式—颜色表”命令，选择“黑体”颜色，如图9–8所示；

⑪ 执行“图像—模式—RGB颜色”命令，火焰字效果的制作完成。

图9–8 使用“颜色表”效果图

## 9.1 文字工具

图形、文字和色彩是平面设计的三要素。Photoshop CS4的文字工具组包括横排文字工具、直排文字工具、横排文字蒙版工具和直排文字蒙版工具，其功能非常强大。除了可以控制文字的字体、大小、颜色、行间距、字间距、段落样式等基本属性外，还可以创建变形文字，或直接对文字施加各种变换（缩放、旋转、透视、斜切、扭曲等）。

另外，文字工具更高级的应用还有：

- 创建路径文字。
- 将文字转化为路径，以便根据需要随心所欲地进行字体设计。

文字工具的选项栏如图9–9所示。

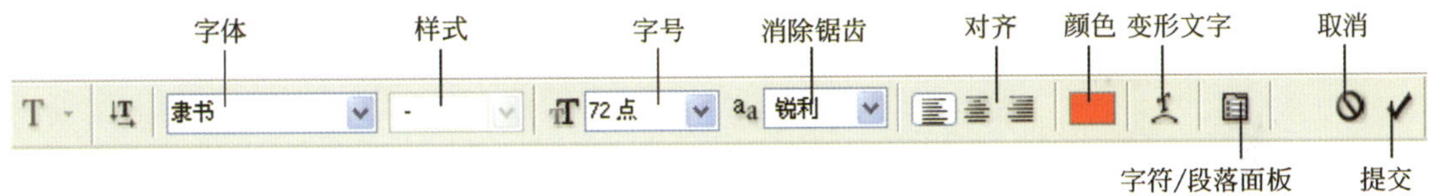

图9–9 文字工具的选项栏

- 字体、样式、字号：设置文字的字体、样式和大小。其中样式对中文字体无效。
- 消除锯齿：提供了消除文字边缘锯齿的不同方法。
- 对齐：设置文字的对齐方式。
- 颜色：单击该颜色按钮打开“拾色器”对话框，选择文字颜色。
- 变形文字：选择文字层，单击该按钮，打开“变形文字”对话框，设置文字的变形方式。
- 字符/段落面板：单击该按钮打开“字符/段落”面板，从中更详细地设置字或段落的格式。
- 取消：用于撤销文字的输入或修改，并退出文字编辑状态。
- 提交：用于确认文字的输入或修改，并退出文字编辑状态。

（1）横排文字工具 T

横排文字工具用于创建水平走向、从上向下分行的文字。

① 创建横排文字

横排文字的创建方法有两种。

方法一：

a. 选择横排文字工具，利用选项栏或“字符”面板设置字体、大小、颜色等基本参数。

b. 在图像中单击，确定插入点（此时图层面板上生成文字图层）。

c. 输入文字内容。按Enter键可向下换行。

d. 单击“提交”按钮✔，文字创建完毕（若单击“取消”按钮⊘，则撤销文字的输入）。

方法二：

a. 选择横排文字工具，在选项栏上设置文字基本参数。

b. 在图像中拖移鼠标，确定文字输入框和插入点（此时图层面板上生成文字图层）。

c. 输入文字内容，文字被限制在框内，到达框的边缘后自动换行（当然也可以按Enter键换行）。水平拖移输入框竖直边上的控制块，可改变行宽。这样创建的文字为段落文字。

d. 单击“提交”按钮✓确认，或单击“取消”按钮⊘撤销输入。

② 修改横排文字

双击文字图层（此时该层的所有文字被选中），利用选项栏、“字符”面板或“段落”面板重新设置文字基本参数，最后单击✓按钮确认。

若要修改文字图层中的部分内容，可在选择文字图层和文字工具后，将指针移到对应字符上，按住左键拖移选择，然后进行修改并提交，如图9-10所示。

图9-10 修改文字图层的部分内容

Photoshop CS4的“字符”面板如图9-11所示。

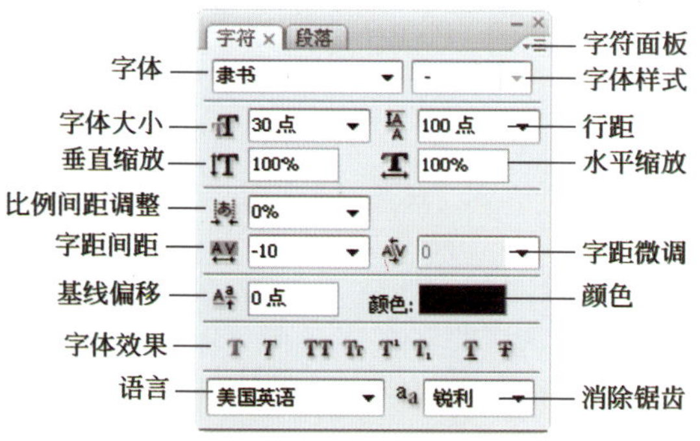


图9-11 “字符”面板

- 字距微调：用于调整两个字符的间距。方法是将插入点放置在两个字符之间，然后从该框中选择或输入宽度数值。负值减小字距，正值加大字距。
- 基线偏移：调整文字与基线的距离。正值文字升高，负值文字降低。
- 比例间距调整：按指定的百分比数值减少字符周围的空间。数值越大，空间越小。
- 字距调整：统一调整所选文字的字符间距。负值减小字距，正值加大字距。
- 字体效果：创建不同的文字效果。单击不同的按钮，从左往右依次为加粗、倾斜、全部大写、小型大写、创建上标、创建下标、增加下划线、增加删除线。
- 语言：对所选文字进行有关连字符和拼写规则的语言设置。

Photoshop CS4 的“段落”面板如图9-12所示。

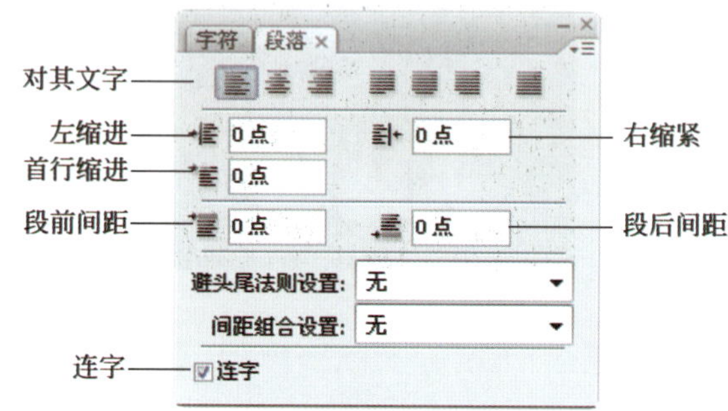


图9-12 “段落”面板

- 对齐文字：对所选段落设置左对齐、居中对齐或右对齐，或对所选段落的最后一行设置左对齐、居中对齐、右对齐，或使段落文字全部对齐。
- 段落缩进：对选定段落设置缩进，包括左缩进、右缩进和首行缩进。
- 段前/段后间距：设置选中段落与前面段落和后面段落之间的距离。
- 连字：勾选该复选框，将在英文段落中自动使用连字功能。当一行的最后一个英文单词由于文字输入框的宽度不够而强行拆开，单词的后一部分换到下一行显示时，在换行的位置将自动出现连字符“-”。

（2）直排文字工具IT

直排文字工具用于创建竖直走向、从右向左分行的文字。用法与横排文字工具类似。

## 9.2 文字蒙版工具

### 9.2.1 横排文字蒙版工具

横排文字蒙版工具用来创建水平方向的文字选区，但不会生成文字图层。其用法如下。

① 选择横排文字蒙版工具，利用选项栏或“字符”面板设置文字基本参数。

② 在图像中单击（或拖移鼠标），确定插入

点（此时进入文字蒙版状态，图像被50%不透明度的红色保护起来）。

③ 输入文字内容。

④ 若要修改文字属性，必须在提交之前进行。可拖移鼠标，选择要修改的内容，然后重新设置文字参数，也可对全部文字进行变形。

⑤ 单击“提交”按钮✓（此时退出文字蒙版状态，形成文字选区）。

⑥ 编辑文字选区（描边、填色、添加滤镜等，但要避开文字层、形状层等）。

⑦ 取消选区。

### 9.2.2 直排文字蒙版工具

直排文字蒙版工具用于创建竖直走向、从右向左分行的文字选区。用法与横排文字蒙版工具类似。

下面举例说明文字工具的基本用法。

① 打开文件“人物.jpg”，如图9-13所示。

图9-13 素材图片图

② 选择直排文字工具，设置选项栏参数：字体为隶书，字号为18，颜色为绿色。

③ 在图像窗口左上角单击，并输入文字内容“心在飘，何时才能靠岸”，添加图层效果。

④ 单击“提交”按钮✓。文字创建完毕。

⑤ 在“图层”面板上双击文字层，选择所有文字。打开“字符”面板，设置字距为100，行距为36。

⑥ 单击“提交”按钮✓。文字修改完毕。

⑦ 使用移动工具调整文字的位置。

⑧ 选择“图层—图层样式—投影”命令，打开“图层样式”对话框，采用默认参数，单击“确定”按钮，为文字添加投影效果，如图9-14所示。

图9-14 创建并编辑文字

## 9.3 路径文字

路径文字是Photoshop CS4的一项强大的功能，可以产生一种优雅而活泼的视觉效果，常见于以儿童或女性消费为题材的广告作品中。具体操作如下。

① 根据需要创建路径。

② 选择横排文字工具或直排文字工具，光标定位在路径上，当显示指示符的时候单击，路径上出现插入点。输入文字内容，如图9-15所示。

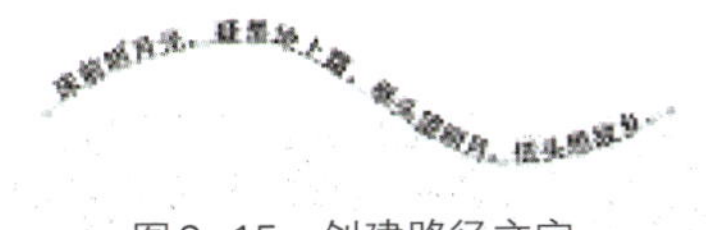

图9-15 创建路径文字

③ 选择路径选择工具或直接选择工具，将光标置于路径文字上，当出现指示符的时候单击并沿路径拖移文字，可改变文字在路径上的位置。若拖移时跨过路径，文字将翻转到路径的另一侧，如图9-16所示。

图9-16 文字翻转到路径另一侧

路径文字内容和格式的编辑与普通文字完全相同。

打开文件“雨季.jpg”，使用钢笔工具等创建如图9-17所示的4条路径。使用横排文字工具在每条子路径上创建路径文字，结果如图9-18所示。

图9-17 绘制路径

图9-18 路径文字效果

对于闭合路径，文字除了能够沿路径曲线书写外，还可以排列在路径内。操作如下。

① 创建封闭的路径。

② 选择横排文字工具或直排文字工具，在封闭路径内单击，确定插入点，输入文字内容，

完成后的效果如图9-19所示。

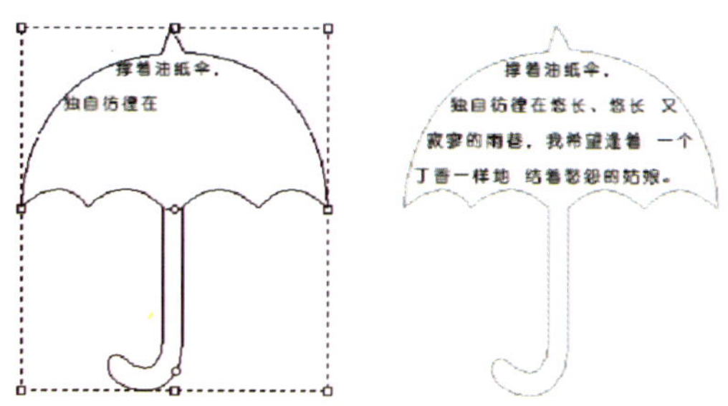


图9-19　在路径内排列文字

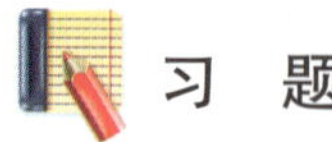

## 习　题

1. 利用直线渐变工具、扩边、填充、查找边缘等操作制作如图9-20所示的灯管字。

图9-20　灯管字

2. 利用文字工具、变换、描边、滤镜等操作将zysc21.tif文件制作如图9-21所示的桌面反光倒影效果。

图9-21　桌面反光倒影效果

3. 制作如图9-22所示的路径文字。

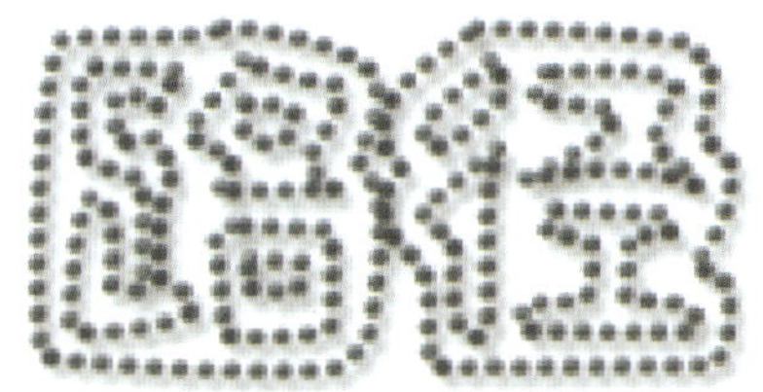


图9-22　路径文字

# 第10章 滤镜

## 10.1 滤镜概述

滤镜是一种功能丰富，效果奇特，用来实现图像各种特殊效果的工具。用户通过对滤镜的使用能够对图像进行特殊的处理来达到最佳艺术效果。

### 10.1.1 滤镜的工作原理

滤镜是用于图片后期处理的。其名称来源于摄影中的滤光镜，应用滤光镜的功能可以改进图像和产生特殊的效果。Photoshop CS4中的滤镜功能与摄影中的滤光镜相似，可以使图像产生各种处理效果。 Photoshop CS4中提供了100多种不同的内置滤镜，并且可以支持各种外挂滤镜，使得图像的特殊处理更加多样化。

### 10.1.2 使用滤镜工具

Photoshop CS4滤镜都按照其效果特点分类放置在菜单栏“滤镜”菜单中，如图10-1。滤镜的操作使用非常简单，只需从该菜单中选取执行所需的滤镜命令即可。在使用中应注意几个问题。

① 针对选区进行处理。在进行图像处理时，如果有定义的选区，则对当前选定的选区进行处理。否则，是针对当前正在编辑的可见图层或通道进行操作。

② 颜色模式有限制。滤镜不能够对位图、索引模式等颜色模式起作用。有些滤镜只能处理RGB模式下的图像。

图10-1 “滤镜”菜单

③ 滤镜参数可恢复。当在滤镜参数设置栏中进行参数设置时，可按住Alt键将取消按钮变为恢复按钮，单击该按钮可将参数恢复为调整之前。

④ 滤镜可重复使用。可按下快捷键【Ctrl+F】重复使用上次应用过的滤镜效果。或者在滤镜菜单的顶部再次单击调用。

## 10.2 常规滤镜

### 火影忍者

#### 相关知识和技能

本例主要使用“分层云彩”、“球面化”、“拼贴”和“色彩平衡”等命令。在对象的选择上，利用了快速蒙版工具对选区进行编辑修改。

操作步骤如下。

① 打开文件“火影忍者.jpg”。

② 使用套索工具（羽化值为0）大致圈选人物的轮廓部分，不必太准确，如图10-2所示。以下步骤③~⑧利用快速蒙版修补该选区，目的是精确选取人物轮廓。

③ 单击选择工具箱底部的“以快速蒙版模式编辑”按钮（位于选色按钮下面），进入快速蒙版编辑模式。此时选区消失，选区外被红色蒙版覆盖。

④ 将前景色设为黑色。选择画笔工具，设置大小为10px 左右，硬度为100%。将所选人物轮廓之外的未被红色覆盖的区域涂抹成红色（为操作方便和精确起见，可放大图像操作）。

⑤ 对于比较细微之处（如头发等处），可改用小画笔并进一步放大图像进行涂抹。

⑥ 若不小心将其他部分涂成了红色，可改用白色画笔涂抹，将其恢复。整个涂抹操作完成后的图像如图10-3所示。

图10-2　粗略选择　　图10-3　修补选区

⑦ 单击工具箱底部的“以标准模式编辑”按钮（位于选色按钮下面），返回标准编辑模式，皮肤部分被精确选择 。

⑧ 选择“图层—新建—通过拷贝的图层”命令，当前选区图像在新的图层保存起来，以备后用。

⑨ 选择“图层—新建—图层”命令，设置如图10-4所示。

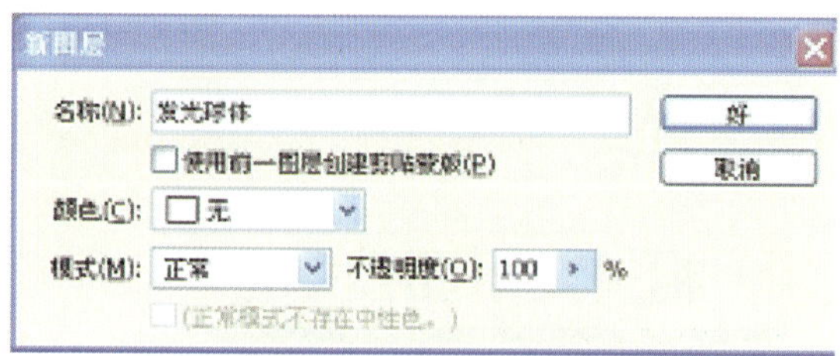


图10-4　“新图层”对话框

⑩ 为图层填充黑色，选择“滤镜—渲染—分层云彩”，按【Ctrl+F】重复将此滤镜重复执行两次以上，结果如图10-5所示。

⑪ 选择“图像—调整—色调均化”命令。设置如图10-6所示。

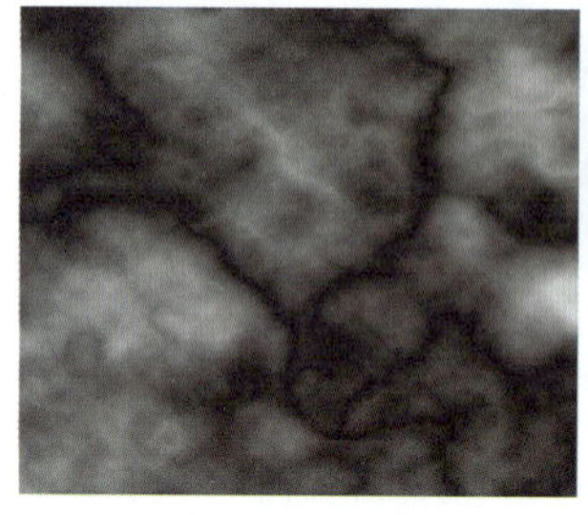

图10-5　运用分层云彩的效果

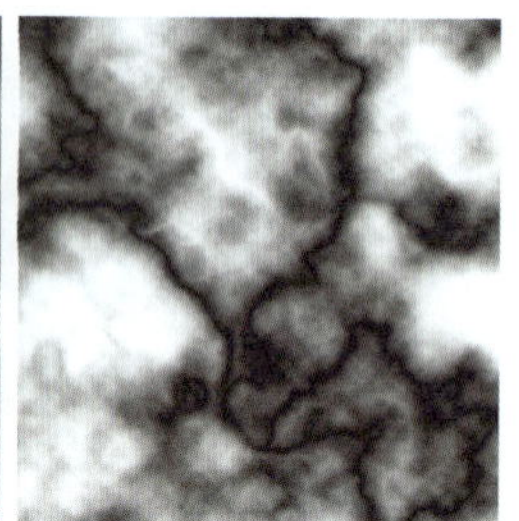

图10-6　色调均化后的效果

⑫ 选择“图像—调整—色阶”命令，打开“色阶”对话框。将灰色滑块向左滑动，参数设置及图像变化如图10-7所示。

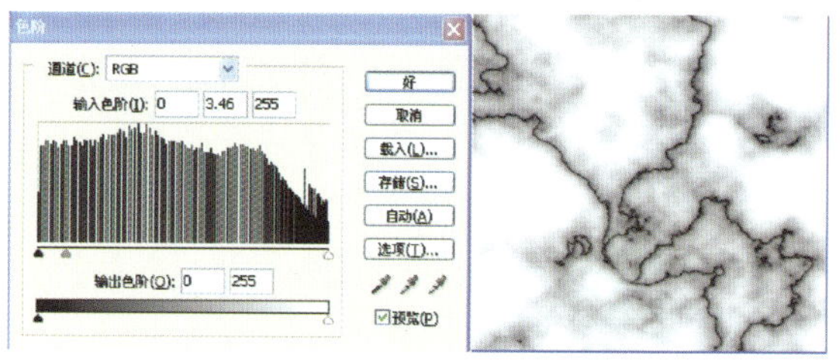


图10-7　“色阶”参数设置及图像变化

⑬ 选择“图像—调整—反向”命令，图像变化如图10-8所示。

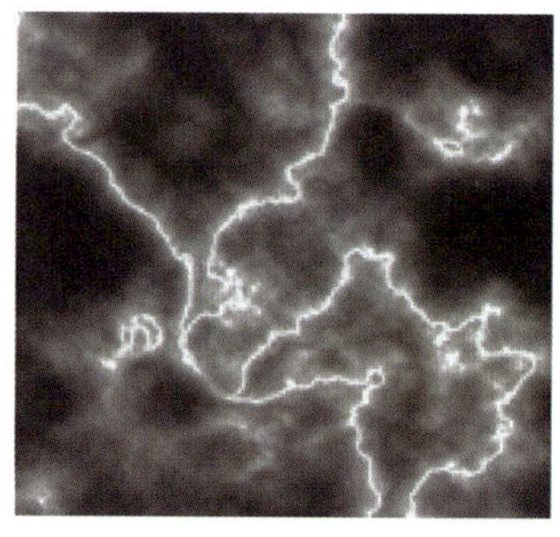

图10-8　反向后的效果

⑭ 选择“图像—调整—色彩平衡”命令，打开“色彩平衡”对话框调整参数。图像变化如图10-9所示。

⑮ 在当前图层上选择“椭圆选框工具”命令，按住Shift键建立一个正圆选区，选择“滤镜—扭曲—球面化”。选择“选择—反选”命令，并删除选区内图像，参数设置及图像变化如图10-10所示。

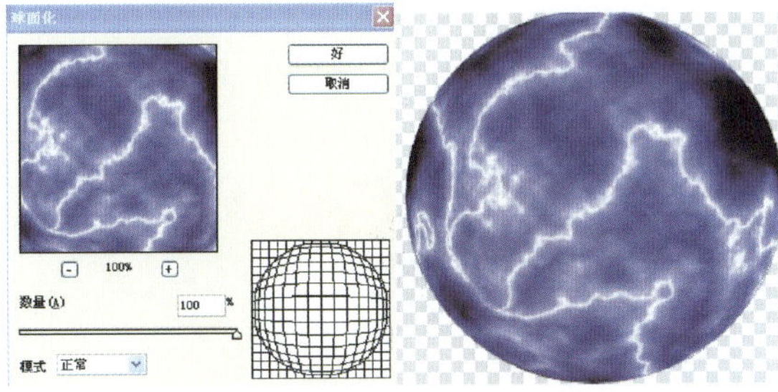


图10-9 “色彩平衡”参数设置及图像变化

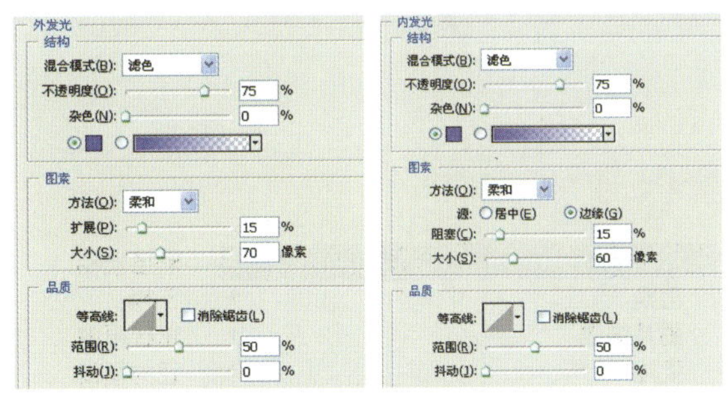


图10-10 “球面化”参数设置及图像变化

⑯ 选择“图层—图层样式—外发光”命令，打开“外发光”对话框调整参数，如图10-11所示。选择“图层—图层样式—内发光”命令，打开“内发光”对话框调整参数，如图10-12所示，图像变化如图10-13所示。

外发光
结构
混合模式(B): 滤色
不透明度(O): 75 %
杂色(N): 0 %
图素
方法(Q): 柔和
扩展(P): 15 %
大小(S): 70 像素
品质
等高线: 消除锯齿(L)
范围(R): 50 %
抖动(J): 0 %

内发光
结构
混合模式(B): 滤色
不透明度(O): 75 %
杂色(N): 0 %
图素
方法(Q): 柔和
源: 居中(E) 边缘(G)
阻塞(C): 15 %
大小(S): 60 像素
品质
等高线: 消除锯齿(L)
范围(R): 50 %
抖动(J): 0 %

图10-11 “外发光”对话框 图10-12 “内发光”对话框

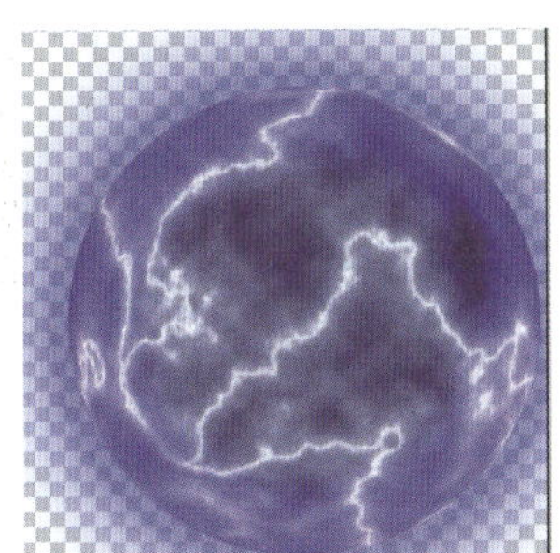

图10-13 图像变化结果

⑰ 选择“图层—新建—图层”命令，创建一新图层。

⑱ 设置前景色为黑色，背景色为白色，为图层填充前景色黑色。选择“滤镜—风格化—拼贴”命令，打开“拼贴”对话框调整参数，如图10-14所示。

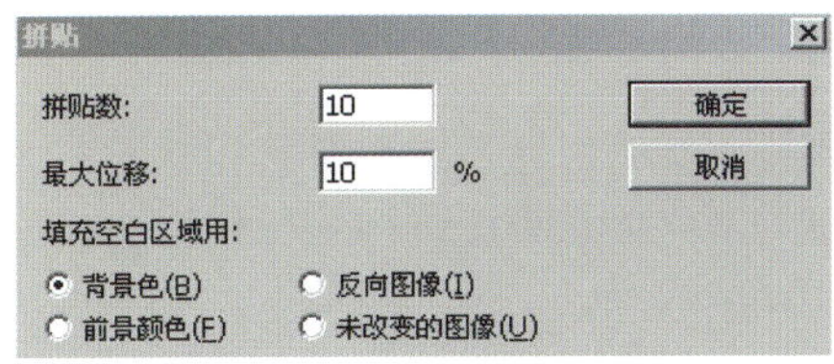


图10-14 “拼贴”对话框

⑲ 选择“滤镜—模糊—径向模糊”命令，打开“径向模糊”对话框调整参数，如图10-15所示。

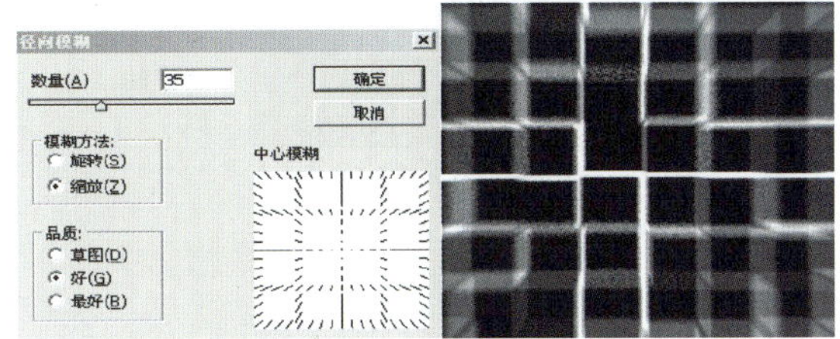


图10-15 “径向模糊”对话框

⑳ 选择“图像—调整—色彩平衡”命令，打开“色彩平衡”对话框调整参数，如图10-16所示。

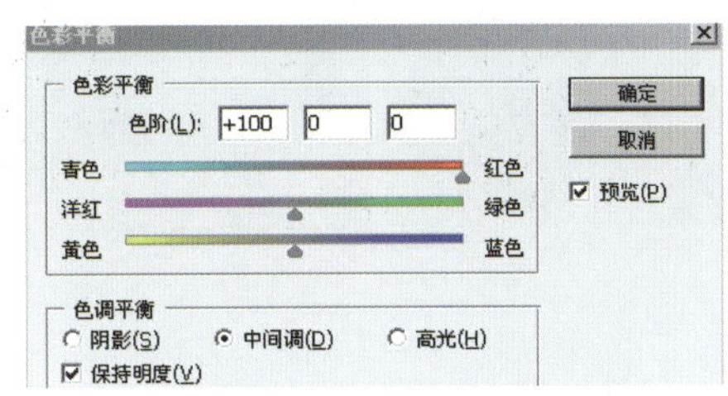


图10-16 “色彩平衡”对话框

㉑ 调整图层位置和大小比例得到最终效果图，如图10-17所示。

图10-17 最终效果

### 10.2.1 风格化滤镜组

风格化滤镜组通过置换像素和通过查找并增加图像的对比度，在选区产生一种绘画或印象派的艺术图像效果，如图10-18所示。

图10-18 风格化滤镜组

① 凸出：该滤镜可以将图像转化为三维背景效果或金字塔形状物体来产生特殊效果，如图10-19所示。

图10-19 凹凸效果

② 扩散：使图像看起来产生油画式毛玻璃的模糊效果。

③ 拼贴：可将图像分解为一定数量的方块，并且每个方块上都含有部分图像，如图10-20所示。

图10-20 拼贴效果

④ 曝光过度：产生一种类似照片在显影过程中短暂曝光的图像效果。

⑤ 查找边缘：根据图像的轮廓在白色的背景上用黑色线条勾勒出来。

⑥ 浮雕效果：通过勾画图像将选区的填充色转换为灰色，并用原填充色描画边缘，从而来产生凹凸不平的浮雕效果。

⑦ 照片边缘：通过搜寻主要颜色变化区域并强化其过渡像素，使图像产生霓虹灯的效果。

⑧ 等高线：按照图像边缘均匀勾画出细线，用来确定过渡区域的色泽水平。

⑨ 风：对图像的边缘创建细小的水平线以及模拟刮风的效果，如图10-21所示。

图10-21 滤镜“风”的效果

### 10.2.2 模糊滤镜组

模糊滤镜可以使图像中清晰或对比度强烈的区域的线条显得柔和，并产生模糊效果，模糊滤镜组如图10-22所示。

模糊
渲染
画笔描边
素描
纹理
艺术效果
视频
锐化
风格化
其它
Digimarc

动感模糊...
平均
形状模糊...
径向模糊...
方框模糊...
模糊
特殊模糊...
表面模糊...
进一步模糊
镜头模糊...
高斯模糊...

图10-22 模糊滤镜组

① 动感模糊：类似于给移动物体进行拍照，从而产生动态模糊的效果，如图10-23所示。

② 高斯模糊：对图像线条进行模糊，并产生一种朦胧效果。

③ 进一步模糊：效果较强的模糊。

④ 径向模糊：可对图像产生缩放模糊和旋转模糊，如图10-24和图10-25所示。

⑤ 特殊模糊：以图像边缘为边界，并只模糊边界线以内的区域，产生一种清晰边界的

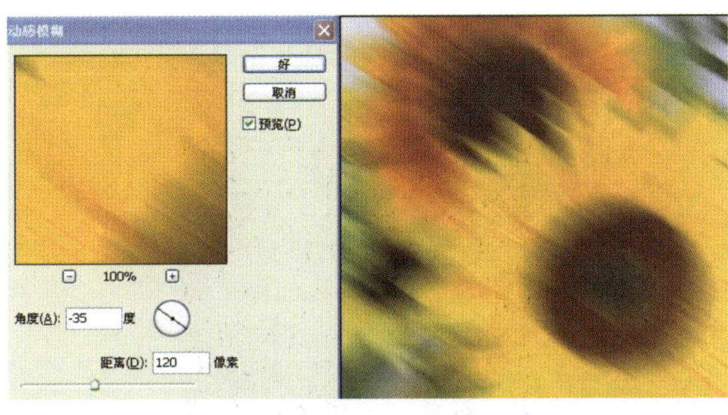
图10-23 动感模糊

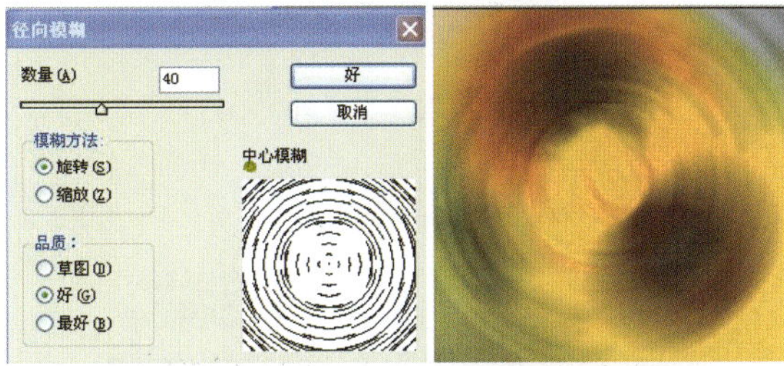
图10-24 径向模糊旋转效果

图10-25 径向模糊缩放效果

模糊。

⑥ 模糊：对图像产生轻微的模糊效果。

## 10.2.3 扭曲滤镜

可以对图像产生变形效果，扭曲滤镜组如图10-26所示。

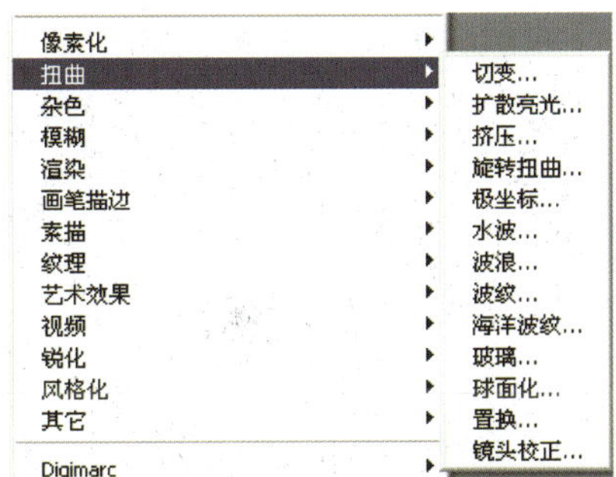

图10-26 扭曲滤镜组

① 切变：对图像在竖直方向进行弯曲。

② 扩散亮光：使图像产生一种光芒漫射的发光效果。

③ 挤压：对整个图像或选区产生向内或向外的挤压。

④ 旋转扭曲：从图像的中心开始产生一种旋转的效果。

⑤ 极坐标滤镜：可以从平面坐标到极坐标，或从极坐标到平面坐标。

⑥ 波浪：对图像生成强烈的波纹效果并可以对波长和振幅进行控制。

⑦ 波纹：对图像产生类似水纹涟漪的效果。

⑧ 水波：对图像产生类似池塘波纹和旋转的效果。

⑨ 球面化：对图像产生凸起的效果。

## 烟花的制作

### 相关知识和技能

本例主要使用“极坐标”、“高斯模糊”、“风”滤镜和“画笔”等命令。

操作步骤如下。

① 新建一个发光字文档，将其窗口大小调整为600×600，分辨率72ppi，背景色为白色。如图10-27所示。

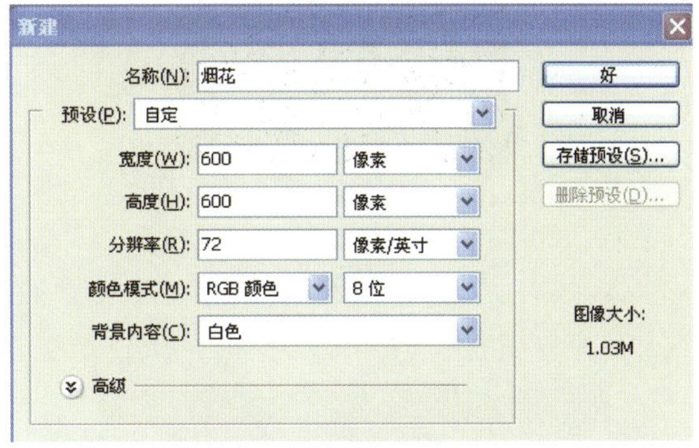

图10-27 新建发光字文档

② 新建图层填充为黑色背景色，再新建一透明图层，如图10-28所示。

图10-28 新建图层

③ 设置画笔的样式“间距（120）—散布（1000）”，使用定义好的画笔画礼花的形状，如图10–29所示。

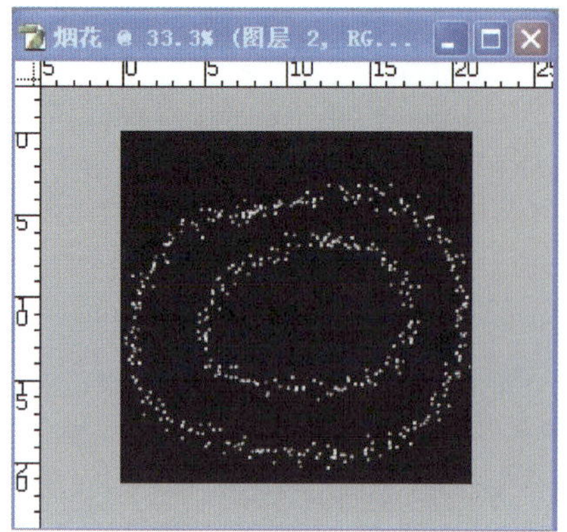


图10–29　画笔绘制基本形状

④ 使用“滤镜—扭曲—极坐标（极坐标到平面坐标）”命令，结果如图10–30所示。

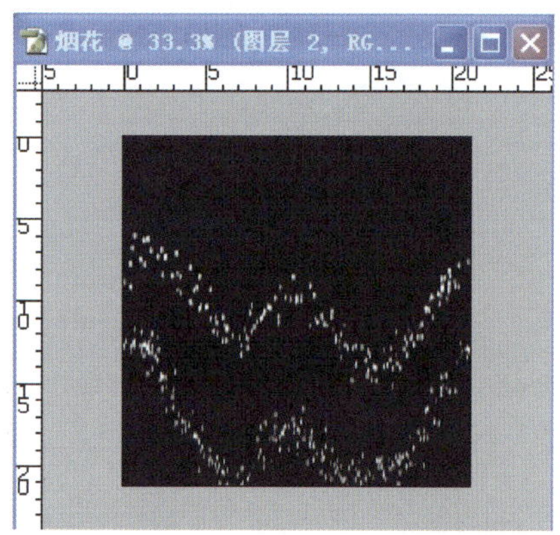


图10–30　使用“极坐标”滤镜效果

⑤ 执行“图像—旋转画布>90度（顺时针）”，如图10–31所示。

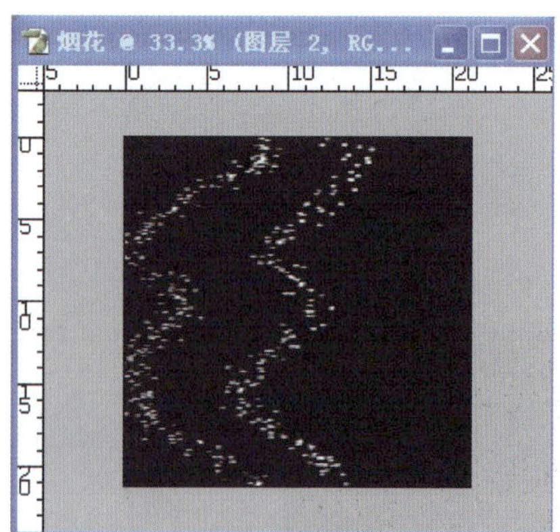


图10–31　旋转画布

⑥ 使用“滤镜—风格化—风（从左）”，可根据图像可多执行几次，如图10–32所示。

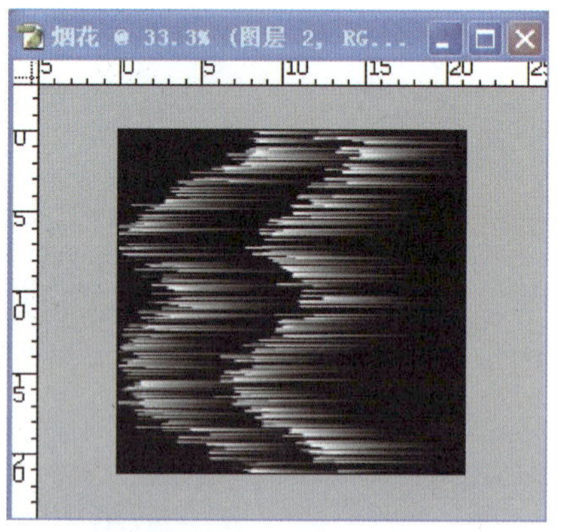


图10–32　使用滤镜“风”的效果

⑦ 执行“图像—旋转画布>90度（逆时针）”命令，效果如图10–33所示。

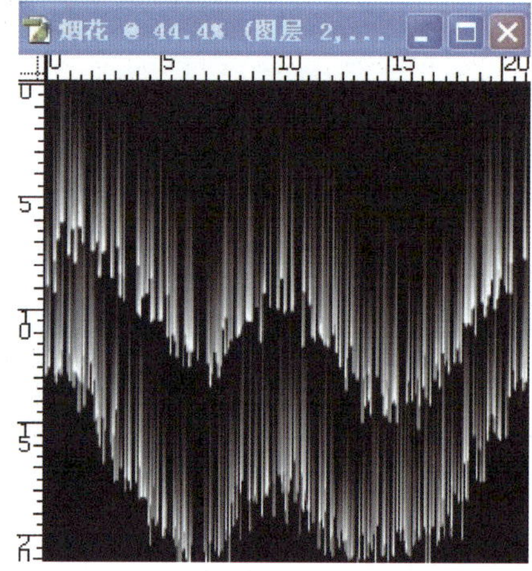


图10–33　旋转画布

⑧ 使用“滤镜—扭曲—极坐标（平面坐标到极坐标）”命令，如图10–34所示。

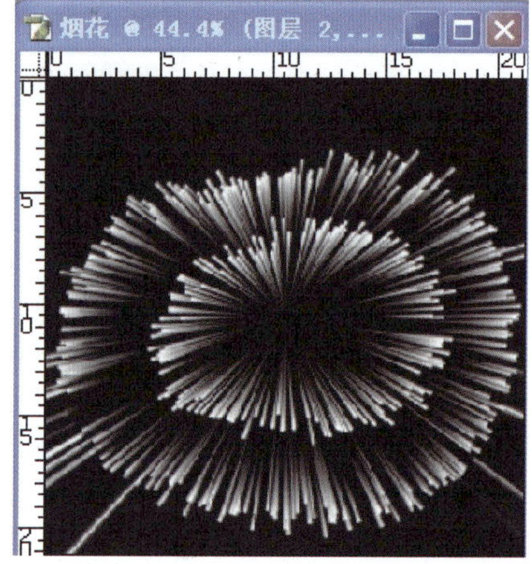


图10–34　极坐标

⑨ 设置图层样式“图层样式—外发光（红–黑）—颜色叠加（红）”，如图10–35所示。

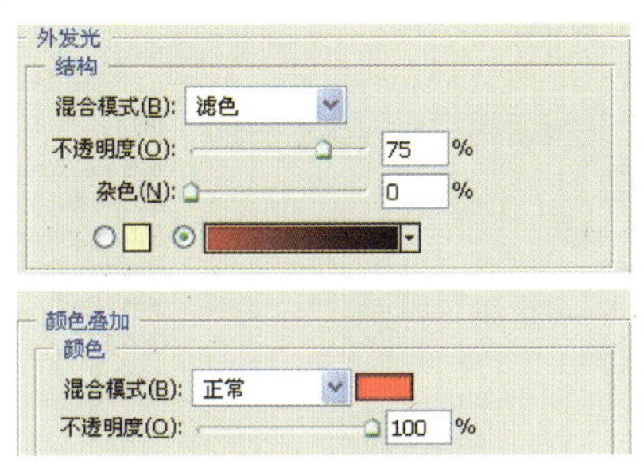


图10-35 设置图层样式

⑩ 最终效果如图10-36所示。

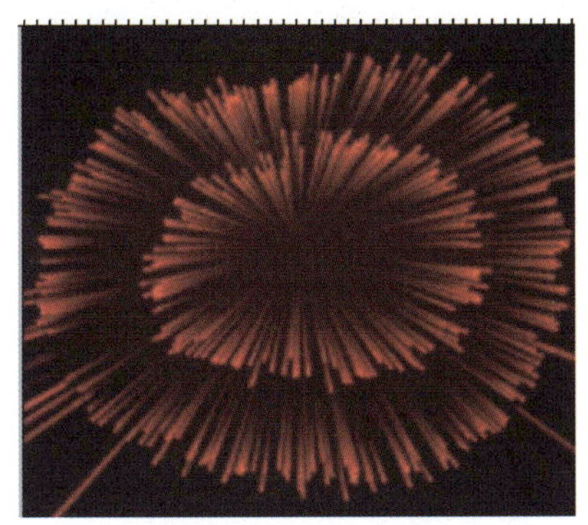

图10-36 烟花效果

## 10.2.4 纹理滤镜组

纹理滤镜是在图像中添加纹理，以表现出纹理化的图像效果，该组提供了6种滤镜效果，如图10-37所示。

图10-37 纹理滤镜组

① 龟裂缝：将浮雕效果和爆裂效果相结合产生凹凸不平的裂纹，如图10-38所示。

② 颗粒：通过选择不同的颗粒类型使画面生成不同的纹理效果。

③ 马赛克拼贴：将图像分割成许多小片或小块，在片与片、块与块之间添加深色缝隙，如图10-39所示。

④ 拼缀图：生成一种由正方形拼贴而形成的单元格立体平铺效果。

⑤ 染色玻璃：图像用前景色填充缝隙，绘制出模仿玻璃效果的单元格，如图10-40所示。

⑥ 纹理化：图像中加入各种纹理效果。

图10-38 龟裂缝

图10-39 马赛克拼贴

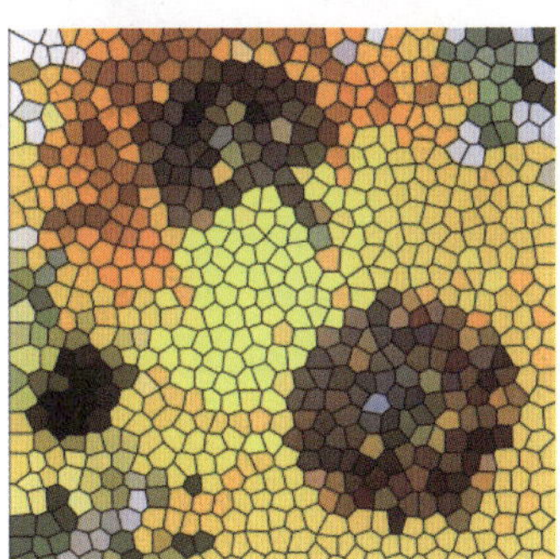

图10-40 染色玻璃

## 10.2.5 渲染滤镜组

渲染类滤镜主要用于模拟光线照明效果，该类提供了5种渲染滤镜，都位于“滤镜—渲染”菜单下，如图10-41所示。

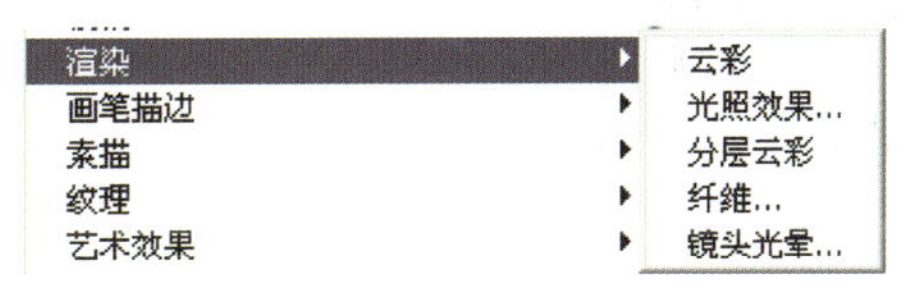


图10-41 渲染滤镜组

① 云彩：抽取前景色和背景色并将其转换成云彩效果，如图10-42所示。

② 分层云彩：根据当前图像的颜色产生云彩效果，如图10-43所示。

③ 光照效果：模拟自然界中光照的效果，

图 10-42 “云彩”效果

图 10-43 分层云彩效果

具有17种不同的光照风格，3种光照类型和4种光照属性，如图10-44所示。

④ 镜头光晕：对图像产生照相机镜头光炫的效果，并自动调节照相机的位置，如图10-45所示。

图 10-44 光照效果

图 10-45 镜头光晕

⑤ 纤维：根据图层颜色和背景颜色，产生丝状纤维效果。

## 10.2.6 画笔描边类滤镜

画笔描边类滤镜用于模拟，不同的是用笔或油墨笔刷来勾画图像，产生绘画效果。该类滤镜提供了8种滤镜，如图10-46所示。

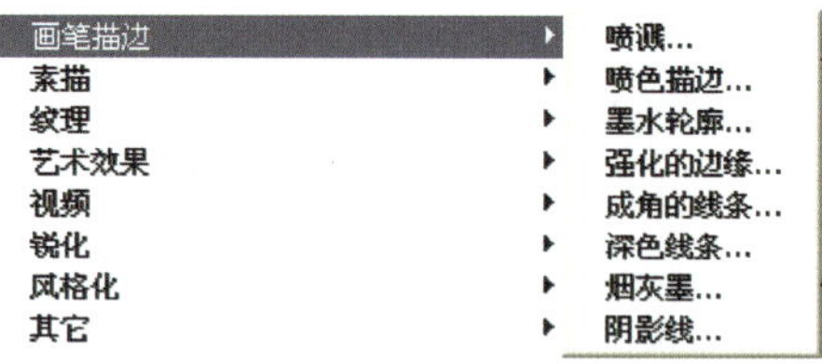


图 10-46 画笔描边

① 喷溅：对图像生成类似喷枪在画面上喷出彩点的效果，如图10-47所示。

图 10-47 喷溅

② 喷色描边：将产生使用颜料按一定角度喷射的图像效果。

③ 墨水轮廓：对图像的颜色边界生成黑色轮廓线，如图10-48所示。

图 10-48 墨水轮廓

④ 强化的边缘：可以对图像中不同颜色之间的边缘进行强化处理。

⑤ 成角的线条：可以使图像产生倾斜笔画的效果。

⑥ 深色线条：在画面中用短密的线条绘制图像中的深色区域，用较长的白色线条描绘图像中的浅色区域。

⑦ 烟灰墨：使图像生成碳墨画的效果，如图10-49所示。

图10-49 “烟灰墨”效果

⑧ 阴影线：使用模拟的铅笔阴影添加纹理，并使图像色彩区域的边缘明显。

## 10.2.7 锐化滤镜组

锐化类滤镜主要是通过增强相邻像素之间的对比度来减弱甚至消除图像的模糊，使图像轮廓分明、效果清晰。锐化类滤镜提供了5种滤镜，位于“滤镜—锐化”菜单命令下，如图10-50所示。

锐化 ▸
风格化 ▸
其它 ▸
Digimarc ▸

USM 锐化...
智能锐化...
进一步锐化
锐化
锐化边缘

图10-50 锐化滤镜组

① USM锐化：使图像产生边缘轮廓锐化的效果，是专业色彩校正照片垂排及扫描时经常使用的功能。

② 进一步锐化：其锐化程度比锐化滤镜更深一步。

③ 锐化：对图像进行锐化，使图像进一步清晰。

④ 锐化边缘：可以锐化图像的边缘轮廓使颜色之间的分界比较明显。

⑤ 智能锐化：可以改善边缘细节，阴影及高光锐化。

## 10.2.8 像素化滤镜组

像素化滤镜组主要通过将图像中相似颜色值的像素转化成单元格的方法，使图像分块或平面化。像素化滤镜组包括7种滤镜，如图10-51所示。

① 彩块化：通过将纯色或相似颜色的像素结为彩色像素块，使图像产生手绘的效果。

② 彩色半调：模拟在图像每个通道上使用放大的半调网屏效果，如图10-52所示。

图10-51 像素化滤镜组

图10-52 “彩色半调”效果

③ 点状化：将图像分为随机的点，以当前背景色为背景产生点画派的效果。

④ 晶格化：相近的像素集中到一个像素的多角形网格中，使图像明朗化，如图10-53所示。

图10-53 晶格化

⑤ 铜版雕刻：通过使用点或笔画重新生成雕刻版画效果的图像，如图10-54所示。

图10-54 铜版雕刻

⑥ 马赛克：将一个单元内的所有像素变为同一颜色来产生马赛克的效果。

⑦ 碎片：将图形进行四次拷贝并平均进行位移而产生的一种效果。

### 10.2.9 艺术效果滤镜组

艺术效果滤镜组主要为用户提供模仿传统绘画手法的途径，可以为图像添加天然或传统艺术图像效果。该组滤镜提供了15种滤镜效果，如图10-55所示。

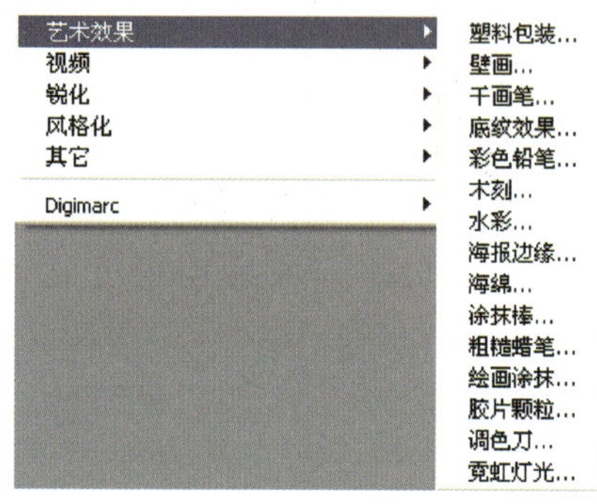


图10-55 艺术效果滤镜组

① 塑料包装：用一层发光的塑料覆盖在图像上以强调图像表面细节，如图10-56所示。

② 壁画：使图像产生壁画的效果。

③ 干画笔：使图像的颜色出现干枯的效果。

④ 底纹效果：可以根据纹理和颜色产生一种纹理效果。

⑤ 彩色铅笔：可产生彩色铅笔在黑、白、灰色纸上作画的效果，如图10-57所示。

图10-56 塑料包装

图10-57 彩色铅笔

⑥ 木刻：使图像产生雕刻的效果。

⑦ 水彩：使图像产生画笔绘制的效果。

⑧ 海报边缘：对图像的轮廓勾画产生一种插画效果。

⑨ 海绵：可以产生画面浸湿的效果。

⑩ 涂抹棒；可起到柔化图像的作用。

⑪ 粗糙蜡笔：使图像产生蜡笔在纹理纸或布上绘制而成的效果。

⑫ 绘画涂抹：根据画笔不同，创建各种涂抹效果。

⑬ 胶片颗粒：使图像出现一种颗粒状的效果。

⑭ 调色刀：通过在图像上减少细节来生成调色刀作画的图像效果，如图10-58所示。

图10-58 调色刀

⑮ 霓虹灯光：使用前景色和背景色重新绘制图像，并结合用户设置的发光、颜色给图像添加闪亮的霓虹灯效果。

### 10.2.10 素描滤镜组

素描滤镜组用于在图像中添加纹理，使图像产生素描、速写及三维的艺术效果。该组滤镜提供了14种滤镜效果，如图10-59所示。

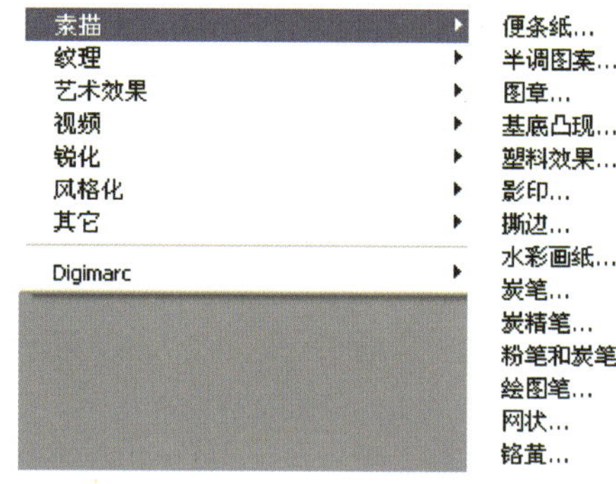


图10-59 素描滤镜组

① 便条纸：可以使图像产生一种类似浮雕的凹陷效果。

② 半调图案：根据前景色与背景色重新添加图像的颜色。

③ 图章：用于简化图像，使图像产生一种图章的效果。

④ 基底凸现，可以使图像产生凹凸不平的雕刻效果。

⑤ 塑料效果：使用前景色和背景色为图像上色，使较亮区域升高，较暗区域下陷，产生塑料效果。

⑥ 影印：可以用前景色和背景色填充图像，使图像模糊不均匀并且有色调分离的效果。

⑦ 撕边：可以用前景色来填充图像的暗部区，用背景色来填充图像的高亮区，并且在颜色相交处产生粗糙及撕破的纸片形状效果。

⑧ 水彩画纸：对图像产生在潮湿的纤维纸上绘制的渗色的效果。

⑨ 炭笔：可以模拟使用炭笔在纸上绘画的效果。

⑩ 炭精笔：模拟炭精笔绘画的效果。

⑪ 粉笔和炭笔：用前景色在图像上绘制亮部色调，采用的是炭笔笔触，用背景色绘制中间色调，采用的是粉笔笔触。

⑫ 绘图笔：可模拟铅笔素描的效果。

⑬ 网状：使用前景色和背景色填充图像，产生一种网眼覆盖效果。

⑭ 铬黄：可以根据原图像的明暗分布情况产生金属效果。

### 10.2.11 杂色滤镜组

杂色滤镜组主要用来向图像中添加杂点或去除图像中的杂点，该滤镜组有5种滤镜，如图10-60所示。

图10-60 杂色滤镜组

① 中间值：通过混合图像中像素的亮度来减少图像中的杂色。

② 减少杂色：用来消除图像中的杂色。

③ 去斑：通过对图像进行轻微的模糊、柔化，从而达到掩饰图像中细小斑点、消除轻微折痕的效果。

④ 添加杂色：可随机产生杂点混合到图像中，产生颗粒效果。

⑤ 蒙尘与划痕：会搜索图像中的有缺陷的像素并将其融入到周围像素中，从而达到除尘和涂抹的效果。

### 10.2.12 其他滤镜

除了上述滤镜组，还有其它滤镜，如图10-61所示。

① 位移：可以根据对话框中的数值，进行图像的位移，来创建水平、垂直移动效果。

② 最大值：可以放大亮区，减小暗区。

图10-61 其它滤镜组

③ 最小值：可以强调图像中的较暗的像素。

④ 自定：允许用户自己创建过滤器用以设计出自己图像清晰化，模糊化及浮雕效果的滤镜。

⑤ 高反差保留：产生浮雕效果。

## 10.3 特殊滤镜

### 10.3.1 滤镜库

要显示“滤镜库”，请选取“滤镜—滤镜库”。单击滤镜的类别名称，可显示可用滤镜效果的缩览图。使用“滤镜库”，可以查看每个滤镜效果的缩览图示例，可以应用单个滤镜多次或者累积应用滤镜。

### 10.3.2 液化滤镜

“液化”滤镜可用于推、拉、旋转、反射、折叠和膨胀图像的任意区域。

单击“滤镜—液化”，打开“液化”对话框，如图10-62所示。

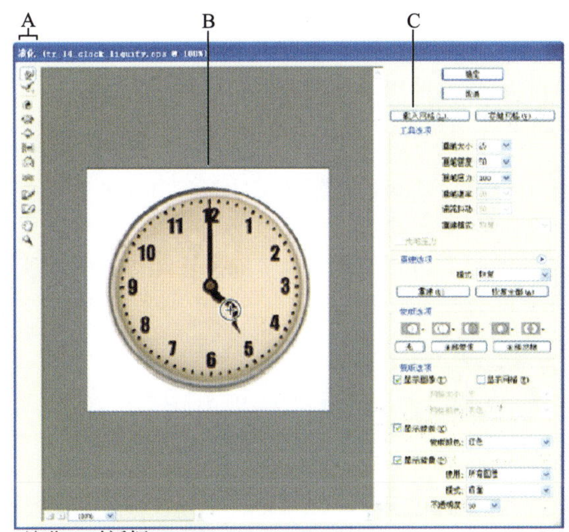


“液化”对话框
A.工具箱 B.预览图像 C.选项

图10-62 “液化”对话框

在该对话框的工具选项区域中，设置以下选项。

画笔大小：设置将用来扭曲图像的画笔的

宽度。

画笔压力：设置在预览图像中拖移工具时的扭曲速度。使用低画笔压力可减慢更改速度，因此更易于在恰到好处的时候停止。

画笔速率：设置使工具（例如旋转扭曲工具）在预览图像中保持静止时扭曲所应用的速度。该设置的值越大，应用扭曲的速度就越快。

画笔密度：控制画笔如何在边缘羽化。产生的效果是画笔的中心最强，边缘处最轻。

湍流抖动：控制湍流工具对像素混杂的紧密程度。

重建模式：用于重建工具，选取的模式确定该工具如何重建预览图像的区域。

选择光笔压力：（Photoshop）使用光笔绘图板中的压力读数（只有在使用光笔绘图板时，此选项才可用）。选中“光笔压力”后，工具的画笔压力为光笔压力与“画笔压力”值的乘积。

使用液化滤镜扭曲图像的效果如图10−63所示。

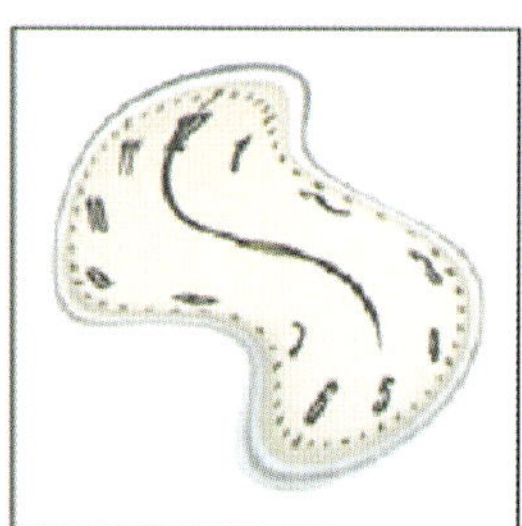

图10−63　液化滤镜扭曲效果

### 10.3.3　消失点滤镜

在消失点滤镜工具选定的图像区域内进行拷贝、喷绘、粘贴图像等操作时。会自动地应用透视原理，按照透视的角度和比例来自动适应图像的修改，从而大大地节约精确设计和修饰图片所需要的时间。

消失点滤镜的运用

本例主要使用“消失点”滤镜及图章工具来清除地面上的杂物（电线及刷子）。

操作步骤如下。

① 打开素材图片，如图10−64所示。

图10−64　原图

② 复制一层，选择“滤镜—消失点”命令，如图10−65所示。

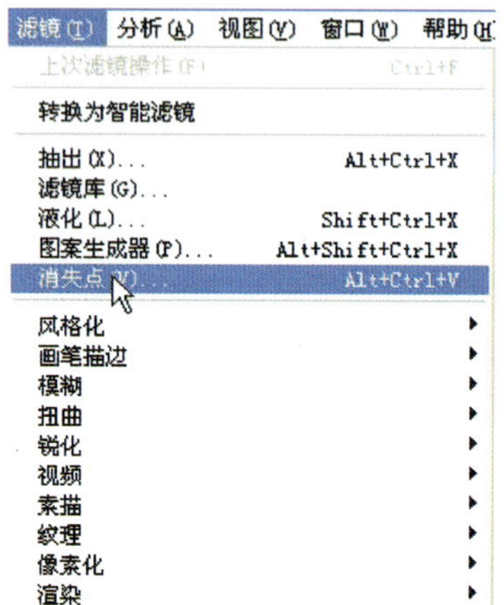


图10−65　消失点

③ 选择“创建平面工具选项”，在图像中定义透视平面，沿着有明显透视效果的线条选四个位置，单击四个点，定义一个梯形网格。拉伸透视网格，使其完全覆盖要删除的物体，如图10−66所示。

图10−66　绘制梯形网格

④ 选择“图章工具”，设置好笔刷参数，直径 150、硬度0、不透明度100。确定仿制的源点，按下Alt键，操作方法与仿制图章相同。拖动鼠标擦除多余物体，如图10−67所示。

图10−67　擦除多余物体

⑤ 最终消除绳索和刷子，效果如图10−68所示。

图10-68 最终效果

## 10.3.4 抽出滤镜

“抽出”命令是制作蒙版和选区的方式。该命令提供了一种复杂的方式将图像从背景中分离出来。

**将图像中的足球从背景中分离出来**

本例主要使用“抽出”命令将图像从背景中分离出来。

操作步骤如下。

① 打开原图，如图10-69所示。

图10-69 原图

② 选中“滤镜—抽出—边缘高光器”，在所要抽出的图像周围画一封闭区域，选择“填充工具”填充颜色，再选择确定，如图10-70所示。

图10-70 执行“抽出”命令

③ 得到最终效果图，如图10-71所示。

图10-71 最终效果

## 10.3.5 图案生成器

图案生成器滤镜会将图像切片并重新组合来生成图案。“图案生成器”采用以下两种方式工作：使用图案填充图层或选区。图案可能由一个大拼贴或多个重复的拼贴组成。创建可存储为图案预设并用于其他图像的拼贴。可以依据同一样本生成多个图案，直至找到满意的图案为止。

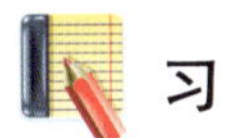

## 习 题

1. 利用渐变工具、模糊滤镜、极坐标滤镜等制作如图10-72所示的旋转文字图像。

2. 给zysc21.tif制作绚丽的背影如图10-73所示。

3. 制作如图10-74所示的暴风雪效果。

4. 利用镜头光晕、极坐标等滤镜制作滤镜球效果如图10-75所示。

图10-72 旋转文字

图10-73 绚丽的背影

图10-74 暴风雪效果

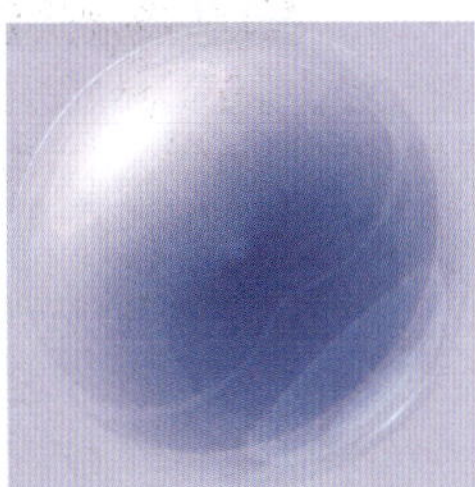

图10-75 滤镜球效果

# 第11章 应用动作

## 11.1 动作概述

在进行图像处理的时候，我们有可能遇到大量的图片需要进行同一操作，如果每一张图都逐一进行操作，不仅枯燥，还浪费了大量的时间和人力资源。在Photoshop里面的动作功能就可以帮助我们高效地完成这种事情，提高工作效率。动作功能可以将Photoshop中的某几个操作步骤记录下来，反复进行使用，将繁琐枯燥的工作变得简单起来。

**利用Photoshop CS4绘制羽毛扇子（效果如图11-1所示）**

图11-1　用动作命令绘制羽毛扇子

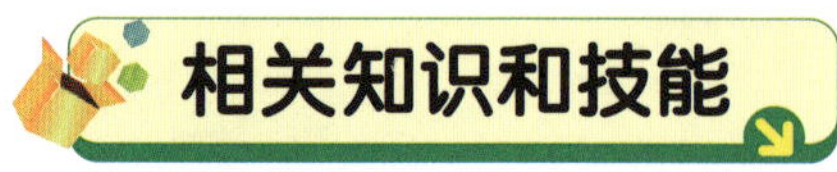

### 相关知识和技能

本例主要使用滤镜、旋转变换和录制播放动作等命令制作羽毛扇子。

操作步骤如下。

① 建立一个新文件，背景黑色，新建图层1，在新建的图层上绘制一条白色的线，如图11-2所示。

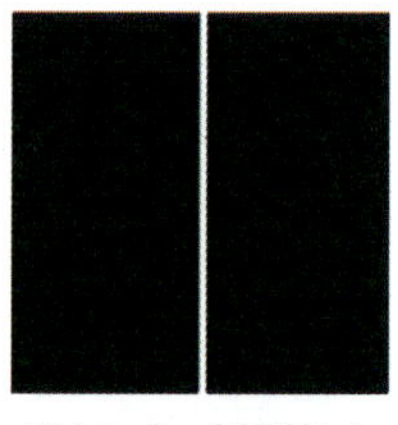

图11-2　黑背景上绘制白色的线条

② 选择绘制白色线条的图层，选择“滤镜—风格化—风”，重复2次“风”滤镜，如图11-3和图11-4所示。

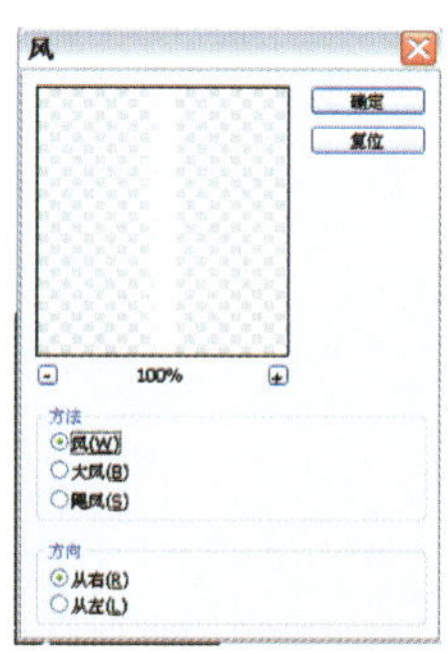


图11-3　“风”滤镜对话框

图11-4　使用过滤镜之后的效果

③ 选择“滤镜—模糊—动态模糊”，角度为0，距离30，效果如图11-5所示。

④ 将图层1旋转90°，移至图像最下方，选择“滤镜—扭曲—极坐标”，选择“极坐标到平面坐标”，效果如图11-6所示。

⑤ 选择裁切工具，将图片之外的图像信息剪切掉。

⑥ 按【Ctrl+J】复制图层1，将复制的图层垂直翻转，与图层1合并，效果如图11-7所示。

⑦ 按【Ctrl+T】自由变换调整图形至适合大小，如图11-8所示。

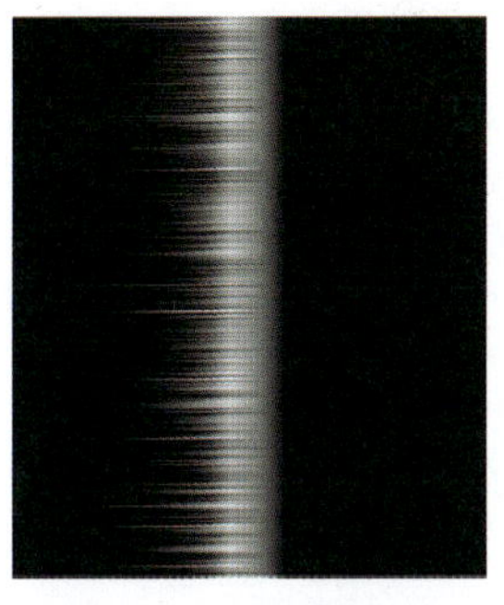

图11-5 “动态模糊”之后的效果

图11-6 应用滤镜“极坐标”之后的效果

图11-7 两个图层叠放效果

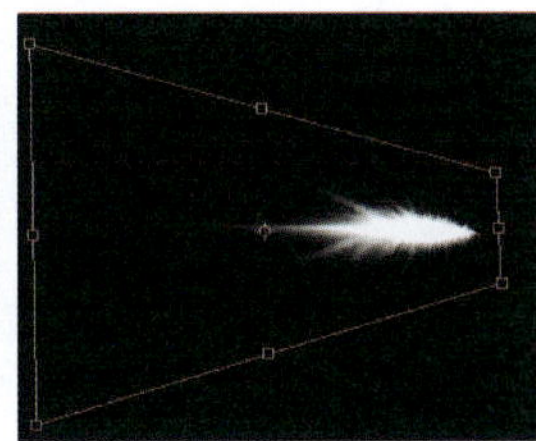

图11-8 扭曲的造型

⑧ 将羽毛放置在画面右下，调整角度，如图11-9所示。

⑨ 在动作面板中，新建一个组，命名为“羽毛扇”，单击“确定”，如图11-10和图11-11所示。

图11-9 第一个羽毛摆放的位置

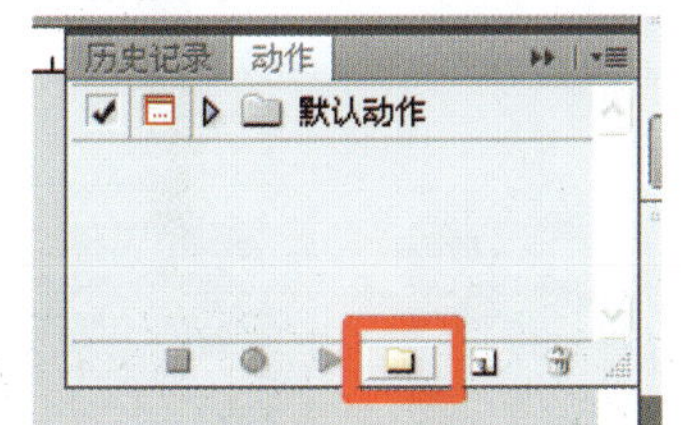


图11-10 动作命令菜单——新建组

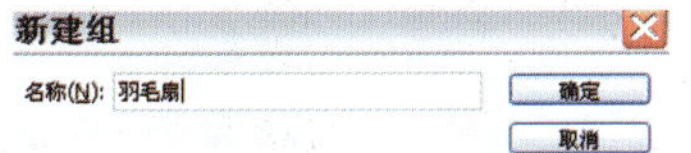


图11-11 动作命令——命名

⑩ 新建一个动作，单击记录如图11-12和图11-13所示。

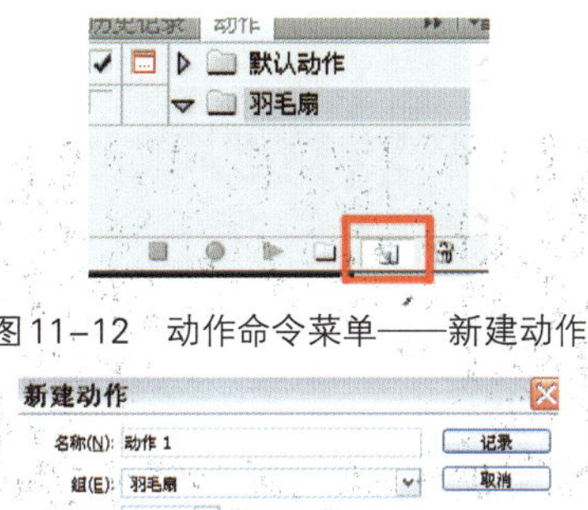


图11-12 动作命令菜单——新建动作

新建动作

| | | |
|---|---|---|
| 名称(N): | 动作 1 | 记录 |
| 组(E): | 羽毛扇 | 取消 |
| 功能键(F): | 无 | |
| 颜色(C): | 无 | |

图11-13 “新建动作”对话框

⑪ 复制羽毛图层，注意这里不要使用快捷键，直接将图层拖拽到新建图层上进行复制。

⑫ 选择“编辑—变换—旋转”，将中心点移动至羽毛下方进行旋转，如图11-14所示。

图11-14 “旋转”命令达到的效果

⑬ 单击停止记录，完成记录，如图11-15所示。

⑭ 选择动作1，单击播放，如图11-16所示。

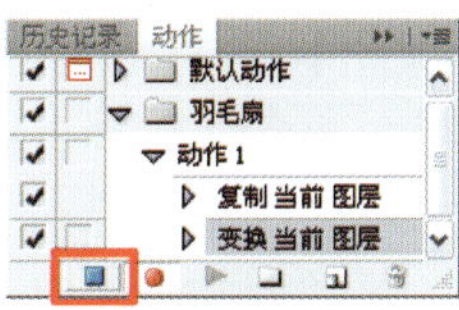


图11-15 动作命令——停止记录

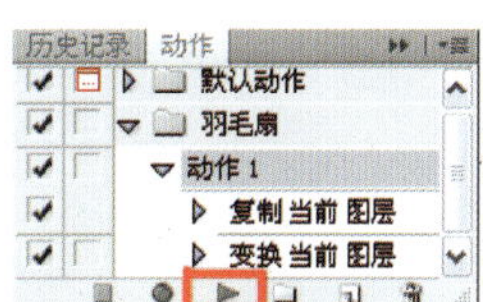


图11-16 动作命令——播放

⑮ 重复多次单击播放，得到羽毛扇子造型，如图11-17所示。

图11-17 羽毛扇子外形

⑯ 进行最后的加工，新建图层，选择渐变工具进行上色，将图层模式从正常改为正片叠底，得到最终效果，如图11–18所示。

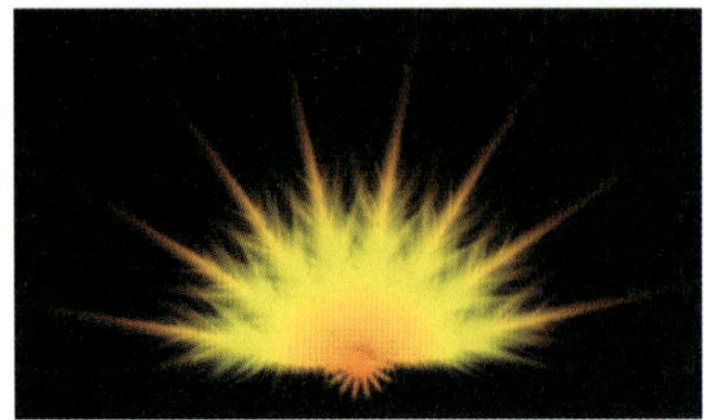

图11–18　上色之后的羽毛扇子

## 11.2　动作控制面板

选择“窗口—动作”命令，可得到动作面板，如图11–19所示。

除默认动作之外，系统中还有各种动作命令供我们选择，如图11–20所示。

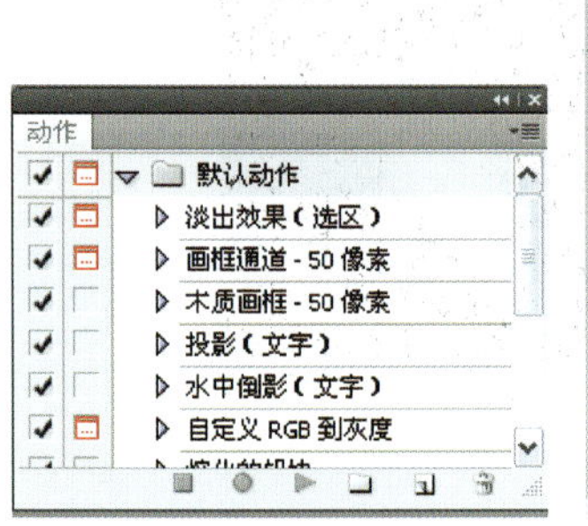


图11–19　动作面板——默认动作

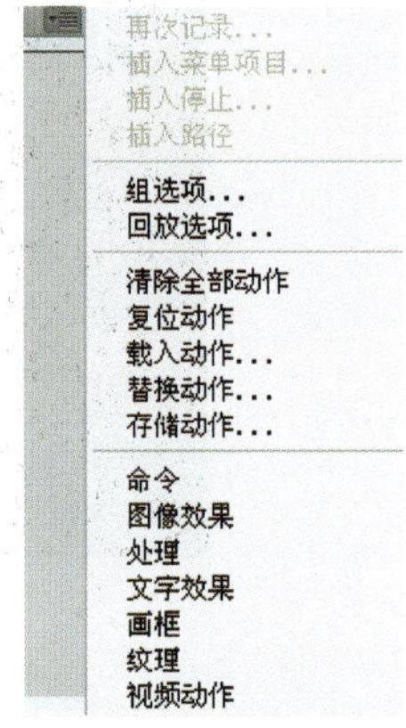


图11–20　动作窗口下拉菜单

动作面板中各个按钮功能如下：

停止录制/播放按钮：单击此按钮可以停止正在录制或播放的动作。

录制按钮：单击此按钮将开始录制动作。

开始播放按钮：单击此按钮将开始播放动作。

新建动作序列按钮：单击此按钮将新建动作序列（也称为动作文件夹）。

新建动作按钮：单击此按钮将新建动作。

删除动作按钮：单击此按钮可以删除动作文件夹、动作或某个动作中的命令。

切换项目开关：可以进行项目开关状态的切换，当时，表示该项目是可见的，在进行动作播放时，该项目会被执行，否则，该项目将被忽略。

切换对话框开关：用于进行开关状态的切换，当显示对话框缩略图时，表示对话框是可见的，处于打开状态，当动作播放到该项目时就会弹出对话框，让用户设置参数，否则将录制时的数值作为缺省值使用。

## 11.3　编辑动作

① 将动作移动至其他序列中：在动作面板中单击并拖动动作命令到另一个序列中，当一个黑色的横线出现在需要的位置后，放开鼠标即可将动作移动至另一个序列中。

② 改变命令顺序：直接用鼠标拖动动作、动作序列和动作中的命令到指定位置，即可重新排列动作、动作文件夹和动作中的命令。

③ 记录其他命令：需要在已经录制完成的动作中记录一个新命令，只需要在动作中选定一个命令，然后单击开始记录按钮，执行需要记录的其他命令，再单击停止记录按钮即可。

④ 改变命令参数：在动作面板中通过双击命令，可以在弹出的命令对话框中重新输入数值，以改变录制过程为此命令设置的参数（此时面板中的录制与播放按钮将同时被激活）。

## 习　题

1. 通过录制和播放动作来制作主题为“生日快乐”的贺卡，要求贺卡中的文字采用发光字，制作时录制“发光字”的动作。

2. 利用动作工具制作如图11–21所示的扇子效果。

图11–21　扇子效果

3. 通过动作面板的默认动作对图片制作相框，效果如图11–22所示。

图11–22　给图片加相框

# 第12章 综合应用

## 12.1 艺术相片处理

艺术相片处理思路如下。

① 处理人像1：校正亮度及偏色问题，人物面部磨皮处理，美化人物形象。处理前后对比效果如图12-1与图12-2所示。

图12-1 人像1原图

图12-2 人像1处理后

② 处理人像2：调整曝光，虚化背景，突出主体，体现图像层次感。图像处理前后对比效果如图12-3与图12-4所示。

图12-3 人像2原图

图12-4 人像2处理后

③ 艺术相片最终合成效果如图12-5所示。

图12-5 艺术相片处理最终效果

制作步骤如下。

① 打开图像文件“人像1”，在图层面板中单击并拖动“背景”图层到面板下方的新建按钮处或使用快捷键【Ctrl+J】，通过复制的方式得到一个新的图层，效果如图12-6所示。

② 认真观察图像，发现图像存在的问题主要为光线偏暗、颜色偏红。接下来，就针对此问题对图像进行校正。首先把整个相片亮度调高：在图层面板中，选择“背景副本”，将混合模式

图12-6 复制创建新图层

由“正常”改为“滤色”，并调整不透明度参数为60%左右，具体设置如图12-7所示。

③ 校正图像颜色偏红问题：首先在图层面板中选择“背景副本”，然后选择菜单“图像—调整—色彩平衡”命令，在打开的对话框中，把洋红的参数调整到25左右 。完成后选择“图层—合并可见图层”菜单命令，将所有图层进行合并处理。调整图像色彩平衡具体操作如图12-8所示。

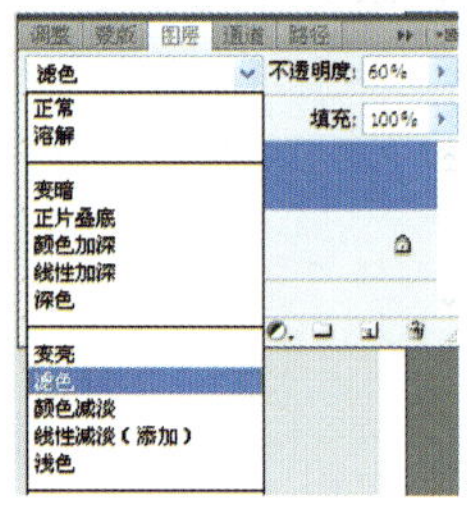

图12-7 设置图层显示模式

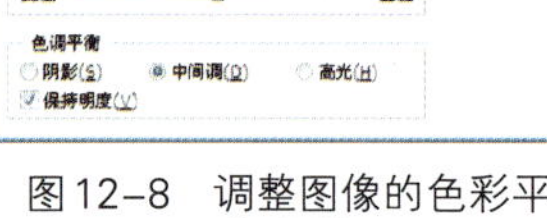

图12-8 调整图像的色彩平衡参数

④ 为了使相片整体效果更为柔和，则需要对图像做进一步处理。执行菜单“滤镜—模糊—高斯模糊”命令，然后选择高斯模糊参数为7（注：参数的选择，根据面部状况决定，如果面部瑕疵过多，可选择参数稍大的模糊值，如选择7 ~ 10的参数值；如果面部皮肤较为干净无痕，则可不进行高斯模糊或是选择轻微的模糊效果，参数值可在3 ~ 4之间）。具体设置如图12-9所示。

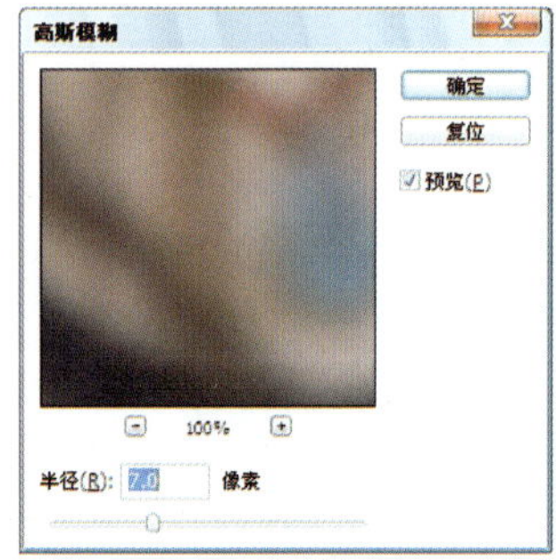

图12-9 设置图像的模糊效果

⑤ 选择“窗口—历史记录”菜单命令，在打开的“历史记录”面板中，选择“高斯模糊”这一步骤，单击鼠标右键，在弹出的快捷菜单中选择“新建快照”命令，在打开的对话框中采用默认设置，确定后为图像建立一个“快照1”。具体操作设置如图12-10所示。

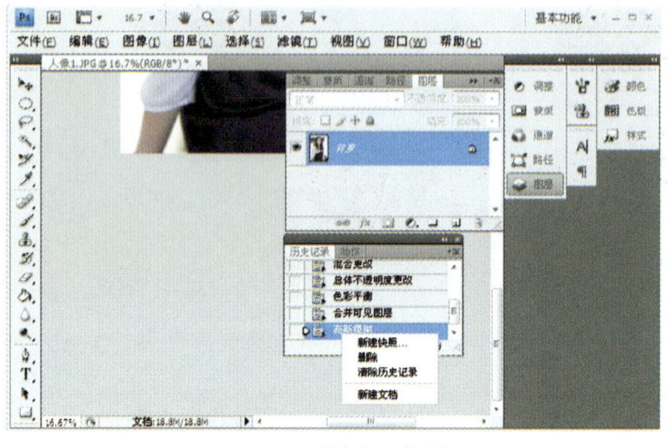

图12-10 创建图像快照

⑥ 使用“历史记录画笔工具”进行磨皮操作：打开“历史记录”面板，选择“快照1”，并在其左边单击鼠标，即将“高斯模糊”后的图层，更改为“设置历史记录画笔的源”。具体操作如图12-11所示。

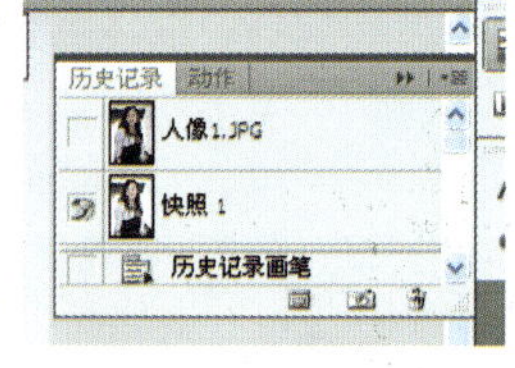

图12-11 设置历史记录画笔源

⑦ 在“历史记录”面板上，将步骤恢复到倒数第二个步骤。

⑧ 选择左侧的工具箱中的“历史记录画笔工具”，在“历史记录画笔工具”的选项栏中选择适当的笔刷大小，将不透明度参数设置在50%以下。具体操作如图12-12所示。

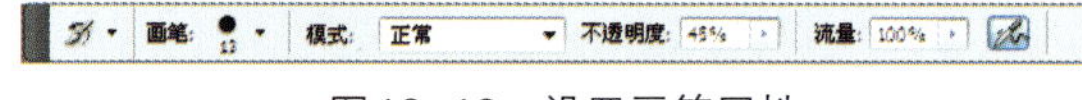

图12-12 设置画笔属性

⑨ 将图像用放大镜放大显示，画面显示区域主要在人物面部，使用“历史记录画笔工具”对面部慢慢地进行磨皮处理，使面部色泽柔和，皮肤更为光滑细腻。磨皮完成的面部的效果如图12-13所示。

⑩ 接下来将整个图像进行锐化：选择菜单“图像—模式—LAB颜色”命令，将图像设置成LAB模式，然后选择面板“通道”中的“明度”，再执行菜单“滤镜—锐化—USM锐化”命令，在打开的对话框中，边调整参数边预览，直到调节到合适的参数为止。然后选择菜单“图像—模式”恢复到“RGB颜色”模式。

图12-13　磨皮后的面部效果

⑪“人像1”设置完成后的最终效果图如图12-14所示。

图12-14　人像1完成后的效果图

⑫将处理好的“人像1”文件进行保存。

⑬接下来处理“人像2”，首先认真观察“人像2”，发现图像存在的问题主要有两个，一是图像亮度不够，二是前景与背景不够虚化，使得主体不突出。针对这些问题，接下来一一进行处理。

⑭打开图像文件“人像2”，选择菜单“图像—调整—曲线”命令，在打开的“曲线”对话框中，把曲线向上拉动，以提高整个图像的亮度。具体操作如图12-15所示。

图12-15　图像亮度的调整

⑮在图层面板中，使用鼠标拖动“背景”图层到面板中的“新建图层”按钮处，或使用快捷键【Ctrl+J】的方法复制一个新图层。

⑯选择“背景副本”图层，选择菜单“滤镜—模糊—镜头模糊”命令，将图像处理成虚化效果。具体参数设置如图12-16所示。

图12-16　虚化图像的设置

⑰添加蒙版，还原主体：在图层面板中，单击右下角“添加图层蒙板”按钮，为“背景副本”图层创建一个蒙版。

⑱按X快捷键，设前景色与背景色互换，将前景色设置为黑色，并使用放大镜把图像进行放大处理。

⑲选择左侧工具箱中的“画笔”工具，在“画笔”属性工具栏中选择合适大小的柔角画笔。

⑳用鼠标单击图层面板中的“背景副本”图层的“蒙版”，使用画笔在图像的人物躯体上进行涂抹，最终使清晰人物与虚化的背景进行分离。

㉑最后得到人物清晰，前景与背景虚化的图像如下图12-17所示。

图12-17　背景虚化后的效果

㉒选择“图层”菜单中的“合并可见图层”命令，将所有有图层进行合并。

㉓接下来完成“人像1”与“人像2”的合成。打开前面已经处理好的“人像1”和“人像2”两幅图像。选择“人像1”图层面板中的“背景”图层，单击鼠标右键选择“复制图层”，在

打开的对话框中选择目标文档为“人像2”，确定，具体设置如图12-18所示。

图12-18　合成“人像1”与“人像2”

㉔ 关闭“人像1”文件。完成上步操作后，两副图像合在一个文档中，效果如图12-19所示。

图12-19　两幅图像合并在一个文件中效果

㉕ 选择菜单“编辑—自由变换”命令。按Shift不放，用鼠标调整“人像1”的大小，调整大小、位置合适后，按回车键确定，效果如图12-20所示。

图12-20　调整人像1的大小

㉖ 在图层面板中选择“背景副本”图层，单击“添加图层蒙版”按钮为其添加蒙版。

㉗ 按D键，设置前景色为黑色。在工具箱中选择“画笔”工具，在“画笔”工具选项栏中选择适当的柔角画笔大小，在原来“人像1”除人物外的位置细心涂抹，使两个图像完美融合（若不小心涂抹错误，就按X键来切换前景色为白色进行修改）。

㉘ 合并所有图层：选择菜单“图层—合并可见图层”命令完成图层的合并。

㉙ 完成设置后，艺术相片的最终效果如图12-21所示。

图12-21　艺术相片最终效果图

## 12.2　动画角色绘制

角色绘制的最终效果图如图12-22所示。

图12-22　动画角色绘制最终效果图

制作步骤如下。

① 选择“文件—新建”菜单命令，或按【Ctrl+N】快捷键，在弹出的“新建”对话框中设置文件大小为420×720像素，分辨率为300dpi，背景颜色为白色（或透明）的图像文件。

② 打开图层面板，新建“图层1”，在工具箱中选择“钢笔工具”，通过单击鼠标的操作，首先绘制出人物头部的大致轮廓，然后使用转换点工具或直接选择工具对轮廓线条进行适当的调整，调整后的效果如图12-23所示。完成头部轮廓线条绘制后按【Ctrl+Enter】快捷键，将轮廓

线条转化为选区。

③ 单击工具箱下方的“前景色”色块按钮，在打开的对话框中设置颜色为深红色，具体参数参考值约为RGB（112，3，3）。选择工具箱中的“油漆桶工具”，在选区范围内单击鼠标，为头部填充颜色（注：填充之前不要取消选区，否则将无法填充颜色，如果错误取消选区，则可按住Ctrl键并单击图层面板中的图层1即可恢复选区）。效果如图12-24所示。

图12-23 绘制动画角色的头部轮廓

图12-24 角色人物的头部颜色填充

④ 选择菜单中的“选择—修改—收缩”命令，在打开的对话框中将“收缩”的值设置为“5像素”，单击“确定”。

⑤ 打开图层面板，单击新建图层按钮，新建一“图层2”，设置“前景色”为黑色RGB（0，0，0），使用“油漆桶”为收缩后的选区填充颜色。此时也可以进入路径面板，将选区生成路径，然后再用转换点工具或直接选择工具进行头发的修改，以使得头发更有动感。按【Ctrl+D】取消头部的选中状态，效果如图12-25所示。

⑥ 使用钢笔工具绘制人物的脸部轮廓，轮廓不要超出红色的线条区域。脸部效果如图12-26所示。

图12-25 收缩头部轮廓并填充颜色

图12-26 绘制角色的脸部轮廓

⑦ 按【Ctrl+Enter】快捷键将脸部轮廓转化为选区，单击图层面板中“新建”按钮，新建“图层3”，为脸部填充颜色如图12-27所示颜色。具体参考值为RGB（255，239，232）。

⑧ 新建“图层4”，使用钢笔工具绘制人物的眉毛、上眼睑和下眼睑。并使用转换点工具或直接选择工具对形状进行适当调整，最终效果大致如图12-28所示。

图12-27 脸部轮廓颜色填充

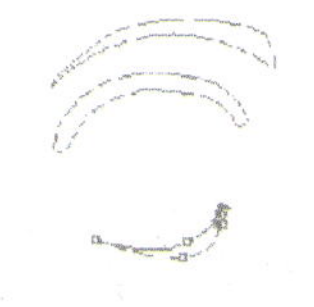

图12-28 绘制角色人物的眉毛与上下眼睑

⑨ 为眉毛、上眼睑和下眼睑统一填充颜色，参考值为：RGB（51，51，51）。填充后效果如图12-29所示。

⑩ 新建“图层5”，参考之前绘制完成的上、下眼睑的位置，使用钢笔工具绘制出“眼白”，如图12-30所示效果。并将该图层置于“图层4”的下方，然后合并图层。图层名字仍为“图层4”。

图12-29 眉毛与上下眼睑颜色填充

图12-30 绘制“眼白”

⑪ 新建“图层5”，使用钢笔工具继续绘制“眼球”。填充颜色为：RGB（94，96，108）。效果如图12-31所示。

⑫ 新建“图层6”，同样的方法继续画“瞳孔”，并为其填充颜色，参数值约为：RGB（0,0,0）。具体效果如图12-32所示。

图12-31 绘制“眼球”

图12-32 绘制“瞳孔”并填充颜色

⑬ 为了突出人物阳光的特点，在此特意为眼睛制作炯炯有神的效果，具体方法为：新建“图层7”，使用钢笔工具在瞳孔的右上角和左下角位置画两个不规则圆形，并填充为白色，使得眼睛表现出闪闪发亮的效果。完成后效果图如图12-33所示。

图12-33 制作眼睛闪亮效果

⑭ 打开图层面板，同时选择“图层4”至“图层7”，单击鼠标将这四个图层进行合并处理，合并后图层名为“图层4”，合并后效果如图12–34所示。

图12–34 合并眼部所有图层

⑮ 在图层面板中，选择“图层4”并按下鼠标左键，拖动其至面板中的新建按钮处，即可复制图层，得到一个“图层4副本”，选择“图层4副本”，然后选择菜单“编辑—自由变换”命令，或按【Ctrl+T】快捷键，打开自由变换工具，在编辑状态再单击鼠标右键，在弹出的快捷菜单中选择“水平翻转”。至此，整个眼部的制作已经完成，效果图如图12–35所示。

⑯ 新建“图层5”，使用“画笔”工具绘制出人物的鼻子和嘴巴，效果如图12–36所示。

图12–35 制作另一侧眼部效果

图12–36 使用“画笔”绘制角色人物的鼻子和嘴巴

⑰ 新建“图层6”，在该图层来绘制耳朵。首先使用钢笔工具绘制一不规则圆形放右耳廓处，耳廓形状调整合适后为其填充颜色为：RGB（255，217，193）。然后使用画笔工具绘制出如数字“6”的耳孔形状。

⑱ 参考眼睛的制作效果，使用同样的方法，运用自由变换和水平翻转等一系列操作，制作出左耳朵。耳部完成效果图如图12–37所示。

⑲ 新建“图层7”，制作出头巾，用钢笔工具画出“头巾”的轮廓，形状如图12–38所示。

⑳ 使用填充工具为头巾填充颜色：RGB(3，106，3)，填充效果如图12–39所示。

图12–37 耳朵绘制完成后的效果图

图12–38 绘制“头巾”形状

㉑ 使用工具箱中的加深工具，给头巾稍微修饰以增加画面的真实感，效果如图12–40所示。

图12–39 填充颜色后“头巾”效果

图12–40 头巾的效果修饰

㉒ 新建“图层8”，使用钢笔工具画出人物“头发”的阴影效果，阴影形状如图12–41所示。

㉓ 按【Ctrl+Enter】快捷键将阴影转化为选区，使用填充工具为其填充颜色：RGB（51，51，51），效果如图12–42所示。

图12–41 绘制头发阴影区域的轮廓

图12–42 头发阴影区域颜色的填充

㉔ 打开图层面板，选择除“背景”之外的所有头部的图层对其进行合并处理。合并后图层状态如图12–43所示。

图12–43 合并除“背景”以外的所有图层

㉕ 新建“图层2”，使用钢笔工具画出人物的上身的轮廓，形状如图12-44所示。

㉖ 按【Ctrl+Enter】快捷键将上身轮廓转化为选区，并为其填充颜色为RGB（112，3，3），效果如图12-45所示。

图12-44　绘制角色人物的上身轮廓

图12-45　上身轮廓填充颜色

㉗ 在图层面板中新建“图层3”，用钢笔工具绘制衣服轮廓，形状如图12-46所示。

图12-46　绘制衣服轮廓

㉘ 按【Ctrl+Enter】快捷键将其转换为选区，为其填充颜色为：RGB（137，81，222），效果如图12-47所示。

㉙ 新建“图层4”，使用钢笔工具画“衣袖”，按【Ctrl+Enter】快捷键将其转化为选区，为其填充颜色为黄色，如图12-48所示。

图12-47　为衣服轮廓填充颜色

图12-48　绘制衣袖并填充颜色

㉚ 新建“图层5”，画人物的“左手”，按【Ctrl+Enter】快捷键转换为选区后为其填充RGB（112，3，3）的颜色，效果如图12-49所示。

㉛ 保持选区选中状态，选择菜单栏中的“选择—修改—收缩”菜单命令，把选区收缩1个像素，填充颜色为：RGB（255，239，232）。效果如图12-50所示。

图12-49　绘制左手并填充颜色

图12-50　“左手”选取收缩并填充颜色后的效果

㉜ 在图层面板中，把“图层5”移至“图层2”下方，合并图层2、3、4、5，合并后图层命名为“上半身”。

㉝ 使用“画笔”工具描出人物左手臂与身体分离的曲线，再用钢笔工具画出要添加阴影的选区，并使用“加深工具”手动加深选区颜色，以产生阴影的效果，使画面更生动。完成步骤后效果如图12-51所示。

㉞ 将“上半身”图层移动于“图层1”下方，使“图层1”的头部显示在画面的最上层，以免被身体遮挡，效果如图12-52所示。

图12-51　修饰后上半身效果

图12-52　移动“上半身”于“头部”图层下方

㉟ 新建“图层2”，使用钢笔工具和转换点或直接选择工具画人物的“围巾”。将其转化选区后，填充RGB（153，134，4）的颜色，效果如图12-53所示。

㊱ 为了增加“围巾”的动感，使用工具箱中的“加深工具”和“减淡工具”对围巾的色彩

深浅进行修改，以产生出层次感，修改后效果如图12-54所示。

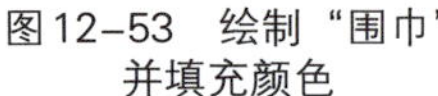

图12-53　绘制“围巾”并填充颜色

图12-54　“围巾”层次感的修饰效果

㊲ 新建“图层3”，画人物的双腿，将其转换为选区，填充如下颜色：RGB（112，3，3，）效果如图12-55所示。

㊳ 保持选区选择状态，选择菜单“选择—修改—收缩”命令，将选区缩小1个像素，缩小后的选区填充颜色为：RGB（153，134，4），完成效果如图12-56所示。

图12-55　绘制“双腿”选区并填充颜色

图12-56　收缩“双腿”选区并填充颜色

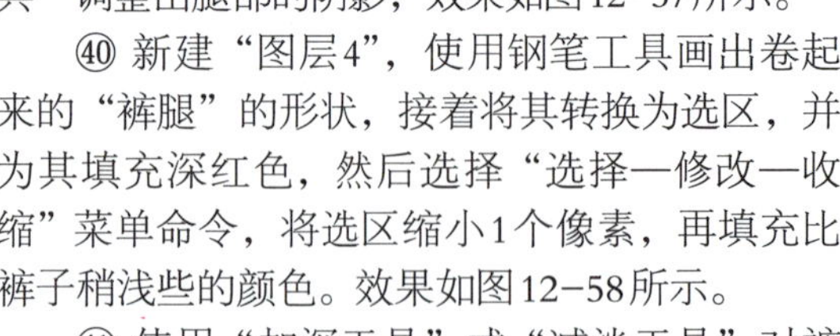

㊴ 使用工具箱中的“加深工具”和“减淡工具”调整出腿部的阴影，效果如图12-57所示。

㊵ 新建“图层4”，使用钢笔工具画出卷起来的“裤腿”的形状，接着将其转换为选区，并为其填充深红色，然后选择“选择—修改—收缩”菜单命令，将选区缩小1个像素，再填充比裤子稍浅些的颜色。效果如图12-58所示。

㊶ 使用“加深工具”或“减淡工具”对裤腿进行修改，以增加人物的立体感，效果如图12-59所示。

㊷ 新建“图层5”，继续使用钢笔工具画人物的“鞋子”，并配合使用转换点和直接选择工

图12-57　修饰腿部阴影效果

图12-58　绘制裤腿并填充修饰

具对其形状进行调整，最终鞋子形状如图12-60所示。

图12-59　裤腿立体感修饰

图12-60　绘制“鞋子”选区

㊸ 按下【Ctrl+Enter】将其转换为选区，并填充红色为底色，然后通过“选择—修改—收缩”菜单命令收缩选区1个像素，收缩后选区的颜色填充为：RGB（77，72，72），最终效果如图12-61所示。

㊹ 新建“图层6”，画人物的“鞋底”，形状如图12-62所示。

图12-61　“鞋子”选区颜色填充及收缩效果

图12-62　绘制“鞋底”形状

㊺ 将“鞋底”转换为选区后，为其填充为白色。合并“图层5”和“图层6”，效果如图12-63所示。

图12-63 “鞋底”选区填充颜色

㊻ 使用“加深工具”和“减淡工具”对鞋子进一步修饰，增加真实感，如图12-64所示。

㊼ 同样的道理，选择“图层1”，使用工具箱中的“加深工具”和“减淡工具”对人物头部进行修饰处理，主要突出面部的明暗效果，效果图如图12-65所示。

图12-64 鞋子最终修饰效果

图12-65 面部修饰后的最终效果

㊽ 检查修改人物各部分效果，并进行适当修饰、完善，满意后合并所有图层，完成角色人物的绘制工作，最终效果图如图12-22所示。

## 12.3 网页模板制作

本案例以“好时光摄影教程”的网站首页制作为例，来演示网站页面模板创作的整个过程。早期的网站页面设计一般是以Dreamweaver为主要平台，由Photoshop或Flash等辅助软件来处理、制作、提供各种素材如图片、动画、文字等方式来制作。但自从Photoshop出现了“切片”等专为网站页面设计所定制的功能后，网站页面设计的软件平台也已慢慢转向了Photoshop。因为Photoshop本身以图像为基础的特性，决定了它能对版面施以更精确地控制，使网页的页面能够布局得更加灵活和生动，这样也给网站页面设计师的创作提供了一个更为广阔和开放的空间。

接下来，我们以制作“好时光摄影教程”网站的首页制作为例，具体介绍使用Photoshop CS4如何制作网站页面模板。本网站首页的主体部分包括标题、主展示图片和导航条，下面就按制作的先后顺序来做一一介绍。

（1）新建一画布，制作网站的首页背景

① 打开Photoshop CS4，执行菜单“文件—新建”命令。在打开的新建对话框中设置文件名称为“好时光摄影”，文件大小分别为：宽度为1000像素，高度为800像素，实际制作时可根据实际需要来更改文件页面的大小。因为对于网页文件来说，基本都是通过显示器进行显示，加之为了尽量缩小图片占用存储空间，提高网站的打开速度，在此将页面的分辨率选为“72”，页面选择的颜色模式为“RGB 颜色”，其他参数保持默认设置即可。

② 按下【Ctrl+A】全选整个页面，执行菜单“编辑—填充”命令，将页面填为纯黑色。然后在左边工具箱中选择“渐变填充工具”，双击选项栏上的渐变填充色样位置，在打开的对话框中把白黑渐变色更改为白蓝渐变色。然后用鼠标单击并按下不放，将其从画布上方向下方拖动，得到如图12-66所示的效果。

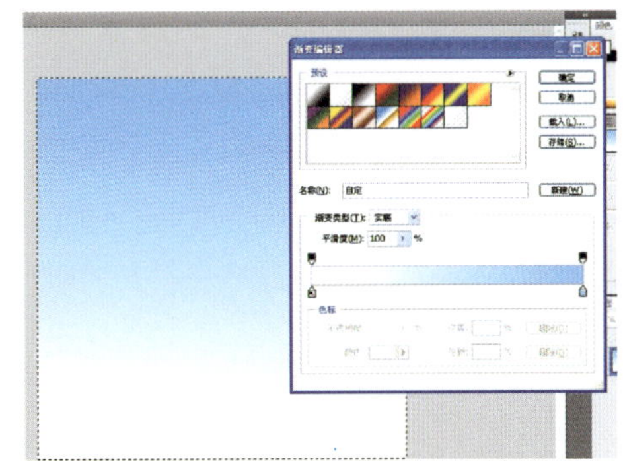

图12-66 设置页面背景填充颜色

③ 修饰网站的页面背景：为背景图加上云彩。

a. 打开图层面板，在刚才制作完成的渐变的背景图层上方创建一个新的“图层1”，选择云彩笔刷效果（如果PS原有的笔刷中没有云彩笔刷，则可从网上搜索下载），为页面背景添加云彩效果。

b. 添加云彩笔刷步骤：先从网上下载云彩笔刷到本地硬盘上——然后单击Photoshop的画笔工具——选择其上方选项栏笔触大小右侧下拉按钮——选择该面板右上角的三角形按钮——在弹出的快捷菜单中选择“载入画笔”命令——在打开的对话框中找到已经下载好的云彩笔刷——单

击“载入”按钮完成云彩笔刷的载入。具体设置参照图12-67所示。

c. 完成云彩笔刷载入后，即会看到在笔触面里已经成功添加了一些云彩笔刷，如下图12-68所示。

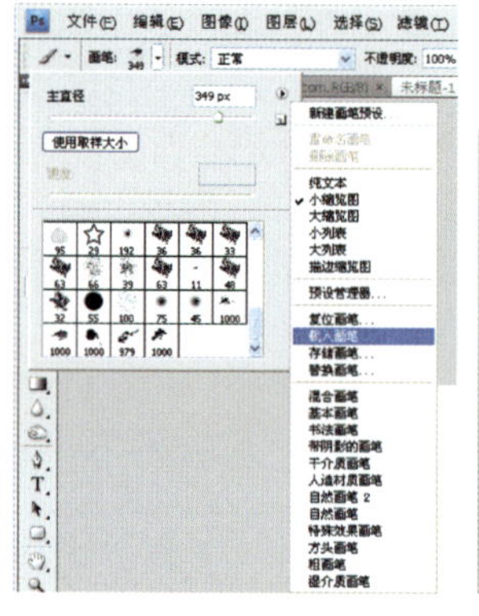

图12-67 “云彩”笔刷的载入设置

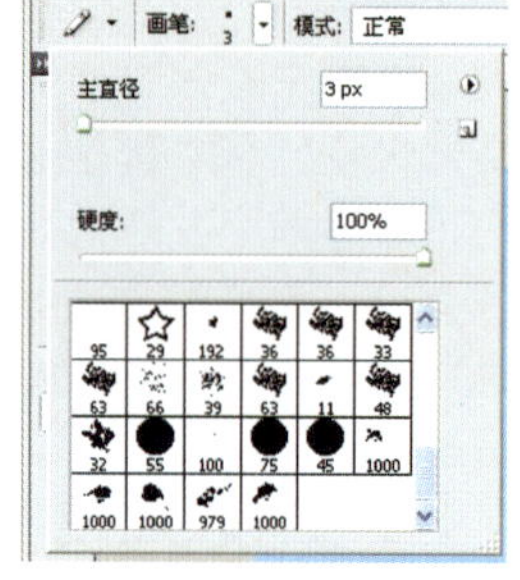

图12-68 成功添加“云彩”笔刷后的效果

d. 选择合适的云彩图案，并调整画笔“主直径”的大小，在新建图层1上，参照背景图层的适当位置上进行鼠标单击即可加入大小不同的云彩图案（添加云彩的数量、大小和位置依据实际情况而定）。

（2）导入图片素材

① 打开配套的图片素材“相机.jpg”文件，用工具箱中的“魔术棒工具”选取文件的白色区域，然后选择菜单“选择—反向”命令再反选图中的相机画面，然后对其进行复制，回到“好时光摄影教程”文件的图层面板，新建一“图层2”，将刚才反选复制的相机画面粘贴到该图层上。

② 选择菜单“编辑—自由变换”命令，按下Shift键不放，用鼠标等比例调整相机的大小，然后把它移动到页面的左上角处，完成效果如图12-69所示。

（3）制作页面内容板块。

① 使用圆角矩形工具在相机图像的下方分别绘制三个稍大的圆角矩形框作为网站内容显示区域，四个小型圆角矩形框为导航按钮区域，为圆角矩形框选区填充棕色效果，制作效果如图12-70所示。

② 在图层面板中，选择左上方棕色圆角矩形所在的图层“形状1”，单击鼠标右键，在弹出的快捷菜单中选择“混合选项”命令，即打开如图12-71所示对话框。

③ 在打开的“图层样式”对话框的左侧列表中选择“内发光”选项，调整图层的内发光效果参数如图12-72所示。

图12-69 完成“相机”图片设置后的效果

图12-70 使用圆角矩形绘制出的各模块效果

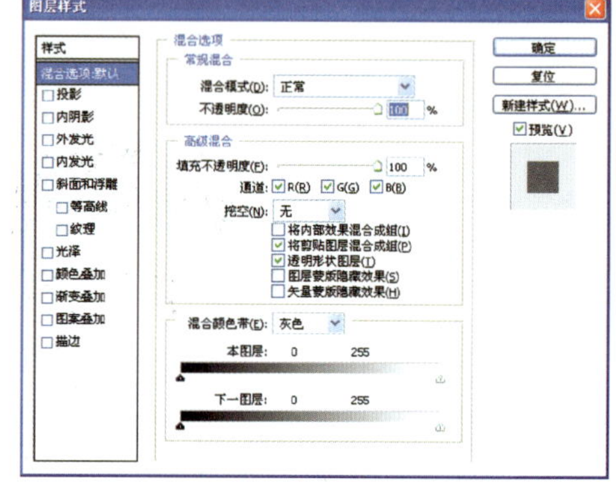

图12-71 “图层样式”对话框

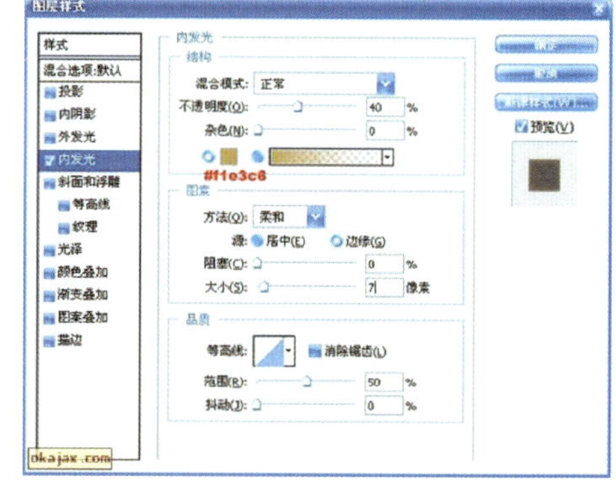

图12-72 设置“内发光”参数

④ 在打开的“图层样式”对话框的左侧列表中选择“渐变叠加”选项，调整图层的渐变效果参数如图12-73所示。

⑤ 双击“渐变”的色样位置，在弹出的“渐变编辑器”中做如图12-74所示参数设置（四个色块的参数值如图中红色文字所示）。

⑥ 在打开的“图层样式”对话框的左侧列表中选择“描边”选项，调整图层的描边参数如图12-75所示。

⑦ 同样的方法，重复前面②～⑤步骤，分别为其他六个圆角矩形图层设置图层样式。为了

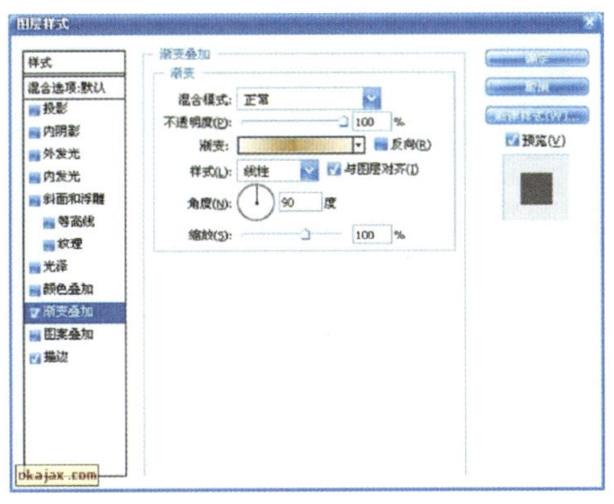


图12-73 设置“渐变叠加”参数

图12-74 渐变具体参数设置

图12-75 设置“描边”各项参数

保证画面的风格统一但又不过于单调，在调整图层样式参数时可以做适当的改变。设置完成得到网页模板如图12-76所示效果。

⑧ 继续充实完善网页内容。在工具箱中选择“横排文字工具”，在作为导航按钮的圆角矩形上添加按钮标题，如图12-77所示。

⑨ 选择文字工具，在网站页面内容区域增

图12-76 完成网页模板效果图

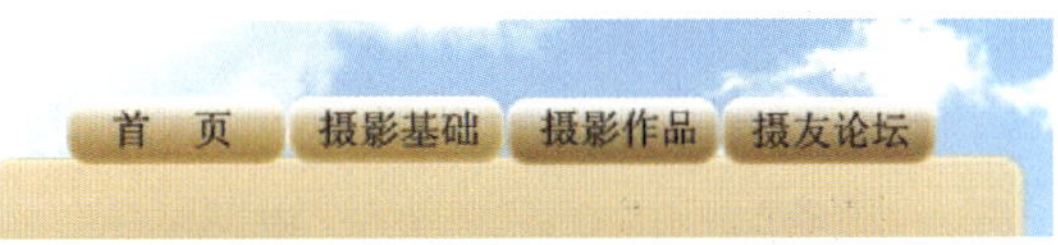


图12-77 为导航按钮添加标题

加文字；打开所用的素材的图片，按“（2）导入图片素材”的步骤将素材进行复制并粘贴到网站首页适当位置，完成设置后的网页效果如图12-78所示。

图12-78 完善页面后的效果

⑩ 在图层面板中继续新建一个图层，在网站首页的最下面添加各种导航链接，如：“联系我们”、“法律声明”，“版权声明”等；同样使用文字工具在最下方一行注明单位地址及联系电话等相关信息。完成设置后效果如图12-79所示。

图12-79 添加各种导航链接

（4）制作网站标题名称

制作标题文字：在网站首页的右上方，使用文字工具录入“好时光摄影”及“www.

hsgphoto.com”，为文字选择合适的字体字型字号及颜色。

（5）网站首页制作完成的最终效果如图12-80所示。

图12-80　网站制作完成后的效果图

（6）分割输出

设计制作完网页的整体效果后，接下来就是要将其进行分割输出，以便于在网页处理软件中进行编辑。分割输出在PhotoShop中我们通常采用切片的方法，切片的基本思路是依据页面中模块的多少来切割。切片时，尽量选择制作好的网页模板来切割，而不是以网页的最终效果图，原因在于，以完成的效果图切割，图像中的文字图片也被记录保存下来，不便于后期修改，如果以制作好网页模板来切割，则后期在网页软件中轻松可以编辑。举例说明一下，如果以完成的网页最终效果图来切片，则好时光网站首页的四个导航按钮上都已标注了名称，在后期制作时，若需要再加入一个按钮的话，则按钮上的名称不容易更改。相反，选择使用网页模板来进行切割的话，则不存在这一问题，因为模板只是划分了网页各内容布局的区域，并没有把具体内容添加上来，如导航按钮，我们只做了存放导航按钮的区域，并没有标注按钮的名称，这样切片以后，如果还需要添加多个按钮，则直接选择切片好的按钮模块，然后再根据实际需要在按钮上标注相应的文字即可。总之一个原则，后期制作网页时，模块上的内容需要改变的，在切片时先把模块区域上的内容隐藏；模块上内容在后期编辑时不需要改变的，则可在切片时保留。遵循这一原则，可以提高工作效率。

下面以实例来讲述分割输出的具体的操作。

① 在图层面板中，将除背景和划分好的模块以外的图层隐藏，效果如图12-81所示。

图12-81　切片时的网页状态

② 按【Ctrl+R】快捷键或选择“视图—标尺”命令，将标尺显示在编辑窗口中，在标尺的辅助作用下，用鼠标拖拉出辅助线，效果如图12-82所示。

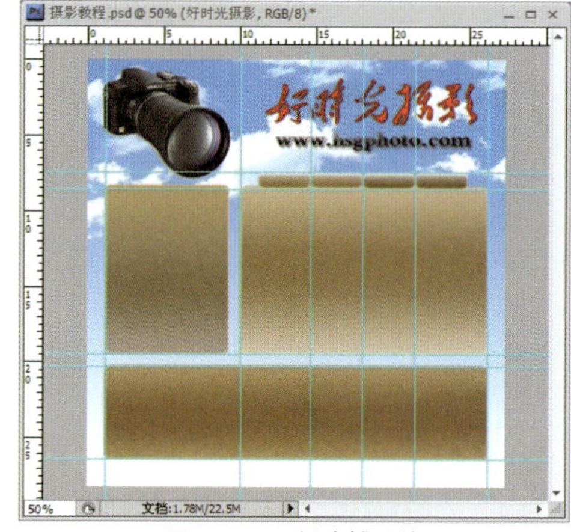


图12-82　创建辅助线

③ 选择左侧工具箱中的“切片工具”，根据辅助线分割出各切片（注意：在分割过程中，最好将每张图片做一个独立的切片，这样方便后期图片的更换和修改），完成切片的效果如图12-83所示。

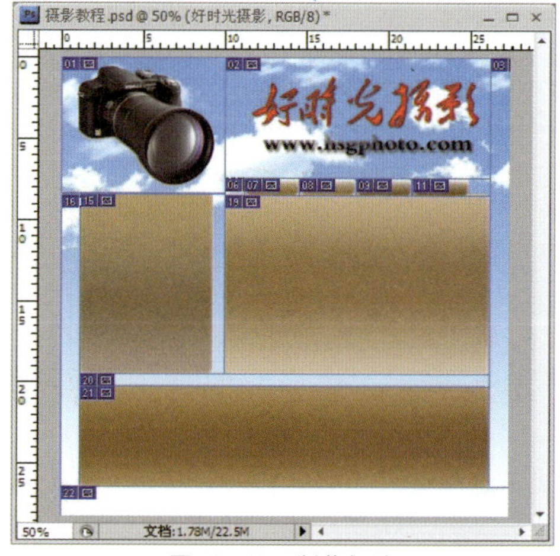


图12-83　制作切片

④ 选择“文件—存储为Web或设备所用格式”菜单命令，打开“存储为Web或设备所用格式”对话框，使用“切片选择工具”全选所有的切片，输出格式设置为“JPEG”，品质为“60”，进行如图12-84所示设置。

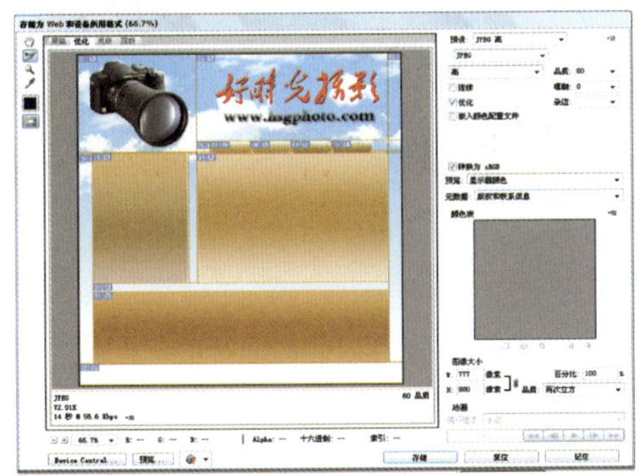

图12-84 “存储为Web或设备所用格式”对话框设置

⑤ 设置完成后，单击“存储”按钮，则打开“将优化结果存储为”对话框，选择文件要储存的位置，并设置“文件名”为“index”，“保存类型”为“HTML和图像”，“切片”为“所有切片”，设置完成后单击“保存”命令，具体操作如图12-85所示。

图12-85 “将优化结果存储为”对话框的设置

⑥ 至此完成了网页模板的制作和页面的切割操作。

## 12.4 三维效果制作

### 制作咖啡杯（效果如图12-86所示）

操作步骤如下。

图12-86 咖啡杯的三维效果图

① 选择“文件—新建”，在打开的“新建”对话框中采用如图12-87所示参数设置，确定后进入文件编辑窗口。

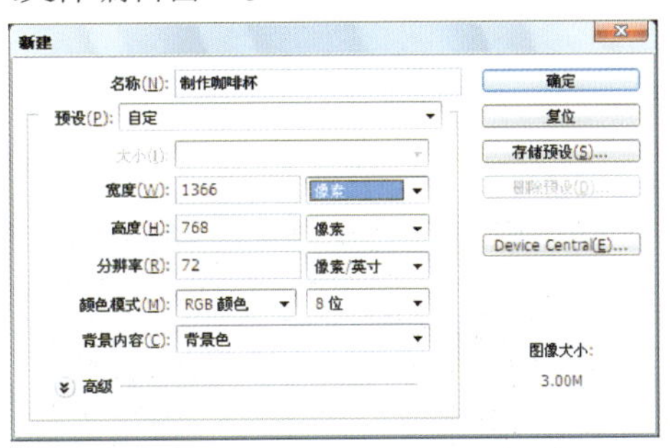


图12-87 “新建”文件对话框的设置

② 打开图层面板，新建“图层1”，使用左侧工具箱中的“椭圆选框工具”绘制出一个如图12-88所示椭圆形选区。

③ 单击“编辑”菜单中“描边”命令，对椭圆形选区进行描边处理，描边宽度为5个像素，颜色及参数设置如图12-89所示。

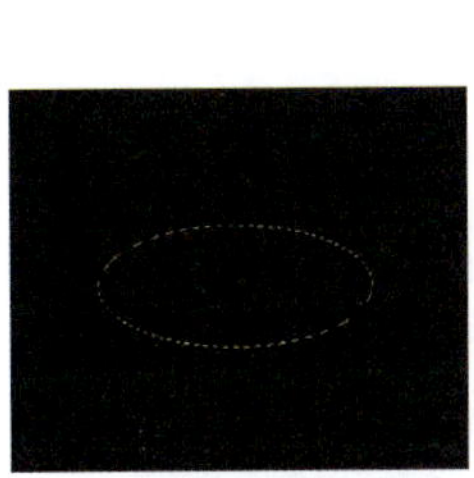

图12-88 建立椭圆形选区

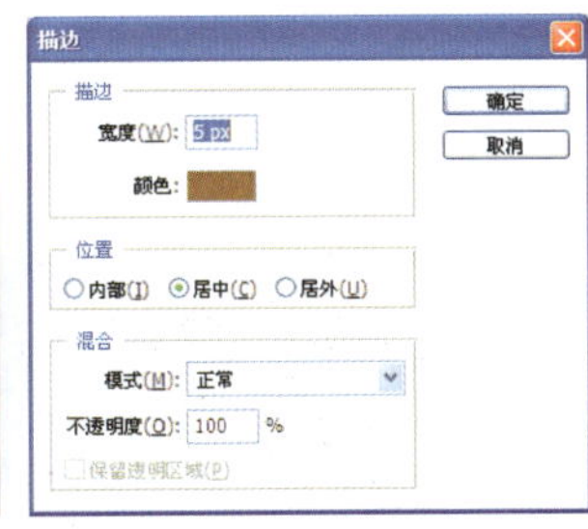


图12-89 椭圆形选区的“描边”设置

④ 使用左侧工具箱中的魔棒工具选取椭圆内部，建立选区后，单击图层面板新建“图层2”后，使用工具箱中“渐变工具”为选区填充灰白渐变的颜色。渐变颜色设置如图12-90所示。

⑤ 隐藏“灰白渐变”填充的“图层2”，单击新建图层按钮，在新建的“图层3”上已经建立了选区，选择“选择—修改—羽化”菜单命令，将选区进行羽化，羽化参数约为10个像素（参数依实际需要选择）。羽化完成后使用油漆桶

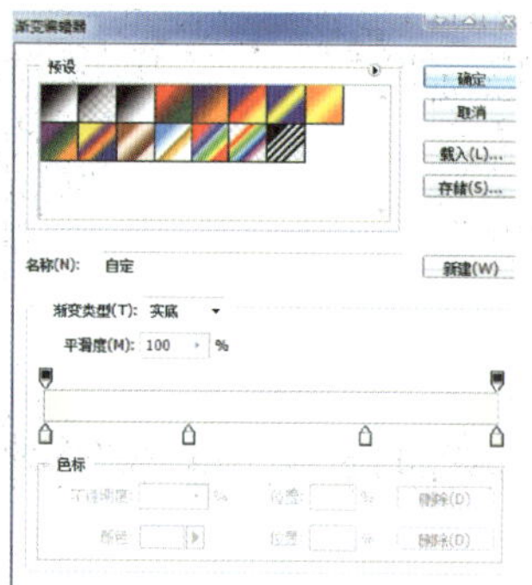

图 12-90　渐变颜色设置

对选区进行颜色填充，填充颜色为白色，继续执行“选择—修改—收缩”菜单命令，将选区收缩约10个像素，设置完成后效果如图12-91所示。

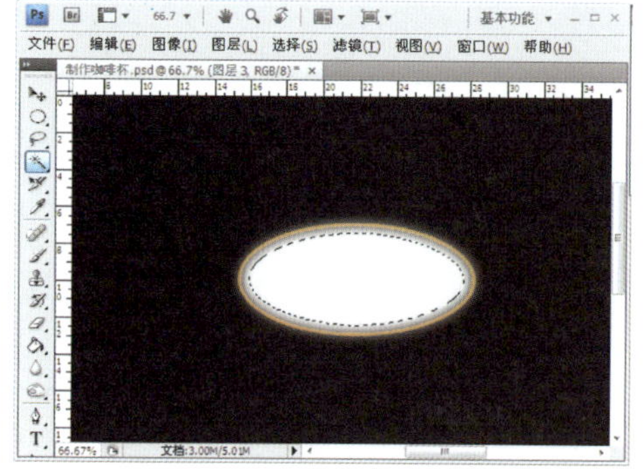

图 12-91　羽化、填充和收缩后的选区效果

⑥ 继续选择“选择—修改—羽化”菜单命令，对选区进行羽化约10个像素，然后按Delete键对选区内部进行删除，完成后效果如图12-92所示。

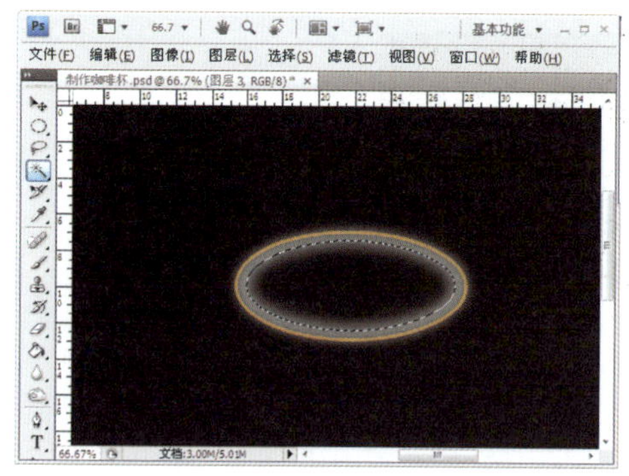

图 12-92　删除羽化后的内部选区效果

⑦ 在图层面板中选择“图层1”，使用魔棒工具选择“图层1”中的椭圆形内部选区，再选择图层面板中的“图层3”，然后执行“选择—反向”菜单命令，对选区进行反选。按Delete删除超出棕色咖啡杯杯口部分的图像。正常显示“图层2”，观察完成设置后效果如图12-93所示。

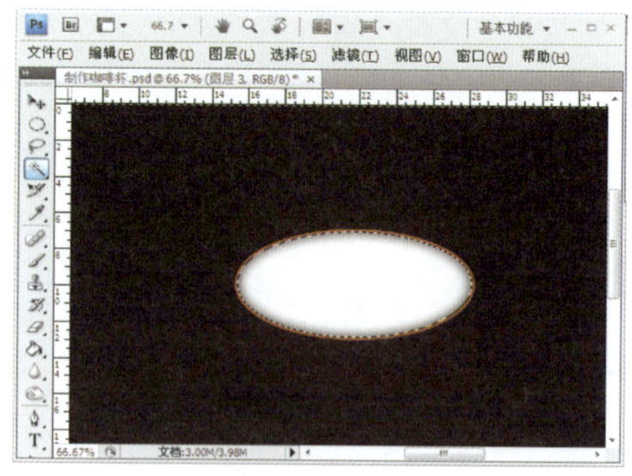

图 12-93　删除超出杯口部分的效果

⑧ 选择“图层2”，选择左侧工具箱中的“加深工具”在白色区域的两侧进行涂抹，目的是为了对杯子内部的左右两侧进行加深处理，以增加立体感。

⑨ 设置加深效果时应注意考虑光线的照射方向，一侧颜色深点，一侧颜色稍浅，另外也要注意光线的变化，仔细观察，细心处理，使杯子内部更有层次感。具体效果如图12-94所示。

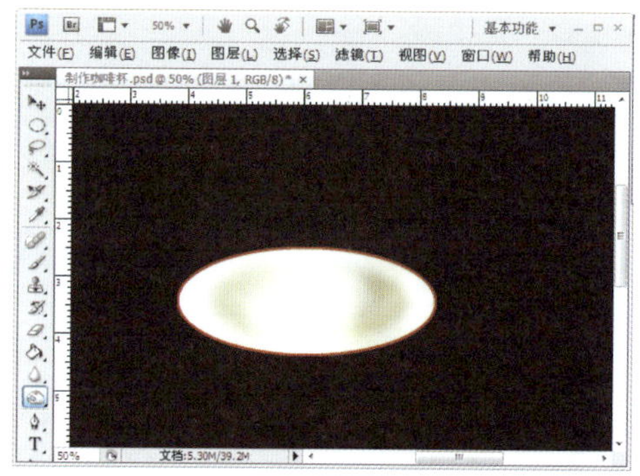

图 12-94　杯子内部层次感的修饰

⑩ 在图层面板中新建“图层4”，使用椭圆选框工具做出如图12-95所示选区，作为杯子内部填充物“咖啡”的形状。

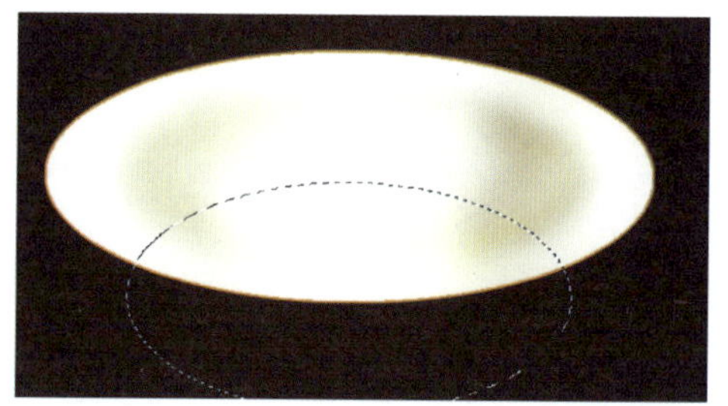

图 12-95　创建内部填充物的椭圆形选区

⑪ 选择“选择—修改—羽化”菜单命令，在打开的话框中将羽化参数设置为约10个像素，如图12-96所示。

⑫ 使用油漆桶为选区填充浅黄色。向下适

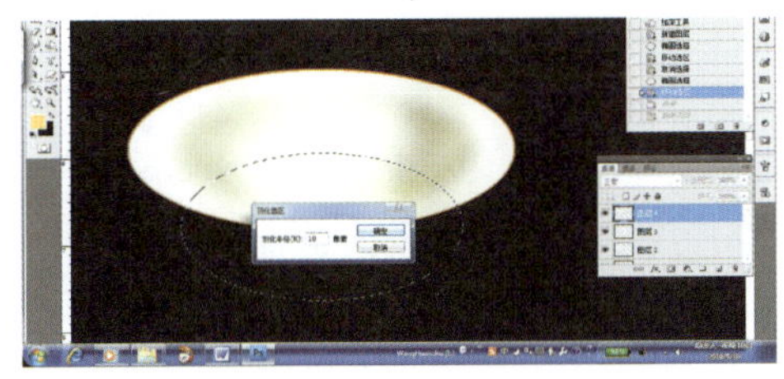

图12-96 羽化椭圆形选区的设置

当移动选区，放于杯口部分合适位置，选择“图像—调整—色相/饱和度”菜单命令，对选区进行色相/饱和度设置，设置参数如图12-97所示。

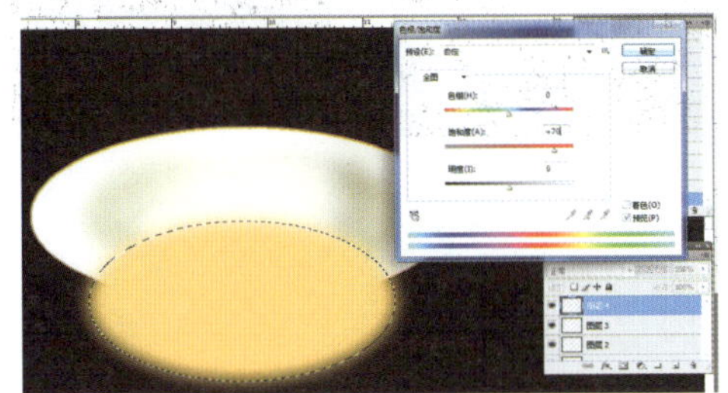

图12-97 椭圆形选区填充效果设置

⑬ 选择“图像—调整—曲线”菜单命令，设置选区的曲线参数如图12-98所示。

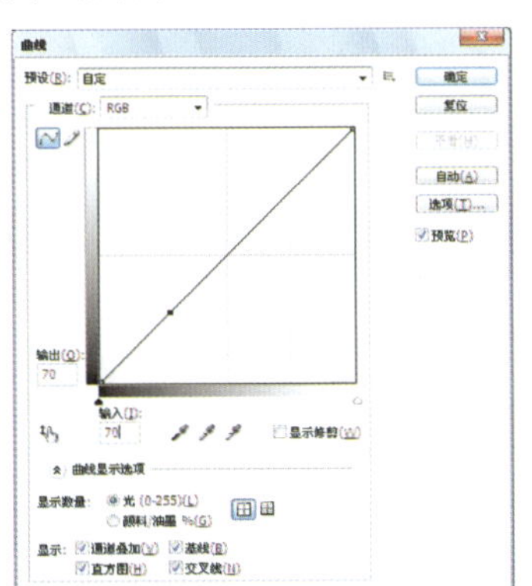

图12-98 椭圆形选区的“曲线”参数设置

⑭ 再次选择“图像—调整—色相/饱和度”菜单命令，进一步调整选区的色相和饱和度，参数如图12-99所示。

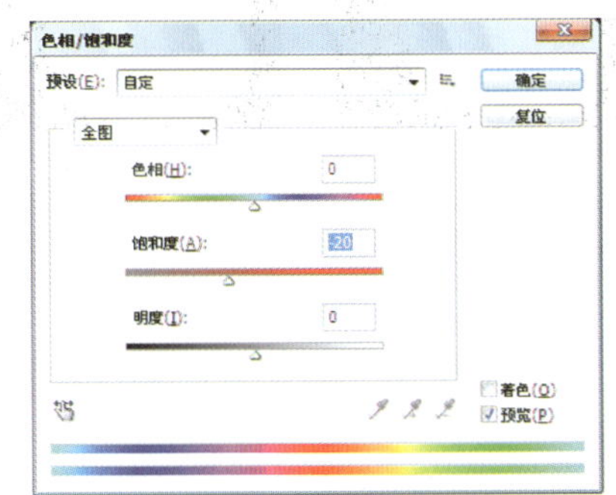

图12-99 椭圆形选区的“色相/饱和度”参数设置

⑮ 如同前面第⑦步的操作，使用魔棒工具选择“图层1”的选区后，在图层面板上再单击选择“图层4”，然后选择“选择—反向”菜单命令，反选选区后按Delete键进行删除，同样删除超出杯口部分的填充物。完成后效果如图12-100所示。

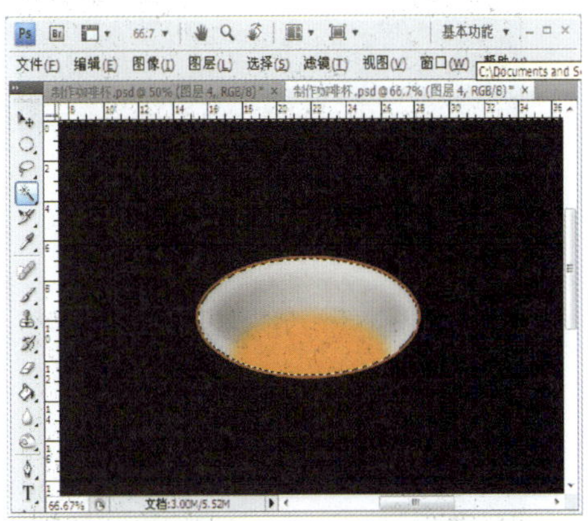

图12-100 删除超出杯子部分的填充物

⑯ 按【Ctrl+D】取消选区状态，选择工具箱中的“加深工具”，在调整好的浅黄色选区的两边进行涂抹，以加深两侧颜色的深度。完成效果如图12-101所示。

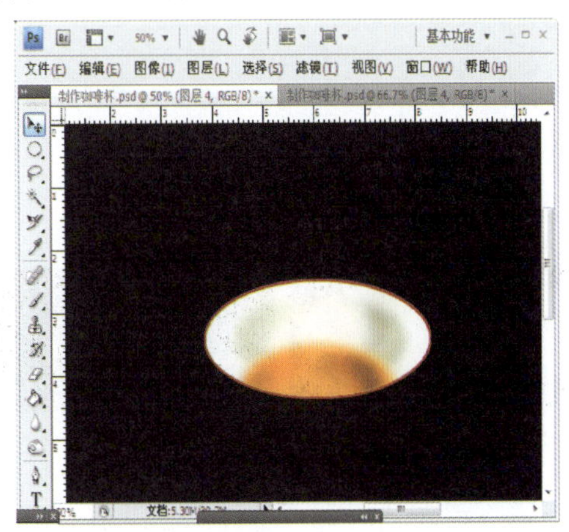

图12-101 椭圆形选区填充颜色的深浅设置

⑰ 在图层面板中新建“图层5”，同样方法新建如图12-102所示椭圆形选区，选择“编辑—描边”菜单命令，对选区进行描边3个像素，填充的颜色为白色，移动选区到如图12-102所示位置。

⑱ 同第⑦步的方法选择“图层1”的选区，然后在图层面板中单击“图层5”，选择“选择—反向”命令，反选选区外的内容，按Delete键进行删除。完成操作后如图12-103所示。

⑲ 选择工具箱中的橡皮擦工具，制作出杯

图12-102 对选区进行描边设置

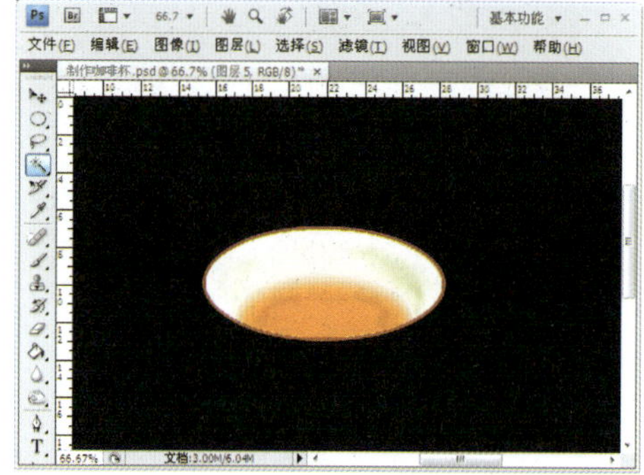

图12-103 反向删除后的效果图

子光线的变化效果，操作时注意弧线的光线变化。完成后效果如图12-104所示。

⑳ 在图层面板中新建“图层6”，选择工具箱中的“画笔工具”，将前景色设置为白色，用白色的画笔画出高光效果，然后选择工具箱中的涂抹工具把亮暗效果进行过渡。完成效果如图12-105所示。

图12-104 使用橡皮擦涂抹出杯子光线变化效果

图12-105 新建“图层”的设置

㉑ 继续新建一个“图层7”，建立一个椭圆形选区，对选区使用白色进行填充，调整图层面板中透明度为25%左右。效果如图12-106所示。

图12-106 新建一个白色填充的椭圆形图层

㉒ 同样的方式，选择“图层1”选区，然后在图层面板中单击“图层7”，通过“选择—反向”菜单命令，反选选区，按Delete键删除，制作出咖啡的反光面。效果如图12-107所示。

㉓ 在图层面板中，新建“图层8”，使用工具箱中的钢笔工具勾画出杯身的轮廓，并按【Ctrl+Enter】快捷键变换成选区。效果如图12-108所示。

图12-107 制作完成的咖啡反光效果

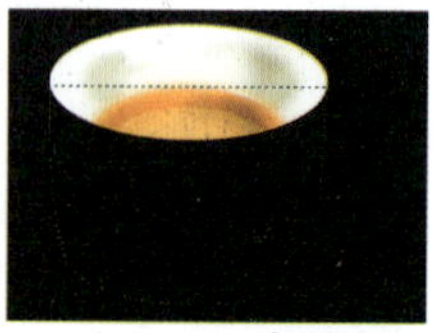

图12-108 勾画杯身轮廓

㉔ 将该图层移动至前面所有图层的下方，并按图12-109所示颜色进行线性渐变填充。

图12-109 将杯身移动到所有图层下方并填充颜色

㉕ 选择工具箱中的加深工具把杯子的两侧进行加深处理，使得杯子更有立体感。效果如图12-110所示。

㉖ 同样的方法，使用钢笔工具做出杯子把手的形状，并为其填充灰白渐变的颜色，效果如图12-111所示。

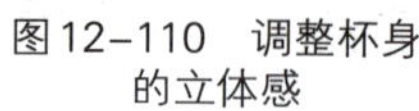

图12-110 调整杯身的立体感

图12-111 制作杯把手选区并填充颜色

㉗ 使用工具箱中的加深工具做出把手的暗色区域。效果如图12-112所示。

㉘ 使用工具箱中的涂抹工具进行涂抹，以达到杯子与杯把手接触面自然融合。

㉙ 再次使用加深工具调整杯把手的整体的明暗变化，效果如图12-113所示。

㉚ 参考前面操作步骤，使用画笔和涂抹工

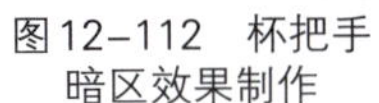

图12-112 杯把手暗区效果制作

图12-113 杯把手的明暗效果

具做出杯把手的高光效果。

㉛ 新建"图层9"，制作杯子的腰线。新建一个椭圆形选区，选择"编辑—描边"，设置描边参数为10px左右，颜色为深褐色，具体操作同第③步。选择"图层8"杯身选区，单击图层面板中的"图层9"，反向选择，删除多余的腰线。完成后效果如图12-114所示。

㉜ 新建"图层10"作为杯子的托盘。新建椭圆选区并进行灰白渐变的线性填充（注：从此步骤开始，关于托盘部分的相关图层都应该放置在已经完成杯子的相关图层的下方，在此说明，后面步骤不再重复）。效果如图12-115所示。

图12-114 制作杯身腰线

图12-115 制作杯子托盘

㉝ 新建"图层11"，用前面介绍的描边的方法制作托盘表面的细线。完成后效果如图12-116所示。

㉞ 选择托盘外部的细线图层，在图层面板中将其拖动至新建图层按钮上，对其进行复制得到一新的图层副本，将图层重命名为"图层12"，通过选择"编辑—自由变换"菜单命令，按下Shift键以等比例方式将其缩小为托盘的内部细线，并把图层的不透明度更改为40%左右。效果如图12-117所示。

图12-116 制作杯子托盘上的外细线

图12-117 制作杯子托盘上的内细线

㉟ 新建"图层13"，在杯子底部新建一个椭圆形选区，如图12-118所示。

㊱ 将选区的羽化参数设置为15像素左右，并填充选区为深灰色，以此做出杯子的阴影效果。调整图层到合适位置，并调整杯子的整体色彩。完成效果如图12-119所示。

图12-118 制作杯子底部椭圆形选区

图12-119 制作杯子底部的阴影效果

㊲ 新建"图层14"，用白色画笔和涂抹工具做出杯子的高光效果，然后选择"图像—调整—曲线"菜单命令，改变杯子的整体效果，使画面更富有层次感。如图12-120所示。

图12-120 调整杯子的整体效果

㊳ 选择左侧工具箱中的横排文字工具，在杯身正面写上"coffee"字样的英文字母，选择合适的字体字形字号及颜色。

㊴ 在图层面板中拖动文字图层到新建按钮处，可以建立文字图层的副本，将副本图层中的文字更改为白色或浅灰色，并将位置与前一个图层的文字稍作偏移。完成所有设置后最终效果如图12-121所示。

图12-121 咖啡杯最终三维效果图

## 习 题

1. 使用Photoshop将个人相片处理为艺术相片。
2. 绘制如图12-122所示的经典卡通形象"孙悟空"。
3. 设计制作一个个人网站的页面。
4. 制作如图12-123所示保温杯效果。

图12-122 孙悟空

图12-123 保温杯

# 参考文献

[1] 曹天佑. Photoshop CS4标准培训教程. 北京：电子工业出版社，2009.
[2] 李翔，张小燕等. Photoshop实用教程. 北京：北京理工大学出版社，2007.
[3] 孙姜燕，尹永义，鲁菁. Photoshop CS4炫彩自学从新手到高手. 北京：中国铁道出版社，2009.
[4] Adobe专家委员会DDC传媒主编. Adobe Photoshop CS3标准培训教材. 北京：人民邮电出版社，2008.
[5] 田幼勤. Photoshop CS2基础与实力教程. 北京：北京师范大学出版社，2007.
[6] 马明慧. Photoshop CS4四大核心技术. 北京：中国水利水电出版社，2009.
[7] 刘亚利，刘孟辉. Photoshop CS4中文版中国元素设计精彩案例. 北京：机械工业出版社，2009.
[8] 刘亚利，刘孟辉. Photoshop CS4中文版质感与纹理表现技法. 北京：机械工业出版社，2009.